Anna
Guntern

Über-Blicke
Ein-Blicke

Hans Berner

Über-Blicke
Ein-Blicke

Pädagogische Strömungen durch fünf Jahrzehnte

4., ergänzte Auflage

Haupt Verlag
Bern · Stuttgart · Wien

Hans Berner

4. Auflage: 2011
3. Auflage: 2006
2. Auflage: 2002
1. Auflage: 1996

«Und wo waren Sie in diesen Jahrzehnten?»

Als Mitte der 1950er-Jahre Geborener gehöre ich zu einer Zwischengeneration; ich bin weder ein Kriegskind noch ein Konsumkind.

Die 1960er-Jahre erlebte ich in stadtzürcherischen Schulbänken, unterrichtet von Lehrerinnen und Lehrern, deren massgebende Orientierungspunkte Effizienz sowie Pflicht- und Akzeptanzwerte waren.

Als Mittelschüler in der ersten Hälfte der 1970er-Jahre bewunderte ich diejenigen Lehrerinnen und Lehrer, die fachlich kompetent waren und uns eine kritische Auseinandersetzung mit den Unterrichtsinhalten ermöglichten. In der zweiten Hälfte dieses Jahrzehnts konnte ich als Student der Sekundar- und Fachlehrerausbildung an der Universität Zürich den Wechsel von der Schüler- in die Lehrerrolle erfahren.

Die 1980er-Jahre sah ich aus einer theoretischen und einer praktischen Optik: als Student und Doktorand der Pädagogik mit einem spezifischen Interesse für pädagogische Strömungen sowie als Lehrbeauftragter für allgemein bildende Fächer an der Berufsschule für Gehörgeschädigte in Zürich und als Pädagogik- und Psychologielehrer am Lehrerseminar in Rorschach.

Die 1990er-Jahre erlebte ich als Erziehungswissenschaftler der Sekundar- und Fachlehrerausbildung an der Universität Zürich aus einer lehrerbildnerischen Sicht mit vielfältigen Einblicken in den universitären und schulischen Bereich.

Seit der Jahrtausendwende beschäftige ich mich mit einer doppelten Perspektive: Aus einer theoretischen Sicht interessiere ich mich für die Weiter- und Neuentwicklungen von pädagogischen Strömungen und didaktischen Ansätzen vor dem Hintergrund gesellschaftlicher Veränderungsprozesse. Die neuen Erkenntnisse nutze ich in der Lehreraus- und weiterbildung an der Pädagogischen Hochschule Zürich für die Entwicklung einer allgemein-pädagogischen und einer didaktischen Kompetenz. Aus einer praktischen Perspektive faszinieren mich das Aufwachsen unserer beiden Kinder Gian und David – und all die Bezüge zu pädagogischen Strömungen und didaktischen Ansätzen.

Bibliografische Information der *Deutschen Nationalbibliothek*
Die Deutsche Nationalbibliothek verzeichnet diese Publikation in der Deutschen Nationalbibliografie; detaillierte bibliografische Daten sind im Internet über http://dnb.d-nb.de abrufbar.
ISBN 978-3-258-07703-1
Alle Rechte vorbehalten
Copyright © 1996 by Haupt Berne
Jede Art der Vervielfältigung ohne Genehmigung des Verlages ist unzulässig.

Gestaltung und Satz: Atelier Mühlberg, Basel

Wir haben uns bemüht, sämtliche Copyright-Inhaber ausfindig zu machen. Leider ist dies nicht in allen Fällen gelungen. Bei Unstimmigkeiten wenden Sie sich bitte an den Verlag.

Printed in Germany
www.haupt.ch

Inhaltsverzeichnis

Vorwort   9

Erste persönliche Einblicke   13

Überblick

1 Pädagogische Strömungen durch fünf Jahrzehnte   21

Ein-Blicke

2 **Pädagogische Anthropologie**
Otto Friedrich Bollnow: «Wie muss das Wesen
des Menschen im Ganzen beschaffen sein...»   103

3 **Analytisch-empirische Erziehungswissenschaft**
Wolfgang Brezinka: «Eine empirisch gehaltvolle Theorie
von der Erziehung lässt sich logisch ohne Schwierigkeit
in ein technologisches Aussagensystem umformen...»   117

4 **Kritische Erziehungswissenschaft**
Theodor W. Adorno: «Das Individuum, würde ich sagen,
überlebt heute nur als Kraftzentrum des Widerstandes.»   133

5 **Pädagogik des Neokonservatismus**
Forum Mut zur Erziehung: «Wir wenden uns gegen
den Irrtum, die Tugenden des Fleisses, der Disziplin und
der Ordnung seien pädagogisch obsolet geworden...»   149

6 **Humanistische Psychologie/Pädagogik**
Carl R. Rogers: «Junge Menschen sind neugierig, begierig,
etwas zu entdecken, zu erfahren, Probleme zu lösen.»   169

7 Antipädagogik
Alice Miller: «Auch meine antipädagogische Haltung wendet sich nicht gegen eine bestimmte Art von Erziehung, sondern gegen Erziehung überhaupt...» **185**

8 Konstruktivistische Pädagogik
Konstruktivistische Vertreter: «Wir alle sind lernfähig, aber unbelehrbar; wir alle lernen nicht, wenn wir lernen sollen, sondern wenn wir lernen wollen...» **201**

Über-Blicke

9	Übergänge und Zusammenhänge	217
10	Verabsolutierende Positionen	231
11	Eine zentrale pädagogische Frage	249
12	Zentrale erwachsenenbildnerische Forderungen	263

Persönliche Rückblicke

Die Ambivalenz pädagogischen Tuns	291
Zum Abschluss: Ein faszinierendes und irritierendes Bild	301

Anhang

Literaturverzeichnis   307
Quellenverzeichnis   316

Der entrückte Blick
aus der Vogelperspektive auf die Welt,
das Einnisten der Lerche
in ihrem Bodennest
und der Wechsel
zwischen beiden Sichten
als «schwerste und klügste» Möglichkeit.
Jean Paul

Nichts ist giftig.
Alles ist giftig.
Es käme auf die Dosierung an,
sagt Paracelsus, der Meister.
Jürg Federspiel

Ich glaube fest daran,
dass man jederzeit
etwas aus dem machen kann,
was aus einem gemacht wurde.
Jean-Paul Sartre

Vorwort zur vierten erweiterten Auflage

Seit dem Erscheinen der ersten Auflage dieses Buches sind fünfzehn Jahre vergangen. Mit den Erweiterungen und Überarbeitungen im Zusammenhang mit der zweiten und dritten Auflage bot sich die Möglichkeit, jeweils aktuelle gesellschaftliche Veränderungsprozesse darzustellen und die pädagogischen Strömungen zu aktualisieren. Dass in der relativ kurzen fünfzehnjährigen Zeitspanne nachhaltige Veränderungen stattgefunden haben, ist eine offensichtliche Tatsache; dass eine prägnante Beschreibung dieser Veränderung schwierig und kritisierbar ist, ebenso. In seinem Roman «Die Langsamkeit» hat Milan KUNDERA die für dieses Buch charakteristische Problematik der Auswahl und Vermittlung zeitgeschichtlicher Veränderungen karikiert: «Die Art und Weise, wie die Zeitgeschichte erzählt wird, gleicht einem grossen Konzert, bei dem man hintereinander Beethovens 138 Werke aufführen würde, indem man von jedem Opus immer nur die ersten acht Takte spielte. Wenn man das gleiche Konzert in zehn Jahren zur Aufführung brächte, würde man von jedem Stück nur noch die erste Note spielen, also 138 Noten während des ganzen Konzerts, die als eine einzige Melodie dargeboten würden. Und in zwanzig Jahren würde Beethovens ganze Musik in einer einzigen, sehr langen und schrillen Note zusammengefasst, die jenem unendlichen und sehr hohen Ton gleicht, den er am ersten Tag seiner Taubheit hörte.»[1]

Seit der Veröffentlichung der letzten Auflage 2006 ragen aus der Fülle gesellschaftlicher Veränderungsprozesse zwei Ereignisse aus der ersten Hälfte des Jahres 2011 heraus, für die in Anlehnung an Immanuel Kant der Begriff «Zeitzeichen» angebracht ist: der arabische Frühling und der gigantische Störfall in Fukushima. Für diese beiden Ereignisse gilt, was Christa WOLF in ihrem unmittelbar nach dem Ereignis Tschernobyl veröffentlichten Buch «Störfall» geschrieben hat: «Wieder einmal, so ist es mir vorgekommen, hatte das Zeitalter sich ein Vorher und ein Nachher geschaffen.»[2] 2008 geht als Jahr der globalen Finanz- und Wirtschaftskrise in die Geschichte ein. Ob durch diese Krise, die Millionen von Arbeitsplätzen und Milliarden von Dollars und Euros vernichtete, eine grundlegende Änderung in Richtung «anständig wirtschaften»³ stattgefunden hat oder stattfinden wird, ist ungewiss.

Zu den mächtigen weltbewegenden Geschichtszeichen, Zeitenwenden oder Krisen, die Gewohntes radikal in Frage stellten und zu gesellschaftlichen Gesteinsverschiebungen führten, haben im Verlauf der letzten Jahre gewaltige Veränderungen im Bereich der elektronischen Medien stattgefunden. Was Bernd GUGGENBERGER 1997 als «digitales Nirwana» bezeichnete, hat Jahre später eine Steigerung in Richtung «digitales Delirium» erfahren. Wir leben in einem Zeitalter, das viel mehr Informationen zur Verfügung hat als jedes andere. Nach Ansicht von Umberto Eco werden wir völlig verrückt, wenn wir nicht die Hälfte dessen, was wir lernen, wieder wegwerfen. Während den Menschen in früheren Zeiten die Arbeit des Wertens und Filterns abgenommen wurde, ist heute alles anders: «Im Internet wird diese Wertung aufgehoben. Heute besteht die Gefahr, dass sechs Milliarden Menschen sechs Milliarden verschiedener Enzyklopädien haben und sich überhaupt nicht mehr verstehen. Von wegen: Der Westen gegen den Islam, ich gegen Sie!»⁴

2011 hat gemäss der UN-Organisation International Telecommunication Union (ITU) die Zahl der Internetnutzer weltweit die Zwei-Milliarden-Marke überschritten; die Zahl der Internetnutzer hat sich in den letzten fünf Jahren verdoppelt. 65 Prozent aller Europäer sind online, 9,6 Prozent der Afrikaner.⁵ Neben offensichtlichen Verunsicherungen und Gefahren sind das Internet und andere Wissensbeschaffungs- und Kommunikationsmittel ohne Zweifel zu einer gewaltigen Wissens-, Erkenntnis- und Demokratisierungs-Quelle geworden. Die Welt ist kleiner geworden, das Menschheitswissen über Handy verfügbar. Kommunikations- und Vernetzungsmöglichkeiten vermögen ein machtvolles demokratisches Potenzial zu entwickeln. Im arabischen Frühling waren die neuen Medien eine mitentscheidende Kraft des Protests. Nach dem Sturz von Mubarak zirkulierte in Ägypten der Witz: «Mubarak stirbt und kommt in die Hölle. Dort empfangen ihn die beiden ehemaligen ägyptischen Präsidenten Sadat und Nasser. Sie fragen: ‹Traf dich eine Kugel, oder wurdest du vergiftet?› Mubarak antwortet: ‹Es war Facebook!›»⁶

Die verschiedenen aktuellen pädagogischen Strömungen vor dem Hintergrund gesellschaftlicher Veränderungsprozesse prägnant darzustellen, ist und bleibt das wichtigste Anliegen dieses Buches. Es sollen Anregungen für eine persönliche Auseinandersetzung mit pädagogischen Entwicklungen vermittelt und ein Beitrag für eine persönlich zu leistende pädagogische Identitätsbildung ermöglicht werden. Im Bewusstsein der vielfältigen Verunsicherungs- und Bedrohungsprozesse plädiere ich auf der pädagogischen Ebene für die Kombination einer Haltung eines kritisch-realistischen Wirklichkeitssinnes *und* eines optimistisch-utopischen Möglichkeitssinnes. In einer Zeit globaler Gefährdungen sind meiner Ansicht nach Pädagoginnen und Pädagogen gefordert, die auf der Basis ihres reflektierten Realitäts- und Idealitätssinnes in der alltäglichen Bildungs- und Erziehungsarbeit den Beweis erbringen, dass eine andere Welt möglich ist.

Die verschiedenen Aktualisierungen und Erweiterungen dieser vierten Auflage habe ich immer wieder mit Fachkolleginnen und Fachkollegen diskutieren können. Wichtige Anregungen verdanke ich Rudolf Isler, Stefan Lüönd und Petra Moser: Ihre kritisch-konstruktiven Beiträge aus den verschiedenen sich ergänzenden historischen, pädagogischen, psychologischen und soziologischen Perspektiven haben mir neue Kenntnisse und Erkenntnisse ermöglicht. Studierende der Pädagogischen Hochschule Zürich und der FU Berlin und Teilnehmende in Weiterbildungsveranstaltungen haben mit ihren Beiträgen Gewohntes in Frage gestellt und Ungewohntes zur Sprache gebracht. Sie alle haben dazu beigetragen, dass diese aktualisierten Über- und Einblicke etwas weniger «imperfect, unfinished, oversimplified» sind.

Im Juni 2011
Hans Berner

1. KUNDERA, M.: *Die Langsamkeit*, 1998, S. 91
2. WOLF, C.: *Störfall. Nachrichten eines Tages*, 2009, S. 47
3. KÜNG, H.: *Anständig wirtschaften. Warum Ökonomie Moral braucht*, 2010
4. ECO, U.: «*Bitte, sagen Sie uns die Wahrheit*», 2004, http://www.welt.de/print-welt/article343691/Bitte_sagen_Sie_uns_die_Wahrheit.html
5. IT Magazine vom 20. Oktober 2010 http://www.itmagazine.ch/Artikel/4382/Zwei_Milliarden_Menschen_online.html
6. JELLOUN, T. B.: *Arabischer Frühling. Vom Wiedererlangen der arabischen Würde*, 2011, S. 59

Ich habe dieses Buch gleichermassen für Leserinnen und Leser geschrieben und deshalb an vielen Stellen bewusst die weibliche und männliche Form verwendet. Wenn ich nur eine Form gewählt habe, war der Lesefluss das alleinige Kriterium.

Erste persönliche Einblicke

Im Folgenden finden Sie einige charakteristische kurze Textausschnitte zu verschiedenen aktuellen Strömungen in der Pädagogik. Nehmen Sie sich etwas Zeit, um sich vor der Lektüre des Buches – «unvoreingenommen» – mit den folgenden Aussagen von wichtigen Vertretern der verschiedenen Strömungen auseinanderzusetzen. Schalten Sie nach der Lektüre der einzelnen Zitate Denkpausen ein. Achten Sie auf Ihre Reaktionen: Bei welchen Texten ertappen Sie sich bei einem zustimmenden Nicken, bei welchen bei einem kritischen Stirnerunzeln?

«Die Grundlage der Erziehung ist also das leidenschaftliche Verhältnis eines reifen Menschen zu einem werdenden Menschen, und zwar um seiner selbst willen, dass er zu seinem Leben und zu seiner Form komme.»

«Denn der Mensch erscheint hier als ein Wesen, das weder stetig voranschreitet noch unverbesserlich immer wieder in die Ausgangslage zurückfällt, sondern trotz immer neuer Rückfälle dennoch vorankommt.»

«Die Erziehung findet den Menschen vor im Zustand der Unmündigkeit. Sie muss diesen Zustand verändern, aber nicht beliebig, sondern orientiert an einer unbedingten Zwecksetzung, an der Mündigkeit des Menschen.»

«Das Individuum, würde ich sagen, überlebt heute nur als Kraftzentrum des Widerstandes.»

«Es ist falsch, irgend etwas durch Autorität zu erzwingen. Das Kind sollte etwas so lange nicht tun, bis es selbst überzeugt ist, dass es das tun sollte. Das Unglück der Menschheit liegt im Zwang von aussen, mag er nun vom Papst kommen, vom Staat, vom Lehrer oder von den Eltern. In seiner Ganzheit ist er Faschismus.»

«Wie kann man Kinder glücklich werden lassen? Meine Antwort heisst: Schaffen Sie allen Zwang ab! Geben Sie dem Kind die Möglichkeit, es selbst zu sein! Schubsen Sie es nicht herum! Belehren Sie es nicht! Halten Sie ihm keine Predigten! Erheben Sie es nicht zu etwas Höherem! Zwingen Sie das Kind zu nichts! Vielleicht stimmen Sie nicht mit mir überein. Aber wenn Sie meine Antwort ablehnen, ist es an Ihnen, eine bessere zu finden.»

«Junge Menschen sind wirklich sehr stark motiviert. Sie sind neugierig, begierig, etwas zu entdecken, zu erfahren, Probleme zu lösen. Leider sind diese Eigenschaften nach einigen Schuljahren in den meisten Fällen verschüttet. Aber die Motivation ist da, und es ist unsere Aufgabe sie wieder freizulegen.»

«Bessere Lehrgänge, bessere Curricula, besseres Stoffangebot und bessere Lernmaschinen werden unsere Problematik niemals grundlegend lösen. Einzig Persönlichkeiten, die sich wirklich als solche in ihren Beziehungen zu Lernenden verhalten, sind in der Lage, überhaupt erst einmal eine Bresche in dieses drängendste Problem der gegenwärtigen Erziehung zu schlagen.»

«Wir wenden uns gegen den Irrtum, die Tugenden des Fleisses, der Disziplin und der Ordnung seien pädagogisch obsolet geworden, weil sie sich als politisch missbrauchbar erwiesen haben. In Wahrheit sind diese Tugenden unter allen politischen Umständen nötig. Denn ihre Nötigkeit ist nicht systemspezifisch, sondern human begründet.»

«Als ‹Erziehung› werden Handlungen bezeichnet, durch die versucht wird, das Dispositionsgefüge menschlicher Persönlichkeiten mit psychischen (Verhaltenssysteme) und/oder sozial-kulturellen Mitteln (Soziale Systeme) in Richtung auf grösstmögliche Annäherung an gesteckte Lernziele zu verändern.»

«Wirkungsstudien setzen eine Klassifikation der beabsichtigten Ergebnisse der Erziehung voraus. Eine solche Klassifikation ist dann brauchbar, wenn ihre Elemente so eindeutig beschrieben worden sind, dass intersubjektiv nachprüfbar ist, ob sie in einem konkreten Fall vorhanden sind oder nicht, sowie in welcher Grösse und Stärke sie vorhanden sind.»

«Das Kind kann ein sicheres Selbstgefühl und Selbstbewusstsein nur entwickeln, wenn es von seinen wichtigen Beziehungspartnern in der jeweiligen Gegenwart bedingungsloses Angenommensein erfährt und erfühlt. Diese Tatsache lässt sich mit Erziehungsakten nicht vereinbaren.»

«Sämtliche Ratschläge zur Erziehung der Kinder verraten mehr oder weniger deutlich zahlreiche, sehr verschieden geartete Bedürfnisse des Erwachsenen, deren Befriedigung dem lebendigen Wachstum des Kindes nicht nur nicht förderlich ist, sondern es geradezu verhindert. Das gilt auch für die Fälle, in denen der Erwachsene ehrlich davon überzeugt ist, im Interesse des Kindes zu handeln.»

«Ich leite die meisten meiner Vorschläge für den praktischen Unterricht von dem fundamentalen Prinzip ab, dass Begriffe und begriffliche Beziehungen mentale Strukturen sind, die nicht von einem Kopf zum anderen übertragen werden können. Begriffe müssen von jedem Lerner für sich aufgebaut werden, doch ist es Aufgabe des Lehrers, die Konstruktionsprozesse ihrer Schüler zu orientieren.»

«Wir alle sind lernfähig, aber unbelehrbar; wir alle lernen nicht, wenn wir lernen sollen, sondern wenn wir lernen wollen; wir ändern unser Verhalten nur dann, wenn wir uns ändern wollen und wenn Veranlassung dazu besteht; ‹nicht die Sozialisationsagenten sozialisieren, sondern Differenzen sozialisieren›...»

Überblick

	Geistige Situation der Zeit	**Pädagogische Strömungen**
1945 Restauration	Suche nach Fixpunkten	
1950 Konservation	Homo-Faber-Stimmung Ereignis Sputnik	Geisteswissenschaftliche Pädagogik
1960 Goldene 60er	Sputnikschock Aufbruchstimmung Mondflugeuphorie	Pädagogische Anthropologie
1970 Klimawandel	Grenzen des Wachstums Resignation	Analytisch-empirische Erziehungswissenschaft · Kritisch-emanzipatorische Pädagogik · Antiautoritäre Erz.
1980 Kritische 80er	Postmoderne Risikogesellschaft Neue Unübersichtlichkeit	Humanistische Psychologie/Pädagogik · Neokonservative Pädagogik · Antipädagogik
1990 Riskante Freiheiten	Tendenzen der Gegenmoderne Multioptionsgesellschaft «Neoliberale Invasion»	Konstruktivistische Pädagogik
2000 Krisenjahre	11. September 2001 Finanzkrise Demokratiekrise Klimakrise	
2010	Arabischer Frühling Fukushima	

1 Pädagogische Strömungen durch fünf Jahrzehnte

Die pädagogischen Strömungen und die Diskussionen um den Auftrag der Schule dürfen nicht losgelöst von den tief greifenden Wandlungsprozessen im politischen, ökonomischen, wissenschaftlichen, gesellschaftspolitischen und demographischen Bereich verstanden werden.

Tief greifende Wandlungsprozesse

Die Titel von vier Aufsehen erregenden Büchern aus verschiedenen Jahrzehnten *Gesellschaft im Überfluss* (1959), *Die Grenzen des Wachstums* (1973), *Risikogesellschaft* (1986) und *Runaway World* (2000) vermitteln einen aufschlussreichen ersten Einblick in die Veränderungsprozesse der letzten fünf Jahrzehnte: von einer Phase extensiven Konsums in den 1960er-Jahren über die Aussicht einer Erschöpfung der Ressourcen in den 1970er-Jahren und den Vorwurf des Versagens der wissenschaftlich-technischen Rationalität in den 1980er-Jahren bis zu Globalisierung im Sinne einer ökonomischen, politischen, technologischen und kulturellen Umwälzung der menschlichen Lebensverhältnisse.

Geisteswissenschaftliche Pädagogik – der pädagogische Bezug als Herzstück

Um die pädagogischen Strömungen seit den 1960er-Jahren verstehen zu können, ist ein Blick auf *den* dominierenden Ansatz der Nachkriegsjahre – die *Geisteswissenschaftliche Pädagogik* – notwendig.

1959

1973

1986

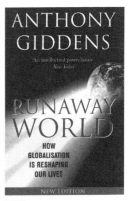

2000

Phase der Restauration und «Konservation»

Die Zeitspanne von 1945 bis gegen Mitte der 1960er-Jahre kann als eine Phase der Restauration und «Konservation» bezeichnet werden. In seinem 1946 geschriebenen Theaterstück *Draussen vor der Tür* hat Wolfgang BORCHERT die Stimmung der Nachkriegsjahre eindringlich geschildert. Angesichts der Entsetzlichkeit des Geschehenen blieben nichts als Fragen – und keine Antworten:

«Und du – du sagst ich soll leben! Wozu? Für wen? Für was?... Wohin soll ich denn? Wovon soll ich leben? Mit wem? Für was?»[1]

Suche nach Fixpunkten

In diesen Jahren dominierte die Suche nach Fixpunkten aus der Vergangenheit; Bewährtes, in den Kriegsjahren Verratenes, war gefragt. Die massgebenden Orientierungspunkte waren Pflicht- und Ordnungswerte, Effizienz und Effektivität sowie Funktionalität.

In der Pädagogik knüpfte man an die geisteswissenschaftlichen Ansätze aus der Zeit nach dem Ersten Weltkrieg an.

Ein richtungsweisendes Buch dieses Ansatzes war die Schrift von Hermann NOHL *Die pädagogische Bewegung in Deutschland und ihre Theorie* (erstmals 1928 veröffentlicht). Bei Nohl spielt der pädagogische Bezug – «das leidenschaftliche Verhältnis eines reifen Menschen zu einem werdenden Menschen» – eine Schlüsselrolle. Von Erzieherseite her wird die pädagogische Gemeinschaft durch die beiden Grundpfeiler Liebe und Autorität getragen; von den Heranwachsenden aus gesehen sind es Liebe und Gehorsam.

Nohls pädagogischer Bezug

Pädagogische Autonomie

Eine entscheidende Bedeutung wird der Autonomie des Pädagogischen beigemessen: «Unabhängig von den Ansprüchen, die der Beruf oder sonst irgendwelche objektiven Mächte des Lebens an uns stellen», soll sich im pädagogischen Tun «das Menschliche» erfüllen.[2]

Die Ausklammerung des Zusammenhanges von Gesellschaft und Erziehung – die Schule verstanden als eine pädagogische Insel –, die Konzentration auf emotionale Komponenten sowie die Betonung des Autorität-Gehorsam-Verhältnisses führten ab den 1960er-Jahren zu starker Kritik an der Geisteswissenschaftlichen Pädagogik.

Eine ganz andere Ansicht:
Bildung als rentable Investition

Absolut unzeitgemäss waren die geisteswissenschaftlichen pädagogischen Formulierungen aus bildungsökonomischer Sicht: Der schroffe Gegensatz kommt mit aller Deutlichkeit in den folgenden Untertiteln des Buches *Ökonomie des Bildungswesens* von Friedrich EDDING zum Ausdruck: «Bildung als produziertes Produktionsgut», «Bildungsaufwand als wachstumsfördernde Investition» oder «Bildung als rentierliche Investition».³

«Ökonomie des Bildungswesens»

Diese Formulierungen passten bestens zu einer «Homo-Faber-Stimmung». Wie sagte doch Walter Faber, der «zeitgemässe Held» in Max FRISCHS 1957 erschienenem Buch *Homo faber*:

«Wir leben technisch, der Mensch als Beherrscher der Natur, der Mensch als Ingenieur, und wer dagegen redet, der soll auch keine Brücke benutzen, die nicht die Natur gebaut hat.»⁴

«Wir leben technisch ...»

Ein entscheidendes Ereignis geschah am 4. Oktober 1957: An diesem Tag wurde der erste Satellit, der sowjetische Sputnik I, gestartet. Dieser sowjetische Vorsprung löste in der westlichen Welt den «Sputnikschock» aus. Bei der Suche nach Sündenböcken stiess man auf die Grundschule: Sie fixiere unreifes Denken und blockiere die intellektuelle Entfaltung – sie sei nicht basal, sondern banal.

Sputnik I

Bildungsnotstands-programm

Entscheidendes Gewicht für die bildungspolitische Diskussion in der Bundesrepublik bekam das Buch mit dem boulevardstilhaften Titel *Die deutsche Bildungskatastrophe*. In diesem Buch entwarf Georg PICHT ein Notstandsprogramm: Innerhalb von zehn Jahren müsse die Abiturientenzahl verdoppelt, das Schulwesen modernisiert und die Lehrerbildung professionalisiert werden.[5]

All diesen Veränderungen war die Geisteswissenschaftliche Pädagogik nicht mehr gewachsen. Spöttisch wurde über die geisteswissenschaftlichen Ein-Mann-Lehrkanzeln an den philosophischen Fakultäten mit ihrer Hermeneutik einer heilen Welt geschrieben.

Realistische Wende und ...

Pädagogischer Perspektivenwechsel

In dieser Situation war ein pointierter Perspektivenwechsel gefragt. Als längst überfälligen Schritt in die zeitgemässe Richtung wurde die 1962 von Heinrich ROTH an der Universität Göttingen gehaltene Antrittsvorlesung aufgenommen: «Die realistische Wendung in der pädagogischen Forschung.» Roth forderte, die wissenschaftliche Pädagogik habe eine Wendung zur wissenschaftsmethodischen Forschung ihrer Erfahrungsgrundlagen nachzuvollziehen. Kurz gesagt: Die Wirklichkeit müsse auf Wahrheit befragt werden.[6]

... anthropologische Wende

Mit seinem umfangreichen zweibändigen Werk *Pädagogische Anthropologie* leistete ROTH auch einen wichtigen Beitrag für die Pädagogische Anthropologie.

Anthropologische Wende

In den 1960er-Jahren lösten verschiedene Veröffentlichungen von LANGEVELD, LOCH und BOLLNOW eine eigentliche «anthropologische Wende» aus. Es war vor allem Otto Friedrich BOLLNOW, der mit seiner anthropologischen Betrachtungsweise in der Pädagogik einen fruchtbaren Ansatz zum Verständnis von Einzelphänomenen leistete. Dieser Ansatz, der ein einzelnes Phänomen – beispielsweise die Angst – in eine unmittelbare Beziehung zum menschlichen Wesen bringt, geht von der grundlegenden Frage aus:

«Wie muss das Wesen des Menschen im ganzen beschaffen sein, damit sich diese besondre, in der Tatsache des Lebens gegebene Erscheinung darin als sinnvolles und notwendiges Glied begreifen lässt?»7

In seinem Buch *Existenzphilosophie und Pädagogik* stellte sich Bollnow der radikalen existenzphilosophischen Herausforderung des traditionellen Menschenverständnisses. Herausgefordert durch die Frage «Was bleibt von der Pädagogik, wenn man die Existenzphilosophie ernst nimmt?», entwickelte Bollnow eine Pädagogik unstetiger Phänomene wie Krise, Ermahnung oder Begegnung.

<small>Existenzphilosophische Herausforderung</small>

Von der Pädagogik zur Erziehungswissenschaft

Sehr pointiert äusserte sich Wolfgang BREZINKA zu den Aufgaben einer zeitgemässen wissenschaftlichen Pädagogik. In seinem 1971 erschienenen Buch mit dem programmatischen Titel *Von der Pädagogik zur Erziehungswissenschaft* forderte er eine Beschränkung der Erziehungswissenschaft auf den pädagogischen Bereich, der mit empirisch-analytischen Methoden bearbeitet werden kann. Eine Dreiteilung der Pädagogik in die Erziehungswissenschaft einerseits sowie in die beiden nichtwissenschaftlichen Teilgebiete Philosophie der Erziehung und Praktische Pädagogik andrerseits war eine unumgängliche Konsequenz dieses Wissenschaftsverständnisses.

<small>Pädagogik oder Erziehungswissenschaft?</small>

Im Gefolge Brezinkas wurde die Erziehungswissenschaft zu einem in erster Linie technologischen Ansatz:

«Ihr harter Kern sollte in den Beiträgen zur Lösung der technologischen Probleme gesehen werden.»8

Brezinkas Ansatz einer Kritisch-rationalistischen oder Analytisch-empirischen Erziehungswissenschaft hat durch die absolute Abgrenzung von Wissenschaft und Nicht-Wissenschaft in der pädagogischen Theoriediskussion sehr viel Staub aufgewirbelt. Brezinka machte sich durch seinen «Wissenschafts-Exorzismus» gewissermassen zum allein zuständigen Einlasskontrolleur für das System Wissenschaft.

Forschungsorientierte Sozialwissenschaft

Die in den 1960er-Jahren ausgelöste generelle Neuorientierung kann als Wandlung der Pädagogik von einer philosophisch-hermeneutisch-pragmatischen Disziplin zu einer forschungsorientierten Sozialwissenschaft zusammengefasst werden.

Im Gefolge der pädagogischen Fachdiskussionen verschob auch die «zeitgemässe» Schule ihren Schwerpunkt auf den Lehrauftrag und wurde stärker leistungs- und wissenschaftsorientiert.

In seiner 1967 veröffentlichten *Theorie der Schule* drückte Theodor WILHELM diese Tendenz sehr pointiert aus:

«Die Wirklichkeit muss für die Zwecke der Schule neu vermessen werden. Der einzige Vermessungsmassstab, der zur Verfügung steht, ist der der Wissenschaften.... Was für einen Menschen, so fragen wir also, ‹brauchen› die Wissenschaften?»⁹

Die realistische Wendung in der pädagogischen Forschung mit ihrer ausgeprägten Wissenschaftsorientierung und verschiedene didaktische Neuansätze führten zu zahlreichen schulischen Verbesserungen wie systematische Begründung der Zielsetzungen, Aktualisierung der Lerninhalte, Optimierung der Lernprozesse.

Alles ist möglich:
wenn nicht heute, dann morgen oder übermorgen

Auf dem Hintergrund einer dreifachen Aufwärtsentwicklung – Fortschrittsglauben und optimistisches Zeitgefühl, Wirtschaftsexpansion und günstige Bevölkerungsentwicklung – wurden zahlreiche Neuerungen gewagt.

Zur Leistungsorientierung und zur Reformfreudigkeit gesellte sich ein Glaube an das Mach- und Kontrollierbare. Den absoluten Höhepunkt des Glaubens an die rationale Weltbeherrschung und an die unbegrenzten technischen Möglichkeiten – von Max WEBER als moderner okzidentaler Rationalismus bezeichnet – stellt eindeutig das Ereignis der Mondlandung am 21. Juli 1969 dar: Hunderte von Millionen von Menschen erlebten vor dem Bildschirm den «big step for mankind».

«Big step for mankind»

Wie Wernher von Braun, der für die NASA tätige Raketenkonstrukteur, dachten viele Zeitgenossen:

«Wir erweitern das Bewusstsein des Menschen. Wir lassen dieses von Gott geschenkte Gehirn und diese gottgeschaffenen Hände bis zur äussersten Grenze ihrer Möglichkeiten vordringen, und das wird zum Wohle der gesamten Menschheit sein...»[10]

Eindeutig als unzeitgemäss wurden warnende Worte wie diejenigen von Friedrich Dürrenmatt empfunden, der eine Woche nach dem Ereignis im Sonntags-Journal schrieb:

«Nicht die menschliche Vernunft wurde bestätigt, sondern deren Ohnmacht. Es ist leichter, auf den Mond zu fliegen, als mit anderen Rassen friedlich zusammenzuleben, leichter, als eine wirkliche Demokratie und einen wirklichen Sozialismus durchzuführen, leichter, als den Hunger und die Unwissenheit zu besiegen, leichter, als den Vietnamkrieg zu vermeiden oder zu beenden, leichter, als den wirklichen Mörder eines Präsidenten zu finden, leichter, als zwischen den Arabern und den Juden und zwischen den Russen und Chinesen Frieden zu stiften, leichter, als die Sahara zu bewässern....»[11]

Unzeitgemässe warnende Worte

Forderung nach Mündigkeit, Emanzipation und antiautoritärer Erziehung

Mitten in die Phase des Höhepunktes des modernen okzidentalen Rationalismus platzte – für die meisten völlig unerwartet – ein massiver Schub der Kritik am Bestehenden. Der Sänger Franz Josef DEGENHARDT hat 1968 den Autoritätsverlust im Lied *Vatis Argumente* treffend besungen:

Väterlicher Autoritätsverlust

«Also wenn Vati loslegt,
dann fragt man sich immer,
warum ist er bloss so wütend,
hat er gemerkt, dass ihn keiner mehr ernst nimmt.»[12]

Die Gegenbewegung kam auch für Fachleute sehr überraschend. 1966 hatte der Leiter der grössten deutschen Jugendforschungsprojekte seine Untersuchungsergebnisse unter dem Titel *Die Generation der Unbefangenen* veröffentlicht. Am Schluss seiner Analyse heisst es:

«Generation der Unbefangenen»

«In verständiger Konsumnutzung bedient sie (die junge Generation, HB) sich der zahlreichen Chancen und Möglichkeiten einer Wohlstandsgesellschaft auf allen Gebieten, ohne sich einseitig oder über Gebühr zu engagieren. Man bejaht die Gesellschaft, die der jungen Generation nicht nur keine Schwierigkeiten bereitet, sondern umgekehrt die Jugend ihrerseits zur Leitfigur macht.»[13]

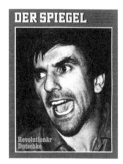

Im Gefolge der Frankfurter Schule der Kritischen Gesellschaftstheorie und in Verbindung mit der Schüler- und Studentenprotestbewegung entstand ab 1968 eine vielgestaltige Kritisch-emanzipatorische Pädagogik mit unterschiedlichen Versionen von liberalen, kritisch-aufklärerischen bis hin zu orthodox-marxistischen Richtungen, die traditionelle Erziehungsvorstellungen ideologiekritisch unter die Lupe nahmen.

In der bildungspolitischen Diskussion spielten die Begriffe Mündigkeit und Emanzipation eine Schlüsselrolle. Theodor ADORNOS *Erziehung zur Mündigkeit* und Klaus MOLLENHAUERS *Erziehung und Emanzipation* bekamen Leitgedankenfunktion.

Über den bis 1968 im pädagogischen Kontext kaum verwendeten Emanzipationsbegriff hiess es 1973 in einem pädagogischen Lexikon:

Die Frankfurter Schule: Horkheimer (hinten), Marcuse, Adorno und Habermas

«Gegenwärtig kann die Forderung nach emanzipatorischer Erziehung als allgemein akzeptiert gelten; sobald jedoch Konzepte zur Realisierung entworfen werden, erweist sich der Konsens als vordergründig, da der Begriff Emanzipation mehrdeutig ist....»[14]

Schlagwort «Emanzipation»

Einerseits schien ein neuer pädagogischer Konsensbegriff gefunden zu sein, andererseits wurde der Emanzipationsbegriff rasch zu einem Mode- und Schlagwort – und schliesslich auch zu einem Reizwort.

Eine enge Verbindung besteht zwischen dem kritisch-emanzipatorischen Ansatz und der antiautoritären Erziehungsbewegung.

Währenddem das 1965 erschienene Buch von Alexander S. Neill *Erziehung in Summerhill – das revolutionäre Beispiel einer freien Schule* ein verlegerischer Flop war, wurden von dem 1969 unter dem schillernden Titel *Theorie und Praxis der antiautoritären Erziehung* herausgegebenen gleichen Buch innert Jahresfrist mehr als eine halbe Million Exemplare verkauft. Diese Verkaufszahl ist ein deutliches Indiz dafür, dass das Postulat der «antiautoritären Erziehung» den Geist dieser Jahre traf: Aus den Forderungen der kritisch-emanzipatorischen Bewegung nach ideologiekritischer Aufklärung resultierte das weiterführende Postulat nach einer herrschaftsfreien pädagogischen Praxis.

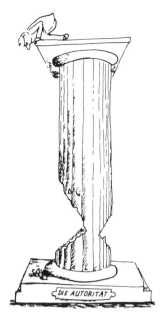

Auch die antiautoritäre Erziehungsbewegung darf nicht als einheitlicher Ansatz missverstanden werden (wie das viele Kritiker taten und tun): Vereinfacht gesagt ist der individualistische Ansatz Neills – «einige Kinder glücklich machen» – von klassenkämpferischen sozialistischen Stossrichtungen zu unterscheiden. Die ersten in Westberlin gegründeten «Kinderläden» verstanden sich als «sozialistische Selbsthilfeprojekte», als «Projekte sozialistischer Agitation und Propaganda für den Erziehungs- und schulpolitischen Kampf im Stadtteil und in der Schule».[15]

Eine wichtige Rolle spielt der auf der Basis des Wirtschaftsaufschwungs – «Wirtschaftswunder» – und der damit verknüpften Aufforderung zum Konsumieren resultierende Wertewandelschub. Aus verschiedensten Gründen wie Steigerung des Massenwohlstandes oder Wirkung der Massenmedien kam es zu Verschiebungen von den Pflicht- und Akzeptanzwerten hin zu Selbstentfaltungswerten. Der Kern dieses Mentalitätswandels kann als Übergang von einem nomozentrischen zu einem autozentrischen Selbst- und Weltgefühl zusammengefasst werden. Der «Nomozentriker» sieht sich als unvollkommenes, von der gesellschaftlichen Umwelt abhängiges Wesen, das sich primär an Vorgegebenem orientiert (Nomos = Gesetz). Der «Autozentriker» vertraut den eigenen Kräften und Kapazitäten; seine legitime Bewertungsinstanz ist seine Rationalität und seine Beurteilungsfähigkeit. Der Wertewandelprozess verläuft von den KON-Werten (Konservatismus, Konformität, Konventionalismus, Kontrolliertheit) zu den NON-KON-Werten.[16]

Drei ganz unterschiedliche «Lösungen» aus der schwierigen Situation: humanistisch – neokonservativ – antipädagogisch

In den 1970er-Jahren kam es zu umfassenden Veränderungen, die alle Gebiete des materiellen und geistigen Lebens erfassten. 1973 ging als Jahr des Ölschocks mit einer dadurch ausgelösten schwierigeren Wirtschaftslage in die Geschichte ein.

In diesen Jahren verwandelten sich die vorher genannten Aufwärtsentwicklungen in ihr Gegenteil: In seinem 1972 veröffentlichten Bericht *Die Grenzen des Wachstums* verlangte der 1968 gegründete Club of Rome eine radikale Veränderung von Denkgewohnheiten, Verhaltensweisen und Gesellschaftsstrukturen. Das Schlagwort «Grenzen des Wachstums» bremste das optimistische Zeitgefühl und den unbedingten Glauben an Fortschritt, Wachstum und rationale Weltbeherrschung durch unbegrenzte technische Möglichkeiten. Auf die wirtschaftliche Expansionsphase folgte die Rezession, und die günstige Bevölkerungsentwicklung wendete sich ins Gegenteil.

Mitte der 1970er-Jahre war auch die Phase der «Bildungshochkonjunktur» zu Ende.

1973
Autofreie Sonntage:
Plauschstimmung und ahnungsvolle Ängste

Pauschale Schulkritiken

Die «rosarote Brille» wurde abgesetzt, und Pauschalkritiken «geisselten» unterschiedlichste Missstände:

- Klagen über Schulstress und zunehmende physische und psychische Erkrankungen der Schülerinnen und Schüler
- massive Kritik am Unterricht (blosse Wissensvermittlung, curriculare Verplanung, Verfächerung des Unterrichts und vieles andere mehr)
- Polemik gegen einen angeblich immer rücksichtsloser werdenden schulischen Leistungs- und Konkurrenzkampf

Bedürfnis nach Sinn, Sinnen und Sinnlichkeit

Forderung nach Humanisierung der Schule

In dieser Situation forderten viele Pädagoginnen und Pädagogen eine Humanisierung der Schule:

- Eine Schule, die auf Vertrauen, Wertschätzung, Rücksichtnahme und Solidarität basiert
- eine Schule, die die Ganzheit der Schülerinnen und Schüler beachtet
- eine Schule, in der eine positive Grundstimmung herrscht

Damit sind grundlegende Postulate der Humanistischen Psychologie genannt. Die in der ersten Hälfte der 1960er-Jahre in den USA gegründete «Association for Humanistic Psychology», der unter anderen Charlotte BÜHLER, Abraham MASLOW und Carl ROGERS angehörten, legte ihre Hauptakzente auf die erlebende Person und die spezifisch menschlichen Eigenschaften wie Kreativität, Selbstverwirklichung, Wertsetzung und die Fähigkeit zu wählen.

«Association for Humanistic Psychology»

Die Entstehung und Verbreitung der Humanistischen Psychologie – in den USA und auch im deutschsprachigen Raum – muss auf dem Hintergrund der geistigen Situation der Zeit verstanden werden: Viele von Angst-, Einsamkeits-, Entfremdungs- und Verzweiflungsgefühlen belastete Menschen verloren sich immer mehr in der lauten Geschäftigkeit des anonymen gesellschaftlichen Lebens. Auf diesem Boden wuchs ein dringendes Bedürfnis nach «Sinn, Sinnen und Sinnlichkeit», wie das Ruth COHN rückblickend prägnant formulierte. Der humanistische Ansatz unterstützte die Forderungen nach echten, ehrlichen, menschlichen und menschenwürdigen Lebensmöglichkeiten.

In seinem 1969 in den USA erschienenen Buch *Freedom to learn* übertrug ROGERS die Postulate seines klientenzentrierten therapeutischen Ansatzes – Echtheit, Empathie, Wertschätzung – auf die schulische Situation. Die Forderungen lauteten, dass das Lehren im herkömmlichen Sinne durch die Förderung des Lernens und die Betonung der zwischenmenschlichen Beziehung abgelöst werden sollte.

Freedom to learn

Im deutschsprachigen Gebiet waren es vor allem das Ehepaar TAUSCH und Ruth COHN, die das Interesse für den humanistischen Ansatz weckten.

Das grosse Interesse für die Humanistische Psychologie und Pädagogik ist auch als Reaktion auf viele enttäuschte Hoffnungen aus der Zeit der Reformeuphorie der späten sechziger und frühen 1970er-Jahre zu verstehen.

Rückwärtsschritte zum Bewährten

Im gleichen Zeitraum schalteten sich verschiedene konservative Wissenschaftler und Bildungspolitiker in die Auseinandersetzungen um die Gestaltung der Schule ein und traten für eine umfassende geistige Veränderung – eine bildungspolitische Tendenzwende – ein. Der zentrale Kristallisationspunkt des konservativen Ansatzes war die Kritik am Emanzipationspostulat des kritisch-emanzipatorischen Ansatzes. Aufgrund verschiedener Veröffentlichungen wie *Die Pädagogik der Neuen Linken* (BREZINKA 1972), *Zwischenrufe zur Bildungspolitik* (MAIER 1972), *Jenseits der Emanzipation* (WILHELM 1975), *Zur Emanzipation verurteilt* (KALTENBRUNNER 1975) oder *Unsere stille Kulturrevolution* (LÜBBE 1976) und der zwei stark beachteten Kongresse «Tendenzwende» und «Mut zur Erziehung» (mit neun viel Staub aufwirbelnden Thesen unter der Federführung von Hermann LÜBBE) formierte sich eine vielgestaltige Pädagogik des Neokonservatismus.

Das Ziel der Bewegung war es, eine Wende im gesellschafts- und bildungspolitischen Bereich einzuleiten. Betont wurden die Wichtigkeit von Tugenden wie Ordnung, Disziplin, Fleiss, Verzicht oder Leis-

Alte «neue Tugenden»

Neokonservatismus als umfassende mentalitätsbildende Kraft

tungsbereitschaft; die Grundhaltung der Bejahung anstelle der Kritik; die Tradition, die Identifikation mit dem Staat und die Rückgewinnung der verdrängten erzieherischen Dimension in der Schule. Diese grobe Auflistung macht den «Sammelbeckencharakter» und die Konstituierung als «Reaktionsbildung» auf unerwünschte Veränderungen – die so genannte «Kulturrevolution» – dieser Strömung deutlich.

Eine wichtige Rolle für die neokonservative Kulturkritik spielten verschiedene Veröffentlichungen zum Thema Wertewandel. Es war der Amerikaner Ronald INGLEHART, der 1977 mit seiner umstrittenen These vom Wandel von den materialistischen zu den postmaterialistischen Werten eine breite Wertewandeldiskussion auslöste. Die bekannte Meinungsforscherin Elisabeth NOELLE-NEUMANN diagnostizierte in ihrem Buch mit dem Aufsehen erregenden Titel *Werden wir alle Proletarier?* aufgrund von demoskopischen Langzeitbeobachtungen einen Verfall der bürgerlichen Werte. Nach ihrer Ansicht hatte sich ein Wandel von einer «post-industrial era» zu einer «post-industrious era» – von einer nachindustriellen zu einer «nach-fleissigen» – Phase ereignet.

Die Bezeichnung Neokonservatismus etablierte sich im deutschsprachigen Raum in den 1980er-Jahren; «importiert» wurde sie aus den USA, wo diese neue Strömung ab Mitte der 1970er-Jahre zu einer umfassenden mentalitätsbildenden Kraft wurde.

Der antipädagogische Frontalangriff

Mitte der 1970er-Jahre wurden alle pädagogischen Ansätze mit ihren unterschiedlichen Erziehungsvorstellungen aufs radikalste in Frage gestellt: 1975 veröffentlichte der Publizist Ekkehard von Braunmühl seine Studien zur Abschaffung der Erziehung unter dem Titel *Antipädagogik*.

Die antipädagogischen Postulate für ein «Leben jenseits der Erziehung» lauteten: Kein Kind ist erziehungsbedürftig! Kein Erwachsener ist für die Kinder verantwortlich! Wer Kinder liebt, erzieht sie nicht!

«Wer Kinder liebt, erzieht sie nicht!»

Den Weg zu dieser Gegentheorie hatte im deutschsprachigen Gebiet Heinrich Kupffer mit dem 1974 veröffentlichten Artikel «Antipsychiatrie und Antipädagogik – Erziehungsprobleme in der ‹totalen Institution›» geebnet. Andere Wegbereiterinnen waren Katharina Rutschky, die 1977 eine Sammlung widerwärtiger pädagogischer Texte aus der Vergangenheit unter dem Titel *Schwarze Pädagogik* veröffentlichte und vor allem Alice Miller, die mit ihren drei Bestsellern *Das Drama des begabten Kindes*, *Am Anfang war Erziehung* und *Du sollst nicht merken* (1979 bis 1981 veröffentlicht) der antipädagogischen Bewegung mächtigen Auftrieb gab.

Auch Alice Millers antipädagogische Haltung ist nicht gegen eine bestimmte Art von Erziehung gerichtet, sondern gegen Erziehung überhaupt. Sie «entlarvt» alle erzieherischen Handlungen als Erwachsenenbedürfnisse; nicht die Kinder brauchen nach ihrer Ansicht die Erziehung, sondern die Erwachsenen.

Die verstärkte Beachtung der Antipädagogik zu Beginn der 1980er-Jahre beruht auf einer generellen antipädagogischen Grundstimmung – «We don't need no education» (Pink Floyd 1979) – und einer modischen Bewunderung der kindlichen Fähigkeiten. Ein amerikanischer Bestseller trägt den Titel *All I really need to know I learned in Kindergarten* (Flugham 1988), und Herbert Grönemeyer forderte in seinem Lied:

«Gebt den Kindern das Kommando
sie berechnen nicht, was sie tun
die Welt gehört in Kinderhände
dem Trübsinn ein Ende» [17]

Die postmoderne Unübersichtlichkeit der 1980er-Jahre

In den 1980er-Jahre ergriff viele Menschen ein Gefühl der Enttäuschung über unerfüllte Hoffnungen. Der Sänger und Dichter Leonard Cohen brachte 1988 dieses Gefühl der Desillusionierung auf einen einprägsamen Nenner:

Gefühl der Desillusionierung

«They sentenced me to 20 years of boredom,
for trying to change the system from within.»[18]

Die 80er-Protestbewegungen in den verschiedenen Städten entstanden nicht wie die 68er-Unruhen aus einem Theoriezusammenhang heraus – «We don't need no 68 heroes» – sondern aus Gründen der Wohnungsnot, Arbeitslosigkeit, Marginalisierung, Perspektivenlosigkeit: «No chance – no hope – no future.»

Das unten stehende Bild – Eiszeit in Zürich – vermittelt einen Einblick in die bei vielen Jugendlichen vorherrschende Befindlichkeit.

In der unsicheren Situation einer «neuen Unübersichtlichkeit» (dieser Begriff wurde von Habermas geprägt) erfasste viele Menschen eine starke Sehnsucht nach Sicherheit. Rund die Hälfte der Schweizerinnen und Schweizer stimmten 1988 in einer Meinungsumfrage der Aussage «Alles ist heute so unsicher und wechselt so schnell, dass man oft nicht mehr weiss, wonach man sich richten soll» zu. 1988 hatten 39 Prozent der Befragten den Eindruck, es sei in der aktuellen Zeit unklar, was eigentlich passiere. Fünf Jahre später waren 53 Prozent dieser Ansicht.[19]

«Eiszeit» in Zürich

«Postmoderne»

«Un nouveau décor»

Postmoderner Cocktail

Zu einem Schlag- und Modewort der 1980er-Jahre wurde der Begriff «Postmoderne». Die Häufigkeit der Begriffsverwendung geht mit einer inhaltlichen Unklarheit einher; wahrscheinlich ist diese Vagheit ein Grund der Popularität.

Für den bekanntesten «postmodernen Philosophen», Jean-François LYOTARD, bedeutet Postmoderne:

«En simplifiant à l'extrême, on tient pour ‹postmoderne› l'incrédulité à l'égard des métarécits.» [20]

Währenddem – gemäss Lyotard – das Denken und Handeln des 19. und 20. Jahrhunderts von der Idee der Emanzipation (universelle Freiheit, Befreiung der gesamten Menschheit) bestimmt waren, ist in den letzten fünfzig Jahren jede der grossen Emanzipationserzählungen in ihrem Prinzip verstümmelt worden. Trotzdem bedeutet für Lyotard der Niedergang des Projekts der Moderne keinen Verfall. Er lädt zu einem neuen Bühnenbild – un nouveau décor – ein. In Anbetracht der Tatsache des Anwachsens der Komplexität auf den meisten Gebieten des Lebens sieht er die entscheidende Aufgabe darin, die Menschen zu befähigen, sich sehr komplexer Mittel des Fühlens, Verstehens und Tuns zu bedienen.

Bei der oft verwendeten «Etikette» Postmoderne muss ein präziser Postmodernismus – im Sinne von Lyotard – von einem diffusen unterschieden werden. Ein diffuser Postmodernismus ist ein «gemixter Cocktail» mit unterschiedlichsten Zutaten wie Esoterik, New Age, Apokalypse und so weiter.

Lyotards Verständnis von Postmoderne hingegen wendet sich pointiert gegen einen nonchalant lockeren Versuch, Ernst und Strenge der Moderne einfach durch ironische und verspielte «Zitate» zu durchbrechen.

«Weiss wer, was vorn und hinten ist?»

Die folgende grafische Darstellung[21] vermag einen ganz groben Einblick in die Veränderungen der Einschätzung des Lebensgefühls der Bevölkerung eines Staates zu vermitteln:

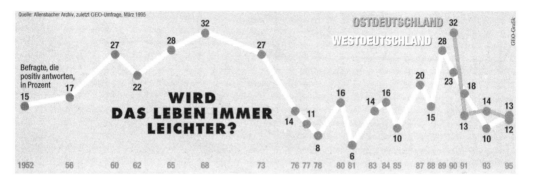

Auf den ersten Blick fallen die kontinuierlich sinkende Zustimmung zur Frage «Wird das Leben immer leichter?» im Zeitraum nach 1968 bis zum Tiefpunkt 1978 sowie die hohen Werte im Jahre 1989/1990 auf. Auffällig ist auch, wie die «Jubelwerte» in den alten und neuen Bundesländern nach der Wiedervereinigung innert kurzer Zeit analog zum Mauerfall «zusammenfielen».

Neue «Jubelwerte»

Der 1939 in Dresden geborene Volker BRAUN, der sich als Lyriker, Dramatiker, Prosaautor und Essayist einen Namen machte, hat die Jahre nach der Wende in seinem Buch *Trotzdestonichts* wie folgt charakterisiert:

«Es war die Zeit, in der Ereignisse aller Art, die Öffnung der Mauer oder das Erscheinen des Dosenbiers, mit dem Ausruf Wahnsinn! begleitet wurden, der Wahnsinn wurde im ganzen Volke für normal gehalten, es waren, im Lande, endlich die Schrauben locker, und ein ganz Verrückter fällt nicht auf im Gedränge.»[22]

In seinem Buch mit dem Titel *Wir befinden uns soweit wohl. Wir sind erst einmal am Ende* nennt er auch eine Erklärung für die «Ent-Täuschungen» in den alten Bundesländern: «Es konnte dem Kapitalismus gar nichts Schlechteres passieren als unser Untergang.»[23]

> «Der Sozialismus ging und Jonny Walker kam.»
> Volker Braun

Brauns von einer aufrüttelnden Kürze und Prägnanz geprägten Kommentare treffen nicht nur für die Menschen auf der einen Seite der ehemaligen Mauer zu. Seine Diagnose: «Dort hat man den Hunger auf Kommunismus übergangen und verlangt bürgerliche Kost; und da macht man reinen Tisch mit der Geschichte und steht vor dem leeren.» Seine Frage: «Wo geht es lang oder – bescheidener gefragt – weiss wer, was vorn und hinten ist?» Und ein Fazit: «Wie unklar ist der Stoff der Welt. Zu den Stürmen und Fluten, den unausbleiblichen Erdbeben treten die Beben der Völker und der Erdrutsch der Gedanken.»[24]

«Wie unklar ist der Stoff der Welt?»

In seinem Buch *Die Rückkehr der Geschichte* analysiert Joschka Fischer aus einer fünfzehnjährigen Distanz die epochalen Veränderungen nach 1989/90. Auf die Klarheit eines globalen zentralistischen Ordnungsprinzips der bipolaren Systemfeindschaft folgte nach 1989 eine machtpolitische, ideologische, regionale und auch historische Unübersichtlichkeit. Die Implosion eines der beiden Antipoden hatte einen dramatischen Ordnungsverlust zur Folge: «Es war, als wenn man einen starken Elektromagneten abgeschaltet hätte, dessen Magnetfeld bis dahin alle Magnetpartikel unter seine Ordnung gezwungen hatte.»[25] Der Verlust eines ordnenden Zentralkonfliktes und das entstandene Vakuum führten dazu, dass sich in den Bruchzonen der postglazialen Ordnung politisch freie Radikale bildeten – mit weit reichenden Konsequenzen. Das ideologische Vakuum wurde entweder positiv gefüllt durch Demokratie, Menschenrechte und Marktwirtschaft oder negativ durch Nationalismus, religiösen Wahn und Hass.[26]

Verlust eines ordnenden Zentralkonfliktes

Das digitale Nirwana

Eine entscheidende Rolle beim Mauerfall-Ereignis, aber auch bei anderen Jahrzehnte-Ereignissen der späten 1980er- und der 1990er-Jahre, spielte der unaufhaltsame «Siegeszug» bestimmter Ausprägungen der alten und neuen Medien. In seinem Buch *Das digitale Nirwana* hat Bernd GUGGENBERGER die Art der medialen Inszenierung der epochalen Veränderungsprozesse und ihre Rezipientenwirkung pointiert dargestellt. Speziell kritisiert er das Dasein des heutigen Menschen als «bildschirmnomadischen Höhlenbewohner, der aus seinem dämmerigen Bau kaum noch hervorkriecht und für den die Welt draussen – wie für die ‹Gefangenen› in Platons berühmtem Höhlengleichnis – nur in Form der bewegten Schattenbilder existiert, die in grotesker Verzerrung an der Höhlenwand auf- und abtanzen».[27]

Bildschirmnomadische Höhlenbewohner

Wir (gemeint sind alle, wenngleich einige mehr als andere) haben Abschied genommen von den handgreiflichen Realitäten des Raumes und sind eingetaucht in die Meta-Realität der medialen Äquidistanzen:

«Nach dem fast unblutigen Ende einer bis an die Zähne bewaffneten Weltanschauung, nach dem Fall von Mauer und Stacheldrahtverhauen in der Mitte Europas, aber auch nach der Weltpolizeiaktion am Golf und dem Weltsozialeinsatz in Somalia haben wir unwiderruflich unseren Platz in Ted Turners globalem ‹Theater der Realzeit› eingenommen; virtuelle Zeit-Surfer allesamt auf einem Ozean planetarischer Gleich-Zeit.»[28]

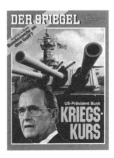

Am Beispiel des durch das Fernsehen vermittelten Golfkrieges lässt sich der Versuch unternehmen zu erkennen, dass nicht nur die eine Seite eine «Schlacht der Lügen» austrug.[29]

Tendenzen der Gegenmoderne

Anfangs der 1990er-Jahre haben sich gravierende Veränderungen in der Einschätzung der wichtigsten Probleme ergeben. 1990 bezeichneten 29 Prozent der befragten Schweizerinnen und Schweizer in der jedes Jahr durchgeführten Univox-Untersuchung den Umweltschutz als das klar wichtigste Problem; für 1 Prozent der Befragten war die Arbeitslosigkeit das Hauptproblem. Zwei Jahre später nannten noch 14 Prozent den Umweltschutz, aber 21 Prozent die Arbeitslosigkeit als grösstes Problem.

Wichtigste Probleme

Offensichtlich ist: Die Arbeitsgesellschaft ist in den 1990er-Jahre in eine Krise geraten. Neben der Arbeitslosigkeit – und der Furcht davor – spielt auch die Tatsache eine Rolle, dass praktisch alle Fachkenntnisse oder beruflichen Kompetenzen «provisorisch» geworden sind. Gemäss dem französischen Philosophen André GORZ bedeutet das:

«Die Menschen müssen sich ständigen technologischen Veränderungen anpassen, müssen bereit sein, sich neu auszubilden, um ihren Job zu behalten, oder müssen andernfalls einen anderen, weniger qualifizierten Job akzeptieren.»[30]

Damit verbunden sind Gefühle der Unsicherheit, Orientierungslosigkeit, Ohnmacht. Gleichzeitig wird von immer mehr Leuten die traditionelle Eigenart als bedroht empfunden. (In der erwähnten Univox-Untersuchung nannten 1990 sieben Prozent die Ausländer als grösstes Problem; 1992 waren es dreimal mehr.)

The book of virtues

In einer Zeit der Unübersichtlichkeit und Verunsicherung vermag eine Bewegung, die Auswege aus der Sinnkrise und dem moralischen Vakuum verspricht, viele Menschen anzuziehen. In den USA wurde 1994 ein rund 800-seitiges Buch zu einem absoluten Bestseller: *The Book of virtues* von William BENNETT. In diesem Buch der Tugenden sind klassische Geschichten, bekannte Legenden und Gedichte zu zehn Kardinaltugenden zusammengestellt – beispielsweise Tells Apfelschuss im Kapitel über Mut. Die Bewegung der *Virtuecrats* setzt sich für eine Wiedergewinnung der – aus ihrer Sicht verratenen – moralischen Werte ein.

Ein verbreitetes individuelles «Lösungsmuster» ist der Rückzug ins rein Private: die Beschränkung auf Sorgen und Besorgungen im engsten Kreise unter der Maxime: il faut cultiver son jardin.

Individuelles «Lösungsmuster»

Ein anderes Muster ist die «Bekämpfung» der zunehmenden depressiven Verstimmungen mit verschiedensten «Stimmungsmachern». Die Verkäufe von Antidepressiva sind seit den 1990er-Jahren enorm angestiegen. Ein Journalist der New York Times geht in einem Artikel so weit, die Depression nicht mehr als Krankheit, sondern als Zustand der Gesellschaft zu bezeichnen: die Depression verstanden als Preis des modernen Lebens. Eine Konsumentin des Antidepressivums Prozac begründete ihre Angst vor einem Nuklearkrieg damit, dass dann ihre Prozac-Versorgung zusammenbrechen würde.

Ein anderes «Lösungsmuster» ist die Suche nach Sicherheit in den Armen «starker» Persönlichkeiten und Gruppierungen, die einfache und einleuchtende «Lösungen» garantieren.

Kollektives «Lösungsmuster»

Gegenmoderne als Einspruch gegen die Moderne

Ulrich BECK hat diese unterschiedlichen Tendenzen unter dem Begriff der «Gegenmoderne» zusammengefasst.[31] Gemeint ist damit jener mit der Moderne einhergehende Einspruch gegen sie. Die Gegenmoderne hat klare Alternativen zur Moderne bereit: Emotion gegenüber Rationalität, Nationalismus gegenüber Übernationalismus, Gemeinschaft gegenüber Gesellschaft, Gewalt gegenüber Diskurs. Währenddem die Moderne durch die Postulate der Öffnung und des Fragen-Stellens und -Lösens charakterisiert ist, setzt die Gegenmoderne auf Abschottung, Fragenvernichtung und -tilgung sowie auf einfache Lösungen.

Der Sänger Herbert GRÖNEMEYER hat in seinem 1993 veröffentlichten Lied «Chaos» die gegenmoderne Stimmung charakterisiert:

«Theorien verblassen…»

«Theorien verblassen, die Propaganda ist platt
nichts gilt mehr, die Kirche schachmatt
die Welt reisst das Tor auf, da lähmt jedes Geschwätz
Durcheinander wird Gesetz
Grenzen aus den Angeln, die klare Linie dahin
alles im Fluss, das Wilde gewinnt
die Kulturen toben, die Denkzentralen unter Schock
Antworten laufen Amok»[32]

Der Konstruktivismus: eine viable Antwort?

Bereits 1981 hat Paul WATZLAWICK erstmals einige «Findlingsblöcke» zum Konstruktivismus unter dem Titel *Die erfundene Wirklichkeit* präsentiert. Dieses Buch, das mehr als jedes andere dazu beigetragen hat, konstruktivistische Ideen zu verbreiten, dreht sich um eine ganz grundsätzliche Frage: «Wie wissen wir, was wir zu wissen *glauben*?» Das Wort glauben will auf die Ansicht und Einsicht hinweisen, dass jede Wirklichkeit im unmittelbarsten Sinne die Konstruktion derer ist, die diese Wirklichkeit zu entdecken und zu erforschen glauben. Nach konstruktivistischer Ansicht sind sich die Erfinder ihres Erfindungs-Aktes nicht bewusst. Deshalb wissen sie nicht, dass das Gefundene lediglich einem Erfundenen entspricht.[33]

Wie wissen wir, was wir zu wissen glauben?

In Wirklichkeit
ist die Wirklichkeit
ganz anders.

In den 1990er-Jahren hat Watzlawick durch die Veröffentlichung verschiedener populärer Bücher wie *Anleitung zum Unglücklichsein* (dieses Buch des österreichischen Stanford-Professors hat an der Jahrtausendschwelle eine Gesamtauflage von mehr als 1,5 Millionen Exemplaren erreicht) oder *Vom Guten des Schlechten* der konstruktivistischen Welle entscheidende Schubkraft verliehen.

Wichtige Wegbereiter konstruktivistischer Anliegen sind die beiden chilenischen Neurobiologen Humberto MATURANA und Francisco VARELA. Ihre Erkenntnisse zu einer Neuformulierung der biologischen Phänomenologie haben sie 1973 unter dem Titel *Autopoiesis und die Organisation des Lebendigen* und 1987 in ihrem populärwissenschaftlichen Buch *Der Baum der Erkenntnis* veröffentlicht. In diesem Bestseller mit dem Untertitel *Die biologischen Wurzeln menschlichen Erkennens* geht es den Autoren um Verpflichtungen aus der Erkenntnis der Erkenntnis als biologisches Phänomen.

«Sie (diese Erkenntnis, HB) verpflichtet uns zu einer Haltung ständiger Wachsamkeit gegenüber der Versuchung der Gewissheit. Sie verpflichtet uns dazu einzusehen, dass unsere Gewissheiten keine Beweise der Wahrheit sind, dass die Welt, die jedermann sieht, nicht *die* Welt ist, sondern *eine* Welt, die wir mit anderen hervorbringen. Sie verpflichtet uns dazu zu sehen, dass die Welt sich nur ändern wird, wenn wir anders leben. Sie verpflichtet uns, da wir, wenn wir wissen, dass wir wissen, uns selbst und anderen gegenüber nicht mehr so tun können, als wüssten wir nicht.»[34]

<small>Nicht *die* Welt, sondern *eine* Welt</small>

Der Erfolg des Konstruktivismus beruht einerseits auf seiner Kompatibilität mit einigen passenden Wellenbewegungen in der Medizin, Kognitionspsychologie oder Systemtheorie. Zudem passt der Konstruktivismus zu bestimmten vorherrschenden plakativen Zeitdiagnosen wie Individualisierung, Erlebnisgesellschaft, Rehabilitation des «common sense», Postmoderne oder Krise der normativen Disziplinen.

Vereinfacht formuliert kann der Konstruktivismus als Übergang von einem alten zu einem neuen Weltbild verstanden werden: Von einem deterministischen oder mechanistischen, hierarchisch gegliederten, auf Zentralsteuerung, Rationalität und Kontrolle setzenden Weltbild in Richtung auf ein nicht-determiniertes, probalistisches, dezentralisiertes, aus vielen kleinen, einfachen Einheiten zu Netzwerken zusammengesetztes, von teils stetigen, teils «sprunghaften», insgesamt aber immer nur bedingt vorhersehbaren Abläufen bestimmtes Weltbild.[35]

<small>Von einem alten zu einem neuen Weltbild</small>

Neben der offensichtlichen Attraktivität dieses neuen Weltbildes mit ihrer faszinierenden Offenheit und Unfassbarkeit liegt ein Erfolgsgeheimnis des Konstruktivismus in der Aufforderung zur Anerkennung einer zweifachen Pluralität:

- Verzicht auf Wahrheitsfanatismus und dogmatische Besserwisserei, auf einen Fundamentalismus jedweder Art und damit als aktive Toleranz gegenüber den Wirklichkeitskonstruktionen anderer (aufgrund unterschiedlicher Lebensgeschichten, sozioökonomischer Lebensverhältnisse, kultureller Traditionen)   *Verzicht auf...*
- Anerkennung qualitativ verschiedener Formen der Wirklichkeitskonstruktion: als Alltagswissen und als Kunst, als «exakte» Naturwissenschaft und als Mythos, als Computertechnologie und als Intuition[36]   *Anerkennung von...*

Last but not least liegt in der Bezeichnung «Radikale Konstruktivisten» ein massgebliches Erfolgsgeheimnis.

> «Fragen Sie einen Menschen, ob die folgenden Begriffe Entdeckungen oder Erfindungen sind: Ordnung, Zahlen, Formeln, Symmetrien, Naturgesetze, Gegenstände, Taxonomien usw. Neigt er dazu, diese Begriffe als Erfindungen zu bezeichnen, so haben Sie es mit einem Konstruktivisten zu tun.»
>
> Heinz von Foerster

Die Kernthese des Konstruktivismus hat Horst SIEBERT auf den folgenden «einfachen» Nenner gebracht:

Radikal-konstruktivistische Kernthese

«Menschen sind autopoietische, selbstreferenzielle, operational geschlossene Systeme. Die äussere Realität ist uns sensorisch und kognitiv unzugänglich. Wir sind mit der Umwelt lediglich strukturell gekoppelt, das heisst, wir wandeln Impulse von aussen in unserem Nervensystem ‹strukturdeterminiert›, das heisst auf der Grundlage biografisch geprägter psycho-physischer kognitiver und emotionaler Strukturen um. Die so erzeugte Wirklichkeit ist keine Repräsentation, keine Abbildung der Aussenwelt, sondern eine funktionale, viable Konstruktion, die von anderen Menschen geteilt wird und die sich biografisch und gattungsgeschichtlich als lebensdienlich erwiesen hat. Menschen als selbstgesteuerte ‹Systeme› können von der Umwelt nicht determiniert, sondern allenfalls perturbiert, das heisst ‹gestört› und angeregt werden.»[37]

Viable konstruktivistische Schlüsselqualifikationen

Aus einer konstruktivistischen Perspektive ist eine Re-Interpretation zentraler bildungstheoretischer Kategorien und eine Modifizierung fächerübergreifender Schlüsselqualifikationen notwendig. Angesichts unserer komplexen, widersprüchlichen und kontingenten Welt mit ihrem hohen Mass an Ungewissheit, Irrtumswahrscheinlichkeit und Zukunftsoffenheit sind ganz bestimmte Qualifikationen für eine Handlungs- und Entscheidungsfähigkeit im Modus der Konstruktivität gefordert.[38]

- Reflexiver Umgang mit Wissen und Nichtwissen
- Aufgeschlossenheit für Differenzen, Fremdes, Pluralität
- Ambiguitätstoleranz angesichts von Dilemmata, Paradoxien und Unsicherheiten
- Kontextsensibilität für Denk- und Lösungsstrategien
- Fähigkeit und Bereitschaft zu Beobachtungen II. Ordnung
- Bereitschaft zur Viabilitätskontrolle der eigenen Konstrukte
- Verantwortlicher Umgang mit eigener und fremder Emotionalität
- Fähigkeit und Bereitschaft, die Perspektiven anderer wahrzunehmen und zu akzeptieren
- «Responsivness» als Aufgeschlossenheit für öffentliche Themen und Schlüsselprobleme
- Selbstattribuierung als Wahrnehmung eigener Verantwortung

Horst Siebert

Aufgrund seiner intensiven Auseinandersetzung mit dem Konstruktivismus gelangt Horst Siebert zu einem kritisch-optimistischen Fazit:

«Der Radikale Konstruktivismus ist keine neue Supertheorie und auch kein pädagogisches Rezeptbuch, er beinhaltet pädagogisch mehr Fragen als Anworten. Aber es ist ergiebig, sich auf diese Thesen einzulassen, auch wenn man ihnen skeptisch begegnet.»[39]

Keine neue Supertheorie, kein pädagogisches Rezeptbuch

Mehr als nur Skepsis ist meines Erachtens erforderlich, wenn die konstruktivistischen Forderungen im Lichte einer umfassenden gesellschaftlichen Perspektive betrachtet werden.

«The winner takes it all»

Im wirtschaftlich bestimmten Gesellschaftsleben dominiert zunehmend ein neuer Kapitalismus mit der Maxime «The winner takes it all» auf den Märkten des «Alles oder nichts». Das Verdikt «überflüssig» schwebt als Damoklesschwert über immer mehr Menschen und führt

«Alles oder nichts»

zu beängstigenden Ahnungen und bangen Fragen: «Selbst in reichen Gesellschaften kann jeder schon morgen überflüssig sein. Wohin mit ihm?»[40]

Eine erschreckende Erkenntnis wird immer deutlicher sichtbar: «In New York ebenso wie in Zaire, in den Metropolen ebenso wie in den armen Ländern werden immer mehr Menschen für immer aus dem ökonomischen Kreislauf ausgestossen, weil sich ihre Ausbeutung nicht mehr lohnt.»[41]

Bestimmte Grundzüge massiver gesellschaftlicher Veränderungsprozesse hat der französische Autor Michel HOUELLEBECQ, der in Frankreich als wichtige literarische Stimme seiner Generation gilt, in drastischer Form als «Extension du domaine de la lutte» – eine Ausweitung der Kampfzone – beschrieben. Geschildert werden Menschen, die weit vom Ufer entfernt im Strom einer «ausgeweiteten Kampfzone» im kälter werdenden Wasser trotz aller Schwimmbewegungen dem Ertrinken immer näher kommen:

«Maintenant, vous êtes loin du bord: oh oui! comme vous êtes loin du bord! Vous avez longtemps cru à l'existence d'une autre rive; tel n'est plus le cas. Vous continuez à nager pourtant, et chaque mouvement que vous faites vous rapproche de la noyade. Vous suffoquez, vos poumons vous brûlent. L'eau vous paraît de plus en plus froide, et surtout de plus en plus amère. ... Souvenez-vous, encore une fois, de votre entrée dans le domaine de la lutte.»[42]

Working Poor

Selbst in der Schweiz, dem Land mit dem weltweit höchsten Pro-Kopf-Jahreseinkommen, waren im Jahre 1999 rund 250 000 Personen im Alter von 20 bis 59 Jahren so genannte «Working Poor» (Erwerbstätige, deren Einkommen unter dem Existenzminimum liegt). Die Working-Poor-Quote, das heisst der Anteil der Working Poor an den Erwerbstätigen, lag bei 7,5 Prozent. Die 250 000 Working Poor lebten in 169 000 Haushalten mit insgesamt 535 000 Haushaltmitgliedern. Da in diesen Haushalten viele Kinder leben (rund 230 000), besteht die Gefahr, dass die Armut «vererbt» wird.[44]

In den 1990er-Jahren ist die Zahl der Working Poor von 170 000 (im Jahre 1992) auf 250 000 gestiegen. Bei den Alleinerziehenden und bei Paaren mit drei oder mehr Kindern erhöhte sich die Quote

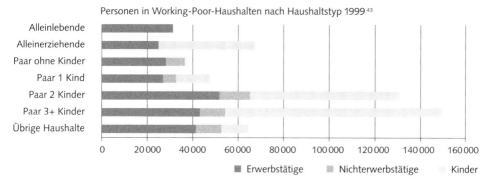

dramatisch: Bei den Alleinerziehenden von 14,8 Prozent im Jahre 1992 auf 29,2 Prozent im Jahre 1999.[45] Auch im Jahre 2003 sind 231 000 Menschen in 137 000 Haushalten, in welchen insgesamt 513 000 Personen leben, vom Phänomen Working Poor betroffen.[46]

Weltweit gesehen öffnet sich die Schere zwischen Arm und Reich immer weiter: Die Einkommenslücke zwischen dem reichsten Fünftel der Weltbevölkerung und dem ärmsten Fünftel lag 1997 bei 74:1 (1990 bei 60:1; 1930 bei 30:1). Diese drastische Einkommensverteilungskluft kann wie folgt veranschaulicht werden: Die drei reichsten Menschen auf der Erde verfügen über ein Vermögen, das grösser ist als das Bruttoinlandsprodukt der 49 am wenigsten entwickelten Länder gemeinsam; die Vermögenswerte der 200 reichsten Personen übersteigen das Gesamteinkommen von 41 Prozent der Weltbevölkerung.[47]

Während immer mehr Menschen vorübergehend oder für immer aus dem ökonomischen Kreislauf ausgestossen werden, sind ganz wenige mit ganz anderen «Sorgen» beschäftigt. In der Neuen Zürcher Zeitung wird die Frage, was das Top-Management der Schweizer Grossbank UBS im Jahre 1999 verdiente, wie folgt beantwortet:

«Was verdiente das Top-Management?»

«Der UBS-Finanzbericht ist umfangreich, so umfangreich, dass die Anmerkung 37 auf der Seite 128 bisher noch kaum Beachtung gefunden hat. Der Titel ‹Organe und ihnen nahestehende Personen und Gesellschaften› ist ja auch reichlich nichtssagend. Der entsprechende Text hat es aber in sich, wird doch festgehalten, dass in der Erfolgsrechnung 1999 an Organe und diesen nahestehende Personen Vergütungen für 193,1 Millionen Franken gewährt worden sind. 1998 waren es 102,8 Millionen

«Die Nachbarn»

Franken gewesen. Der Bezügerkreis umfasst im wesentlichen die Mitglieder des Verwaltungsrats, die Konzernleitung und das Group Managing Board. Wie von der Bank zu erfahren war, sind dies ungefähr fünfzig Personen, die somit im Durchschnitt 1999 je knapp 4 Millionen Franken und im Vorjahr gut 2 Millionen Franken erhalten haben.» [48]

Auch im Jahre 2000 hielt der wachsende Geldsegen für das Bank-Top-Management an: Die in der Konzernrechnung der UBS ausgewiesenen Gesamtbezüge für die Personen der obersten Führungsebene wurden im Jahre 2000 auf 272,3 Millionen Franken erhöht.[49] Im Jahre 2005 wurde der UBS-Verwaltungspräsident insgesamt mit 23,976 Millionen Franken entschädigt (13 Prozent mehr als im Vorjahr).[50] Dieser Verdienst ist im Vergleich zu denen der US-Manager relativ bescheiden: Der Chef von Goldman Sachs bezog 2005 37 Millionen Dollar, sein Kollege bei Merrill Lynch 32 Millionen Dollar.[51]

Anhaltender Geldsegen

In seinem Buch *Ein anderer Planet* hat der Zeichner Martial LEITER diese Extrempositionen im ökonomischen Kreislauf unter dem Titel «Die Nachbarn» gegenübergestellt.

Nicht nur in der Karikatur sondern auch in der Realität gibt es Beispiele dieser Form von Nachbarschaft: Um die Londoner Innenstadt, die reichste Quadratmeile Grossbritanniens, gibt es einen Ring von Sozialwohnungen. Währenddem hier über 60 Prozent der Bewohner arbeitslos sind, kann der naheliegende City Airport nicht genügend ausgebildete Arbeitskräfte finden.[52]

Die «Winner-Take-All-Society» ist durch zwei Formen der Exklusion geprägt – einer unfreiwilligen und einer freiwilligen:

Unfreiwillige und freiwillige Exklusion

«Eine ist der Ausschluss derer am unteren Ende, die vom Gros der von der Gesellschaft angebotenen Chancen abgeschnitten werden. Am oberen Ende findet sich die zweite Form, ein freiwilliger Ausschluss: Die ‹Revolte der Eliten› besteht im Rückzug reicherer Gruppen aus den öffentlichen Institutionen und einem vom Rest der Gesellschaft abgeschirmten Leben. Privilegierte Teile der Bevölkerung verschanzen sich in ihren Lebensbereichen und ziehen sich aus dem öffentlichen Bildungs- und Gesundheitssystem zurück.» [53]

Privatisierung und Profitsteigerung

An der Jahrtausendschwelle hat der CEO (Chief Executive Officier) einer anderen Schweizer Grossbank (der Credit-Suisse-Group) aus seiner Konfrontation von zehn Schweizer Mythen mit der «harten Realität» der Politik Ratschläge erteilt. Unter dem Titel «Was die Politik von einem Unternehmer lernen muss» werden unter den Stichworten «Das System, Langsamkeit, Neutralität, freier Markt, Wettbewerbsfähigkeit, Innovation, Arbeitskräfte, Steuern, Sozialstaat und Musterland» Zielsetzungen genannt, die zur Erhaltung und Steigerung der internationalen Wettbewerbsfähigkeit anzustreben sind. Die Hauptstossrichtung ist offensichtlich: Auf der einen Seite weniger zeitraubende demokratische Instrumente wie Initiative oder Referendum, Verzicht auf Preisüberwachung und Überregulierungen im Bereich des Umweltschutzes und der Raumplanung sowie Reduktion der Fiskalquote; auf der anderen Seite mehr Wettbewerbsdruck, Anpassung des politischen Entscheidungstempos an jenes der Wirtschaft, Verkleinerung des öffentlichen Sektors und Privatisierung staatlicher Betriebe. Als so genannte «Kandidaten» für die Privatisierung werden neben Kantonalbanken oder Gebäudeversicherungen die öffentlich rechtlichen Medien und die Schulen genannt. Beim Stichwort Arbeitskräfte fällt die Forderung einer so genannten «Ausbildung im Unternehmertum (entrepreneurship)» auf.[54]

Fünf Jahre später bekräftigte Thomas Straubhaar, Professor für Volkswirtschaftslehre an der Universität Hamburg, dass der Reformstau bei den traditionellen Staatsaufgaben wie Verkehr, Gesundheit oder Bildung am schlimmsten sei und dass alles, auch das noch zuverlässig Funktionierende, privatisiert werden muss: «Denn was heute noch zuverlässig funktioniert, ist vielleicht morgen nicht mehr wettbewerbsfähig. Post, Telekommunikation, Bildung, Gesundheit – das muss alles fit gemacht werden für den Wettbewerb.»[55]

In einem 1995 durchgeführten Gespräch kam der als Linguist weltberühmt gewordene Noam CHOMSKY auf den inflationären Gebrauch von gebetsmühlenartigen Slogans wie «Der öffentliche Sektor taugt nichts!» zu sprechen. Nach seiner Ansicht haben die über viele Jahre andauernden und sehr erfolgreichen Bemühungen, die Leute dazu

Ausbildung im «entrepreneurship»

zu bringen, ihre Wut und ihren Hass auf den Staat und die Regierung zu richten, die gewünschten Auswirkungen gehabt: Die Rufe nach Privatisierung wurden immer häufiger – und immer lauter. Nach Chomskys Ansicht gibt es mittlerweile genügend Beispiele dafür, dass die Annahme, die Lage werde durch Privatisierung auf wundersame Weise generell automatisch verbessert, absurd ist. So hatte in England beispielsweise die Privatisierung der Wasserversorgung drei Haupteffekte: Die Profite schossen in die Höhe, die Preise stiegen beträchtlich, und der Service verschlechterte sich markant. Für Chomsky sind diese Entwicklungen nicht überraschend:

Privatisierungs-Effekte

«Aus nicht allzu schwer zu durchschauenden Gründen sehen private Kapitalgesellschaften ihre Tätigkeit schliesslich nicht als humanitären Auftrag. Sie befassen sich damit, ihre Profite und Marktanteile zu steigern.» [56]

Auch der ehemalige CDU-Generalsekretär Heiner GEISSLER kritisiert bestimmte Entwicklungen auf schärfste: «Das kapitalistische System, in dem der Börsenwert eines Unternehmens umso höher steigt, je mehr Leute wegrationalisiert werden, und die Kapitalrendite zum unternehmerischen Ziel erklärt wird, ist pervers und ökonomisch falsch.»[57] In einem Interview Ende 2005 stellte der neunzigjährige Ökonom Paul A. SAMUELSON, der wie kein anderer die Volkswirtschaftslehre im 20. Jahrhundert prägte, fest: «Der Markt hat kein Herz, der Markt hat kein Gehirn. Er tut, was er tut.»[58]

Die diametral unterschiedlichen Ansichten bezüglich unternehmerischer Zielsetzungen zeigen sich in der Wahl des deutschen Unworts des Jahres 2005: Für die Wertpapierhändler der Börse Düsseldorf war es das Wort «Heuschrecken»; für die Sprachwissenschaftler das Wort «Entlassungsproduktivität».[59]

Wortmeldung gegen die «neoliberale Invasion»

«Social dumping»

Gemäss dem französischen Soziologen Pierre BOURDIEU hat eine breite Bewegung einer «neoliberalen Invasion», die mit ihrem «social dumping» einer Wiederkehr eines Sozialchauvinismus Tür und Tor öffnet, einen Siegeszug angetreten. Nach seiner Einschätzung sind sowohl Deutschland als auch Frankreich in hohem Masse der fortschreitenden Zerstörung eines zivilisatorischen Modells ausgesetzt, das auf einer zumindest teilweisen Zähmung der archaischen Marktkräfte und einer Art stillschweigendem und vorläufigem Pakt zwischen den verschiedenen gesellschaftlichen Gruppen beruht. Mit aller Deutlichkeit kritisiert Bourdieu die neoliberalen Entwicklungen in Europa:

«Dieses Europa hat keine andere Utopie als jene, die sich zwangsläufig aus den Unternehmensbilanzen und Buchführungen ergibt, kein positives Projekt, nur das der shareholders, denen es nur noch um maximale Renditen geht, denen Bildung und Kultur nur noch als Produktionsfaktor in den Sinn kommen...»[60]

«Take from the needy
and give to the greedy»
Noam Chomsky

Ein wirksames «Gegenfeuer» gegen die sich allmächtig verhaltende neoliberale Invasion sieht Bourdieu in den Gruppen, deren Gesetz nicht allein Eigennutz und Gewinnsucht sein kann, sondern deren Streben sich auf kollektiv gefasste und gebilligte Ziele richtet. Neben den Verbänden, Parteien, Gewerkschaften kommt dem Staat eine besondere Bedeutung zu:

«Einem Staat, der in der Lage wäre, die auf den Geldmärkten abgeschöpften Gewinne zu beaufsichtigen und nachhaltig zu besteuern. Der vor allem jenen zerstörerischen Wirkungen entgegensteuert, die sich auf den Arbeitsmärkten verbreiten. Der schliesslich, gerade mit Unterstützung der Gewerkschaften, die Verteidigung eines Allgemeinwohls in die Hand nimmt, das niemals, ob man nun will oder nicht, und selbst wenn dabei gewisse Fehler in der mathematischen Schreibweise hingenommen werden müssten, auf jenes (in früheren Zeiten als ‹krämerisch› abgeurteilte) Wahnbild des Zählbaren hinauslaufen wird, das der neue Glaube als höchste Form menschlicher Erfüllung darstellt.»[61]

Staatliches Gegensteuern

Globalisierung in einer «Runaway World»

Der Ende der 1980er-Jahre sowohl in der Wissenschaft als auch in der Alltagssprache so gut wie unbekannte Begriff «Globalisierung» wird seit den 1990er-Jahren inflationär verwendet: Zum englischen *Globalization* finden sich bei Google rund 93 Millionen Einträge; zum deutschen *Globalisierung* rund 6,5 Millionen; zum französischen *mondialisation* rund 8 Millionen (März 2006). Die Liste aktueller Buchpublikationen mit Titeln wie *ABC der Globalisierung*, *Atlas der Globalisierung*, *Geschichte der Globalisierung*, *Surviving Globalization*, *In Defense of Globalization* wird immer länger.

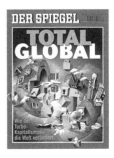

Aus dem Nichts auftauchender Begriff

Seit dem Auftauchen des Begriffes aus dem Nichts wird über die Frage, was unter Globalisierung zu verstehen sei, intensiv debattiert. Amin MAALOUF verwendet die Metapher einer nach allen Seiten offenen Arena, in der sich zahllose Turniere und Wettkämpfe gleichzeitig abspielen und in deren kakophonischem Getöse sich jeder mit seinem eigenen Schlachtruf und seiner eigenen Ausrüstung hineinstürzen kann.[62] Für die indische Schriftstellerin Arundhati ROY, die mit ihrem Roman *God of Small Things* weltweit berühmt wurde, ist Globalisierung gleichbedeutend mit Standardisierung: Die sehr Reichen und die sehr Armen müssen das Gleiche wollen, aber nur die Reichen können es sich leisten.[63] Joschka FISCHER versteht unter Globalisierung die alternativlose und globale Durchsetzung des westlichen Wirtschafts- und Konsummodells. Für diesen Durchbruch waren die informationstechnologische Revolution und der Wegfall der Systemgrenzen entscheidend.[64]

In seinem Buch *Runaway World* mit dem Untertitel «How globalization is reshaping our lives» geht Anthony GIDDENS davon aus, dass die Globalisierung in vielerlei Hinsicht nicht nur neu, sondern auch revolutionär ist. Globalisierung bedeutet nichts Geringeres als die Umwälzung unserer Lebensverhältnisse; sie bestimmt unsere Lebensweise. Nach seiner Einschätzung haben weder die Skeptiker (für die die Globalisierung blosses ideologisches Gerede ist) noch die Radikalen (für die die Folgen der Globalisierung überall spürbar sind) wirklich verstanden, was Globalisierung ist und welche Folgen sie für uns hat. Die Fehleinschätzung beider Seiten basiert darauf, dass das Phänomen nahezu ausschliesslich unter ökonomischen Gesichtspunkten betrachtet wird. Die Globalisierung betrifft aber nicht nur die Ökonomie, sondern in gleichem Mass Politik, Technologie und Kultur.[65]

Umwälzung unserer Lebensverhältnisse

Für Ralf DAHRENDORF beherrscht die Globalisierung als eine scheinbar unwiderstehliche Kraft das Leben, die Hoffnungen und die Ängste der Menschen. Die globalisierte Welt hat ihre Schattenseite des Elends und Todes, die besonders in Afrika spürbar sind. Dieser Kontinent ist zum Symbol für einen generellen Ausschluss geworden. Aber auch innerhalb von Gesellschaften reicher Länder ist ein beträchtlicher Anteil der Bürger vom Ausschluss betroffen: Viele Menschen haben den Kontakt zum Arbeitsmarkt, zum politischen Gemeinwesen, zur sozialen Teilnahme völlig verloren. Neben diesen problematischen Folgen des Globalisierungsprozesses sieht Dahrendorf auch Chancen: Globalisierung als eine neue Produktivkraft, die überkommene Strukturen zu sprengen vermag und neue Horizonte eröffnen kann.[66]

«Ein Afrikaner erhält jährlich im Durchschnitt 8 Dollar EU-Entwicklungshilfe. Die durchschnittliche Subvention für jede Kuh in der EU beträgt 913 Dollar.»
Geo, 2005, S. 107; Quelle UNDP (United Nations Development Programme)

Der 11. September und seine Folgen

Am Morgen des 11. Septembers 2001 rasten zwei entführte Flugzeuge im Tiefflug über Manhattan und bohrten sich in den Nord- und in den Südturm des World Trade Centers. Vor den Augen von Millionen entsetzter Fernsehzuschauer in aller Welt wurden die gigantischen Symbole eines unerschütterlichen okzidentalen Selbst- und Weltvertrauens zerstört. Dieses Ereignis platzte in eine Zeit, in der sich viele Menschen der grössten Welt- und Wirtschaftsmacht und mit ihr ein grosser Teil Privilegierter in anderen Ländern mit Nebensächlichem beschäftigen konnten. Der amerikanische Schriftsteller Louis BEGLEY sprach zynisch von einem individualistischen Kampf gegen einen letzten Feind – das Körperfett.

Für die meisten völlig unerwartet geschah am 11.9. das Ereignis, das einen radikalen Einschnitt im Prozess der Zivilisation – und damit eine latente Bedrohung – darstellt. An diesem Tag ist die Spannung zwischen säkulärer Gesellschaft und Religion explodiert. In den Worten von Jürgen HABERMAS lenkten zum Selbstmord entschlossene Mörder zivile Verkehrsmaschinen als lebende Geschosse gegen die kapitalistischen Zitadellen der westlichen Zivilisation – die Wahrzeichen der globalisierten Moderne, die Verkörperungen des Grossen Satans. Diese Schreckenstat löste bei den universalen Augenzeugen des apokalyptischen Geschehens am Fernsehbildschirm biblische Bilder aus. Und die Sprache der Vergeltung, in der nicht nur der amerikanische Präsident reagierte, erhielt einen alttestamentarischen Klang.[67]

Die Darstellung, dass die US-Regierung durch diese Wahnsinnstat total überrascht wurde, ist falsch: Bereits 1993 wurde in einer Pentagon-Übung der Einsatz von Verkehrsflugzeugen als Bomben gegen wichtige Gebäude der USA durchgespielt, und am 3. November 2000 simulierten Anti-Terrorexperten den Absturz von entführten Verkehrsflugzeugen auf das Pentagon anhand von Gebäudemodellen.[68]

Weniger als ein Monat nach dem 11. September starteten die USA ihre zuerst als Kreuzzug bezeichnete militärische Operation in Afghanistan unter dem Namen «*Operation Infinite Justice*» (grenzenlose Gerechtigkeit). Kurze Zeit später wurde der Name in «*Operation Enduring Freedom*» (dauerhafte Freiheit) geändert. Für John BERGER

Explosion der Spannung zwischen säkulärer Gesellschaft und Religion

Operation «Infinite Justice»

drückt *enduring* sowohl die Fähigkeit zum Bestand als auch das Erdulden aus: Die Afghanen hatten zu erdulden, was das Weisse Haus und das Pentagon Freiheit nennen.[69]

Das Ereignis des 11. September führte zu einer radikal veränderten Aussenpolitik der USA. Im Frühsommer 2002 sagte Präsident BUSH: «Der Krieg gegen den Terror wird jedoch nicht aus einer Defensivhaltung heraus gewonnen. Wir müssen die Schlacht zum Feind bringen, seine Pläne durchkreuzen und den schlimmsten Bedrohungen begegnen, bevor sie auftreten. In der Welt, in der wir leben, ist der einzige Weg zur Sicherheit der Weg des Handelns. Und dieses Land wird handeln.»[70]

«Wir müssen die Schlacht zum Feind bringen...»

«Is war the best way
to track them down?
Will burning the haystack
find you the needle?»
Arundhati Roy, 2002

Erklärungsversuche zum 11. September

Nur wenige Wochen nach dem 11. September begann Jürgen HABERMAS seine Rede zur Verleihung des Friedenspreises des deutschen Buchhandels mit den treffenden Worten: «Wenn uns die bedrückende Aktualität des Tages die Wahl des Themas aus der Hand reisst, ist die Versuchung gross, mit den John Waynes unter den Intellektuellen um den schnellsten Schuss aus der Hüfte zu wetteifern.»[71]

Nach einer Phase fundamentaler Erschütterung, ratloser Verzweiflung, hasserfüllter Abrechnungen, reflexartiger Erklärungsmuster und oberflächlicher Analysen folgten auch distanziertere Kritiken und reflektiertere Deutungen aus verschiedensten Perspektiven.

Nach Jean BAUDRILLARD ist der Zusammenbruch der Türme ein symbolisches Ereignis höherer Ordnung, ein schlagender Beweis der Fragilität der Weltmacht. Die Terroristen haben mit ihrem Anschlag das Gehirn, das neuralgische Zentrum des Systems getroffen. Die

Ein symbolisches Ereignis höherer Ordnung

Twin Towers repräsentierten gleichsam einen physischen und einen symbolischen Gegenstand: Zerstört wurde der architektonische Gegenstand, aber das Ziel der Zerstörungsabsicht galt dem symbolischen.[72]

Zu einem Bestseller wurde das Buch *9-11* (in der deutschen Fassung *The attack*) von Noam CHOMSKY. Ein entscheidender Ausgangspunkt des Ereignisses wird in der Wut und (Ent-)Täuschung vieler angesichts der US-amerikanischen Aussenpolitik gesehen: «Welche Gruppe hinter dem Angriff steckt und was sie dadurch erreichen will, ist umstritten, aber unzweifelhaft liegt ihr Nährboden in der Verbitterung und dem Zorn, den viele Menschen angesichts der US-amerikanischen Politik in der arabischen Region empfinden, wobei auch die ehemalige Kolonialherrschaft der Europäer davon nicht ausgenommen wird.»[73]

Verbitterung und Zorn als Nährboden

In seinem Buch *Luftbeben – An den Quellen des Terrors* kritisiert Peter SLOTERDIJK die weit verbreitete Formel Krieg gegen den Terrorismus als Nonsensformulierung. In der monotonen War-on-Terror-Kampagne der US-amerikanischen Fernsehgesellschaften, die sich in ihrer Sprachregelung mit Pentagon-Programmen kurzgeschaltet hatten, fehlte die elementare Erkenntnis, dass der Terrorismus kein Gegner, sondern eine Kampfmethode ist, die sich sofort über beide Seiten eines Konfliktes verteilt.[74]

Gemäss Ulrich Beck ist durch die Terrorattacke und die Bedrohungen durch transnationale Terrornetzwerke ein neues Kapitel der Weltrisikogesellschaft aufgeschlagen worden. Die unschuldigen Zivilisten geltende Attacke spricht die Sprache des genoziden Hasses, der keine Verhandlung, keinen Kompromiss und letztlich auch keinen Frieden kennt. Zu befürchten ist, dass Antworten von Politikern und Militärs, die in alten Begriffswelten und Mitteln des Krieges gefangen sind, Hass säen, aus dem viele Bin Ladens erwachsen. Beck fordert eine Kultur der Unsicherheit, die auf der einen Seite mit den Tabus der Restrisiko-Kultur bricht und mit der Sicherheits-Kultur auf der anderen.[75]

Auf den unfassbaren trans- und multinationalen Charakter des Terrorismus hat Arundhati Roy in ihrem Artikel «The algebra of infinite justice» hingewiesen: «Terrorism is the symptom, not the disease. Terrorism has no country. It's transnational, as global an enterprise as Coke or Pepsi or Nike. At the first sign of trouble, terrorists can pull up stakes and move their ‹factories› from country to country in search of a better deal. Just like the multi-nationals.»[76]

> Terrorism is the symptom, not the disease.

Zwei Jahre nach Jürgen Habermas kam auch Susan Sontag in ihrer Dankesrede zur Verleihung des Friedenspreises des Deutschen Buchhandels unter dem Thema Kluft zwischen Europa und den USA auf die Auswirkungen des 11. Septembers zu sprechen – und zog ein ernüchterndes Fazit: «... das Wort Terrorist lässt sich noch flexibler verwenden als das Wort Kommunist. Es kann eine noch grössere Zahl unterschiedlicher Auseinandersetzungen und Interessen unter einen Hut bringen, und das bedeutet: Der Krieg gegen den Terrorismus wird möglicherweise nie enden, denn Terrorismus wird es immer geben ...»[77]

> Terrorismus wird es immer geben

«Box-cutters, penknives
and cold anger are the weapons
with which the wars
of the new century will be waged.
Anger is the lock pick.
It slips through customs unnoticed.
Doesn't show up in baggage checks.»
Arundhati Roy, 2001

Der Ausnahmezustand als Normalfall

In seinem Homo sacer-Projekt diagnostiziert Giorgio AGAMBEN im Gefolge des 11. September einen Niedergang der modernen Demokratie und eine zunehmende Konvergenz mit totalitären Staaten. Die Trennung zwischen Gesetz gebender und ausführender Gewalt wird immer unschärfer. Der Ausnahmezustand, das heisst jene Suspendierung des Rechtssystems, die wir als Provisorium zur Aufrechterhaltung der Ordnung in Krisensituationen betrachten, wird unter unseren Augen zur Normalität: zu einem gängigen Muster staatlicher Praxis, das in steigendem Masse die Politik bestimmt. Für Agamben erweist sich der Ausnahmezustand in der Politik der Gegenwart immer mehr als das «herrschende Paradigma des Regierens», als eine «Schwelle der Unbestimmtheit zwischen Demokratie und Absolutismus».[78] Die im Gefolge des 11. September in den USA vorgenommenen Anordnungen machen aus den in Gewahrsam Genommenen weder Gefangene noch Angeklagte, sondern Verhaftete *(detainees)*: Diese sind einer Haft unterworfen, die nicht nur zeitlich, sondern ihrem Wesen nach unbestimmt ist, denn sie entzieht sich jedem Gesetz und jeder Form rechtlicher Kontrolle.[79]

Auch Arundhati ROY sieht die Gefahr der Dominanz eines gefährlichen Ausnahmezustandes: Der Terrorismus hat sich zu einer Entschuldigung des Staats entwickelt, unter dem Vorwand, seine Bürger vor dem Terrorismus zu beschützen, das zu tun, was er will.[80]

Nach Ansicht von Ulrich BECK führt eine Politik, die vorgibt, alles zu kontrollieren, geradewegs in die Hölle. Angesichts aktueller Vorstellungen eines Überwachungsstaates im orwellschen Sinne stellt er die bange Frage: Wer schützt uns vor dem paradoxen Sicherheitsfundamentalismus, der den Abbau der Grundwerte und Grundrechte der Moderne zum Schutze derselben betreibt?[81]

> Le terrorisme, comme les virus,
> est partout.»
> Jean Baudrillard

Bioterror – ein Phantasma mit weitreichenden Auswirkungen

In seinem aus einer kulturwissenschaftlichen Perspektive geschriebenen Buch ‹Anthrax› – *Bioterror als Phantasma* geht der Historiker Philipp SARASIN von der Vermutung aus, dass die Wirklichkeit durch Bilder, Fiktionen, Phantasmen und Träume geformt wird, sodass sich Realität und Fiktion unauflösbar verschränken. Sarasin beschreibt in seinem Essay, wie sich die in fünf Briefen verschickten Anthrax-Sporen in ein imaginäres «Anthrax» verwandelten und wie dieses «Anthrax» zu einer Metapher für die Bedrohung der USA und des Westens durch «die» Terroristen wurde: «‹Anthrax› war hochansteckend und gefährlich. Während Anthrax fünf Menschen tötete, vergiftete ‹Anthrax› das Imaginäre von Millionen. ‹Anthrax› wurde zu einem Bestandteil des 11. September, weil es der perfekte Terror war: ‹Sie› greifen nicht nur Hochhäuser an, nein, sie vergiften uns – überall, jederzeit, wahllos.»[82] Seit dem 11. September bedeutete «Anthrax» in einer sehr unscharfen Weise immer gleich auch jene, die man als Urheber der biologischen Briefbomben vermutete.[83]

Echtes Anthrax und imaginäres «Anthrax»

Nach der Einschätzung von Sarasin hätte es ohne Anthrax keine Achse des Bösen gegeben. Aber diese Achse liess sich nicht auf dem schmalen Fundament von vier Flugzeugen und fünf Briefen allein errichten. Deshalb wurden ab Januar 2002 im Zusammenhang mit dem 11. September und dem Terrorismus die Signifikanten «Bioterror» und «Massenvernichtungswaffen» systematisch in Umlauf gebracht, weil diese viel mehr Bedeutungsmöglichkeiten boten als «Anthrax».[84] Die von Präsident Bush im Oktober 2002 in einer Rede suggerierten Verbindungen zwischen Saddam Hussein, Massenvernichtungswaffen und Bioterror schufen eine Signifikantenkoppelung zwischen Bioterror, Massenvernichtungswaffen und Irakkrieg: «Es darf dem irakischen Diktator nicht erlaubt werden, Amerika und die Welt mit schrecklichem Gift und Krankheiten und Gas und Atomwaffen zu bedrohen...»[85]

Signifikanten «Bioterror» und «Massenvernichtungswaffen»

In seiner Rede vom 5. Februar 2003 vor dem Sicherheitsrat der Vereinten Nationen zeigte Aussenminister Colin POWELL Satellitenaufnahmen von Lastwagen mit angeblich mobilen Biowaffen und hielt ein kleines Reagenzglas hoch, um zu demonstrieren, welche kleine Menge von Bakterien für einen verheerenden Biowaffenangriff ausreicht: «Es kann kein Zweifel bestehen, dass Saddam Hussein biologische Waffen hat und über Kapazitäten verfügt, noch viel, viel mehr zu produzieren. Und er hat die Fähigkeit, diese tödlichen Gifte und Krankheiten so zu verbreiten, dass sie Tod und Zerstörung in grösstem Ausmass anrichten können.»[86] (Im September 2005 distanzierte sich Powell in einem Interview von dieser Rede, mit der er den geplanten Irakkrieg rechtfertigte, und bezeichnete seine Rede als «Schandfleck» in seinem Lebenslauf.)[87]

Phantasma der Infektion als Disziplinierungsmittel

Für Sarasin stellt sich die grundsätzliche Frage, ob eine postmoderne Gesellschaft den Traum von einem Phantasma der Infektion und des Bioterrors braucht, um die Individuen durch Angst und die Notwendigkeit der Seuchenkontrolle zu disziplinieren.[88] Die massive durch den «Patriot Act» ermöglichte Verschärfung der Überwachungs- und Zugriffsrechte der Strafverfolgungsbehörde zeigt, dass eine postmoderne Gesellschaft im Notfall nicht auf ein hochgerüstetes Machtzentrum verzichten will. Zusätzlich wurde in den USA durch den «Citizen's Preparedness Guide» ein Instrument der Selbstkontrolle der Bürger und Bürgerinnen geschaffen – und damit ein wirksames bottom-up-Modell von Überwachung installiert.[89] Nach Sarasins Einschätzung macht der global angelegte «War on terror» augenfällig, wie sehr die gegenwärtige Administration der USA von der Vorstellung verfolgt wird, Amerika müsse überall jeden möglichen Erreger des Bösen ausrotten, um in einer globalisierten Welt in Frieden leben zu können: «Wer von der Pest träumt, hat keine Ruhe mehr und macht den Kriegszustand zur Grundlage der Politik.»[90]

Gefahren einer semantischen Infektion

Sarasins Anliegen ist es, auf die Gefahren eines Brandherdes einer semantischen Infektion hinzuweisen, die seit dem 11. September weltweit die politische Diskussion vergiftet.[91] Währenddem die Verhinderung der Ausbreitung von Seuchen die Aufgabe der Epidemiologie ist, ist es die Aufgabe der Kulturwissenschaft, zu verhindern, dass Politik zu «Seuchenkontrolle» verkommt.[92]

Die neuen Kreuzzüge: Dschihad-Kämpfer und Neocons

In seinem 2004 veröffentlichten Buch *Die neuen Kreuzzüge* interpretiert der Pariser Soziologie- und Arabistikprofessor Gilles KEPEL die welterschütternden Anschläge vom 11. September als Ereignis vor dem Hintergrund von zwei sich deckenden politischen Grossprojekten, die auf eine radikale Veränderung der Verhältnisse im Nahen Osten abzielen. Das eine politische Grossprojekt ist das der Dschihad-Kämpfer, das andere das des amerikanischen Neokonservatismus.

Zwei sich deckende politische Grossprojekte

Die Dschihad-Kämpfer streben danach, die Anzahl ihrer Rekruten und Sympathisanten mit dem Ziel zu erhöhen, sich als Sprachrohr und Verteidiger einer durch den «Krieg gegen den Terror» angegriffenen islamischen Welt zu positionieren. Im terroristischen Kampf werden die Ziele der Anschläge mit Blick auf eine optimale Kombination von zwei Kriterien ausgewählt: Einerseits eine möglichst grosse Breitenwirkung der Aktion, die durch die Medienberichterstattung bei den Gegnern weltweites Entsetzen auslöst und Angst und Schrecken verbreitet; andererseits ein möglichst starker Popularitätsschub bei der Basis der potentiellen Unterstützer in der muslimischen Welt. Bei den Anschlägen wird geradezu obsessiv auf Symbolik geachtet: Genau zweieinhalb Jahre nach dem 11. September, am 11. März 2004, erfolgten die Bombenanschläge in den Madrider Vorortszügen. In der Erklärung ihrer Operation «Züge des Todes» bezogen sich die Al-Qaida-Strategen auf alte offene Rechnungen mit dem kreuzfahrenden Spanien.[93]

Terroristische Anschläge der Dschihad-Kämpfer

In den USA gelang es einer einflussreichen Gruppe, ihren langjährigen Kampf einer neokonservativen Wende zum Erfolg zu führen und einen radikalen Wandel in der Weltordnung zu propagieren. Das amerikanische Modell der Demokratie soll unter Einsatz der geeigneten Mittel und ohne Rücksicht auf die als überholt dargestellten internationalen Instanzen auf dem ganzen Globus verbreitet werden – und das radikale Projekt zur Neuordnung des Mittleren Ostens soll in die Tat umgesetzt werden. In der Hektik des 11. September-Schocks gelang es den «Neocons», ihre Doktrin und Ideologie zu verkaufen und sich gegen pragmatische und realpolitische Vertreter durchzusetzen. Der Präsident schloss sich dem neokonservativen Mainstream

Radikales neokonservatives Projekt der Neuordnung

weitgehend an und führte die Vereinigten Staaten in einen aggressiven mit dem Ausdruck «War on terror» etikettierten Interventionismus.[94] Mit ihrer Bombardierung in Afghanistan und der Vernichtung der Taliban sowie der Jagd auf Bin Laden wollte die amerikanische Regierung ein Symptom kurieren; mit dem Krieg gegen Saddam Hussein sollte eine vermeintliche Ursache beseitigt werden. Doch der Sturz des irakischen Diktators führte nicht zum politischen Erfolg, den die Strategen prognostiziert hatten, indem sie den Regimewechsel im Irak mit dem Fall der Berliner Mauer verglichen.[95] Ganz im Gegenteil: Der Terrorismus breitete sich auf der ganzen Welt aus und veränderte dabei seine Natur global.

«The end of history» oder «Die Rückkehr der Geschichte»

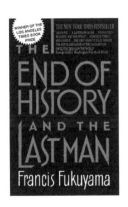

Die Zerstörung des World Trade Centers markiert in der Einschätzung vieler den Tag einer epochalen Weichenstellung, den Beginn eines neuen historischen Zeitabschnittes, die Rückkehr der Geschichte. Rund zehn Jahre früher hatte Francis FUKUYAMA seine kühne These vom Ende der Geschichte lanciert. Mit dem Zusammenbruch des Kommunismus diagnostizierte Fukujama, dass sich die Staaten der so genannten posthistorischen Welt überwiegend mit wirtschaftlichen Problemen wie Steigerung ihrer Wettbewerbs- und Innovationsfähigkeit oder Erhalt der Vollbeschäftigung befassen würden.[96] Auch andere Autoren diagnostizierten, deklarierten oder proklamierten das Ende des Nationalstaates und den Aufstieg der regionalen Wirtschaftszonen.[97]

In den 1990er-Jahren war der Zeitgeist im Westen eindeutig auf Rückzug von der Politik und auf den Vormarsch der so genannten New Economy eingestimmt. Joschka FISCHER umschreibt die vorherrschende Stimmung mit «Vergesst die Krisen, vergesst die ganze Politik. Senkt die Steuern, vereinfacht die Bürokratie, verringert den Staatsanteil, gebt den Bürgern ihr Geld und ihre Freiheit zurück.»[98] Doch die Spekulationsblase der «Roaring nineties»[99] platzte und das Ereignis des 11. September löste ein globales machtpolitisches Beben aus. Dies führte gemäss Fischer zu einer Rückkehr der Geschichte, obschon im Westen in gewissen Kreisen auch eine Vogel-Strauss-

Reaktion dominierte – im Sinne von den Kopf vor der wieder hereinbrechenden Geschichte in den Sand der postmodernen Illusionen stecken.[100] Auffällige Signale einer Rückkehr der Geschichte bilden Buchpublikationen wie *Der Wiederbeginn der Geschichte* (DAHRENDORF 2004) oder *Die Zukunft der Geschichte* (KROCKOW 2002). Dieses Interesse bildet nicht nur ein Signal für die Rückkehr der Geschichte, sondern auch für die Offenheit der Geschichte.

«Another world is not only possible,
she is on her way.
On a quiet day,
I can hear her breathing.»
Arundhati Roy, 2003

Gefahren und überlebenswichtige Forderungen

Durch terroristische Anschläge und die Eskalation des Krieges im Irak hat die von Samuel P. HUNTINGTON 1993 erstmals veröffentlichte kulturalistische Globaltheorie vom «Clash of Civilizations» neue Aktualität erfahren und durch Auslöser wie beispielsweise den so genannten Karikaturenstreit zu Formen kulturpessimistischer Panikmache geführt.

Angesichts eines gefährlichen sich verschärfenden Konflikts der Kulturen fordert der tunesische Erzähler und Filmemacher Nacer Khemir die Menschen im Westen auf, begreifen zu lernen, dass Fundamentalismus und Terrorismus nur einen winzigen Teil der arabischen Welt ausmachen und dass der Islam über die Religion hinaus auch eine Kultur ist.[101] Im Buch *Papa, woher kommt der Hass?* von Tahar BEN JELLOUN (einem Gespräch mit seiner Tochter über die Welt nach dem 11. September) spricht der bedeutendste Vertreter der französischsprachigen Literatur aus dem Maghreb über die Wichtigkeit, der Versuchung zu widerstehen, den Terrorismus nur mit Gewalt und Militär zu bekämpfen. Er fordert eine neue Definition der Beziehungen zwischen dem Westen und dem arabischen Orient und einen

Entwicklung gegenseitigen Respekts

kulturellen Austausch, aus dem sich gegenseitiger Respekt entwickeln kann.¹⁰² Der belgische Multimediakünstler Charley CASE hat diese Gefahren und überlebenswichtigen Forderungen illustriert.

«Papa, dem rassistischen Hass Einhalt zu gebieten ist eine unendlich schwierige und komplexe Aufgabe, oder?
Ja, das stimmt, und der wichtigste Beitrag, den jeder von uns leisten kann, ist, sich bewusst einfachen Erklärungen zu verweigern, Schwarzweisslösungen abzulehnen, die zumeist mit der Gewalt des Mächtigeren durchgesetzt werden sollen, und immer wieder die Anstrengung zu machen, verstehen zu wollen, sich an die Grundwerte zu erinnern, sich dafür einzusetzen und mitzuhelfen, eine Lösung auf dem Verhandlungsweg zu finden. Das ist kein leichter Weg, aber einen anderen gibt es nicht.»

Tahar Ben Jelloun

Pädagogische Strömungen durch fünf Jahrzehnte 73

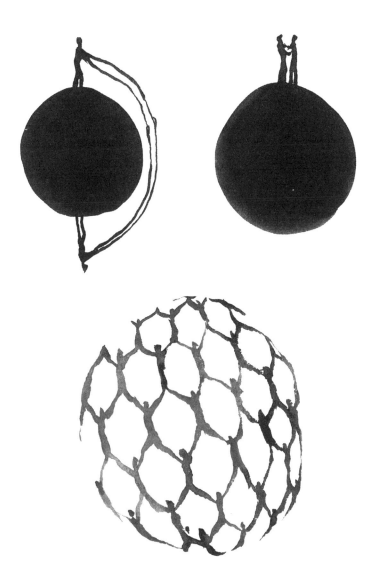

«Aufklärung, Information und Bildung sind die schärfsten Waffen gegen Hass und Fundamentalismus.»
Heiner Geissler

Ökonomie ausser Rand und Band: Kapital als Erd- und Weltmittelpunkt

Nach der Jahrtausendwende verstärkte sich die neoliberale Invasion. Die Maxime des politisch einflussreichsten Wirtschaftstheoretikers Milton FRIEDMAN «The Social Responsibility of Business is to Increase its Profits»[103] hatte Hochkonjunktur. Die neoliberale Wirtschaftskonzeption basiert auf drei Postulaten: Freiheit, also Individualismus; freier Markt, also Kapitalismus; eingeschränkter Staat, also Anti-Etatismus. Die Forderungen nach maximaler Deregulierung, Liberalisierung, Privatisierung bereiteten den Weg zu einer Ökonomie ohne ethische Grenzen, soziale Bindungen und Verantwortungen: eine Entwicklung zu einer Welt in Gestalt einer Börse oder eines Casinos.[104] Oskar NEGT spricht von einer neuen kopernikanischen Wende, in der «das Kapital zum Erd- und Weltmittelpunkt geworden ist, also zur Sonne, um welche die Menschen ihre vorgeschriebenen Bahnen ziehen».[105]

Aus der Perspektive eines Schriftstellers hat Salman RUSHDIE in seinem Buch «Osten, Westen» die unersättliche Geldgier und Gewinnsucht einer ökonomisierten Welt am Beispiel des Verhaltens in einer Auktion – einer «Raumkapsel des Wettbietens» – beschrieben:

«Auf dem Höhepunkt jeder Versteigerung, wenn das Geld nur noch den Spielstand anzeigt, geschieht etwas, das ich nur ungern zugebe: Man fühlt sich losgelöst von der Erde. Die Schwerkraft lässt nach, das Gewicht verringert sich, man schwebt in der Raumkapsel des Wettbietens. Das absolute Ziel überschreitet die Grenze des Wahnsinns. Das Streben, es zu erreichen, und unser eigenes Weiterleben werden – jawohl! – Fiktion. Und Fiktionen – ich war nahe daran, vorhin darauf hinzuweisen – sind gefährlich. In den Krallen der Fiktion würden wir Hypotheken auf unser Haus aufnehmen, unsere Kinder verkaufen – nur um das Objekt unserer Sehnsucht zu erringen. Denn sonst würden wir in diesem miasmischen Meer einfach dahintreiben, uns von unseren Wünschen entfernen und sie aus der Entfernung sehen, sodass sie auf einmal bedeutungslos wirken, trivial. Wir lassen sie fahren. Und legen uns, wie Menschen, die in einem Blizzard umkommen, in den Schnee, um auszuruhen.»[106]

Ähnlich verhalten sich die «Executives» und «Traders» in ihren Wallstreet-Casinos, die mit ihren «Wetten» nur ein Ziel verfolgen: money, money, money. Im Unterschied zur Auktion oder zum Casino wird ohne eigene Haftung mit fremdem Geld auf Rechnung anderer gespielt – und unter Umständen an deren Verlusten verdient.[107]

> «Wenn ich mich dann ganz still
> zu meinem Geld setze,
> kann ich hören
> wie es arbeitet.
> Ein Hochgenuss!»
> Dagobert Duck

Ultraliberale Staatsfeindlichkeit und das schwindende Licht der Demokratie

Das Schlagwort «Macht aus dem Staat Gurkensalat» einer links-autonomen Jugendbewegung der 1980er-Jahre wurde (in anderen Worten formuliert) zum Credo Ultra- oder Neoliberaler. Ein Beispiel dieser Staatsfeindlichkeit, die den Staat als grossen Geldverschwender diffamiert, ist die Aussage des Präsidenten der Vereinigung Schweizerischer Privatbankiers Konrad HUMMLER in der Neuen Zürcher Zeitung vom 8. August 2009: «Ein Glaubensbekenntnis von mir ist, dass jeder Franken, der am Staat vorbeigeht, ein gut eingesetzter Franken ist, weil er weniger Schaden anrichtet.»[108] Dieses Glaubensbekenntnis passt zur Strategie einer systematischen Diffamierung staatlich-demokratischer Institutionen. Eine Folge des Kapital-Kontrollgewinns und Politik-Kontrollverlusts ist eine «Demokratieentleerung»[109]. In einer von Ralf DAHRENDORF als «Post-Demokratie» bezeichneten Phase ergeben sich ungewohnte Konstellationen: «Im postdemokratischen Kapitalismus ist das erfolgreichste Land eine Diktatur, die Volksrepublik China; die weltweit reichste Organisation ist eine kommunistische Partei, die chinesische KP.»[110]

Strategie einer systematischen Diffamierung staatlich-demokratischer Institutionen

Unter dem poetischen Titel «Das schwindende Licht der Demokratie» stellt Arundhati Roy irritierende Fragen zur Demokratie:

<small>Was haben wir der Demokratie angetan?</small>

«Was haben wir der Demokratie angetan? Zu was haben wir sie gemacht? Was geschieht, wenn sie aufgebraucht, wenn sie hohl und sinnentleert geworden ist? Was folgt, wenn ihre Institutionen als gefährliche Krebsgeschwüre wuchern? Wie wirkt die Fusion von Demokratie und freiem Markt, ihre Verschmelzung zu einem einzigen, räuberischen Organismus, in dem eine abgemagerte, beschränkte Vorstellungskraft nur noch Gewinnmaximierung kennt? Ist dieser Prozess umkehrbar? Lässt sich die Mutation zurückbilden? Kann Demokratie wieder zu dem werden, was sie einst war?»[111]

Der Politikwissenschaftler Kishore MAHBUBANI aus Singapur bestätigt die Diagnose des Niedergangs der modernen Demokratie und der zunehmenden Konvergenz mit totalitären Staaten von Giorgio Agamben mit der Feststellung chinesischer Intellektueller: «Wo ist der Unterschied? Ihr misshandelt Menschen, wir misshandeln Menschen. Wir sind absolut gleich.»[112] Seine Folgerung: Seit Guantanamo und dem Abu-Ghuraib-Folterskandal ist die Zeit westlicher Demokratie-Belehrungen vorbei.

Platzende Finanz-Seifenblase und rettende öffentliche Hand

2008 geht in die Geschichte ein als Jahr, in dem die Ära eines unkontrollierten Kapitalismus mit Finanzmärkten ausser Rand und Band zu Ende ging und die grösste Wirtschaftskrise seit dem Ende des 2. Weltkrieges die Welt erschütterte.

Den Ausbruch dieses Wirtschaftsbebens fasst Hans KÜNG in seinem Buch «Anständig wirtschaften» zusammen:

«Am 15. September 2008 war es so weit: Die Wallstreet, mit der Citybank an der Spitze, musste die Regierung in grösster Not um finanzielle Hilfe in Milliardenhöhe angehen. Die Finanzwelt wurde an den ‹schwarzen Freitag› von 1929 erinnert. Die Banker und Investoren – die bestbezahlten ‹Besten› weltweit – bescherten der Welt nun schon die zweite globale Finanz- und Wirtschaftskrise, von der alle internationalen Börsen erfasst wurden und in deren Verlauf schwergewichtige Hypothekenbanken und Investmenthäuser vom Markt verschwanden, bei der Millionen Arbeitsplätze und Abermilliarden Dollar und Euro, welche die Steuerzahler in Bankenrettungen und Konjunkturpakete steckten, verloren gingen.»[113]

Diese Finanz- und Wirtschaftskrise veränderte die gesellschaftliche Situation schlagartig. Nach den «Années folles» und ihrer Maxime «Enrichissez-vous» wurde der Neoliberalismus zum Neoetatismus, der Casino-Kapitalismus zum Staats-Kapitalismus: «Regulierung galt nicht mehr als Strangulierung, der jüngst noch geschmähte Staat war Tag und Nacht gefragt, während die Geldhäuser als Hauptverlierer (und Hauptverursacher) der Krise Schonung erwarteten und erhielten. Der Staat finanzierte das Finanzsystem, die öffentliche Hand löste die unsichtbare Hand des Markts ab.»[114] Der gesunde Teil der notleidenden Banken blieb in privater, der marode wechselte in die öffentliche Hand; als die Firmenkassen leer waren, waren die Staatskassen an der Reihe.[115]

Vom Neoliberalismus zum Neoetatismus, vom Casino-Kapitalismus zum Staats-Kapitalismus

«Zurzeit läuft ein Weltkabarett der Konversion ab, in dem die neoliberalen Banker nach dem Staat rufen.»
Ulrich Beck, 2008

Hat die Finanzkrise niemand voraussehen können?

Im Aufsatz mit dem Titel «Wie konnten die Ökonomen sich nur so irren?» stellt der Wirtschaftswissenschaftler und Nobelpreisträger Paul KRUGMAN fest: «Es gibt einen Satz, der nicht totzukriegen ist: ‹Niemand hat das voraussehen können.› Der Satz ist so etwas wie die Generalentschuldigung der Ökonomen für das, was geschehen ist. Tatsache ist: Die verantwortungsvollen Ökonomen, welche immer wieder vor einem Platzen der Blase gewarnt haben, wurden genau von denjenigen verspottet, die sich jetzt mit dem Satz aus der Verantwortung reden.»[116]

«Wirtschaftskrisen sind keine göttlichen Strafen
für unsere Sünden,
keine Leiden, die das Schicksal auferlegt.»
Paul Krugman

Aus der Sicht bestimmter Wirtschaftsverantwortlicher hat sich nach der Wirtschaftskrise die Einschätzung des Verhältnisses von Politik und Wirtschaft nicht wirklich verändert: «Die Politik ist für die Wirtschaftsbosse wie ein Baby. Man lacht, wenn es einem die Knie nass macht.» Dies ist eine treffende Aussage eines Top-Beraters, der Konzernchefs für die jährliche von Nestlé veranstaltete Rive-Reine-Tagung (eine quasi geheime Konferenz mit Top-Managern und Politikern aus der Schweiz) coacht.[117]

Die Politik ist für die Wirtschaftsbosse wie ein Baby

Lehren aus der Finanzkrise: Anständig wirtschaften?

Der aus der DDR stammende Schriftsteller Ingo Schulze bringt das Marktversagen auf den Punkt: «Die Regeln des Marktes werden von Menschen gemacht. Mir kommt das so vor, als würde man sagen, wir schaffen die Tempolimits ab, weil unsere Autos dann viel schneller fahren können. Und jetzt, da sie vor den Baum gefahren sind, rufen sie den Rettungshelikopter und die Feuerwehr, also den Staat.»[118]

2008 bilanzierte der ehemalige Direktor des Internationalen Währungsfonds und damalige deutsche Bundespräsident Horst Köhler: «Jetzt muss jedem verantwortlich Denkenden in der Branche selbst klar geworden sein, dass sich die internationalen Finanzmärkte zu einem Monster entwickelt haben, das in die Schranken gewiesen werden muss. Nötig sind eine strengere und effizientere Regulierung, mehr Eigenkapitalunterlegung für Finanzgeschäfte, mehr Transparenz und auch eine globale Institution, die unabhängig über die Stabilität des internationalen Finanzsystems wacht.»[119]

Die Finanzmärkte sind zu einem Monster geworden

In seinem Buch «Nach der Krise» analysiert Roger de Weck den tieferen Grund der wirtschaftlichen Fehlentwicklungen und der fehlenden Regulierung: «Die derzeitige Krise der Ökonomie ist eine

Folge des Ökonomismus: jener Denkweise, die alles nach wirtschaftlichen Gesichtspunkten beurteilt und nur wirtschaftliche Kriterien anerkennt – bis zu dem Zeitpunkt, an dem selbst Sozialarbeiter den Hilfesuchenden als ‹Kunden› oder ‹Klienten› bezeichnen, um ihn aufzuwerten. ... In einer enthemmten und enthemmenden Wirtschaftsdoktrin liegt der tiefere Grund für die Katastrophe, die unzählige Menschen in Not stürzt. Der Markt ersetzte sowohl die Moral als auch die Politik.»[120]

Hans KÜNG fordert in seinem 2010 veröffentlichten Buch «Anständig wirtschaften» in logischer Konsequenz zu de Weck ein Primat des Ethos gegenüber Ökonomie und Politik: «Die Globalisierung von Wirtschaft und Technik verlangt nach globaler Steuerung durch eine globale Politik. Globale Wirtschaft, Technologie und Politik aber bedürfen der Fundierung durch ein globales Ethos. Weltpolitik und Weltwirtschaft verlangen nach einem Weltethos.»[121]

«Die aktuelle Krise zeigt doch, wie sinnvoll es wäre,
nicht vor dem goldenen Kalb der Privatisierung
knien zu bleiben.»
Ingo Schulze, 2008

Gesellschaftliche Gesteinsverschiebungen

In seinem 2010 erschienenen Buch «Der politische Mensch» beschreibt Oskar NEGT die durch das betriebswirtschaftliche Prinzip der Kommerzialisierung ausgelösten gesellschaftlichen Gesteinsverschiebungen und ihre Bedeutung für viele Menschen: «Im Rausch der Universalisierung des Kapitalprinzips und des Marktes vollziehen sich Enteignungen und Entwurzelungen ganz neuer Art; es ist ja nicht nur der häufig beschriebene und manchmal auch beklagte Vorgang der Enttraditionalisierung der Lebenswelten, mit dem wir im Zuge der Modernisierung konfrontiert sind. Auch die sichtbare Aushöhlung der nationalstaatlichen Souveränitätsrechte durch global agierende

Im Rausch der Universalisierung des Kapitalprinzips und des Marktes

Konzerne, die sich durch grenzüberschreitenden Verkehr der Besteuerung zunehmend entziehen können, ist charakteristisch für die grosse Reichweite dieser gesellschaftlichen Gesteinsverschiebungen der Gegenwart. Wo das betriebswirtschaftliche Prinzip der Kommerzialisierung aller Handlungen und Güter universelle Geltung beanspruchen will, zielt das auf den allseitig verfügbaren Menschen, der aus allen eigensinnigen und widerständigen Bindungen gelöst wird.»[122]

Empört euch! Engagiert euch!

2009 hielt der Diplomat und Résistance-Kämpfer Stéphane HESSEL eine Rede mit dem Titel «Indignez-vous!», die in einem Kleinverlag veröffentlicht zu einem Riesenerfolg wurde. In diesem Pamphlet forderte der 93-Jährige die Menschen auf, sich zu empören und sich zu engagieren: «Die Verantwortlichen in Politik und Wirtschaft, die Intellektuellen, die ganze Gesellschaft dürfen sich nicht kleinmachen und kleinkriegen lassen von der internationalen Diktatur der Finanzmärkte, die es so weit gebracht hat, Frieden und Demokratie zu gefährden. Ich wünsche allen, jedem Einzelnen von euch einen Grund zur Empörung. Das ist kostbar. Wenn man sich über etwas empört, wie mich der Naziwahn empört hat, wird man aktiv, stark und engagiert. Man verbindet sich mit dem Strom der Geschichte, und der grosse Strom der Geschichte nimmt seinen Lauf dank dem Engagement der Vielen – zu mehr Gerechtigkeit und Freiheit, wenn auch nicht zur schrankenlosen Freiheit des Fuchses im Hühnerstall.»[123]

Empörung im arabischen Raum: Arabischer Frühling 2011

Eine Erklärung für die tief greifenden Umwälzungsprozesse im arabischen Raum liefert Tahar Ben JELLOUN in seinem Buch «Arabischer Frühling». Der erste Teil ist eine Beschreibung der Ereignisse, der zweite eine literarische Novelle zur Situation arabischer Jugendlicher am Beispiel des jungen Tunesiers Mohammed Bouazizi, dessen Selbstverbrennung am 17. Dezember 2010 in Sidi Bouzid eine Revolte auslöste, die sich zu einer Revolution ausweitete, die immer mehr Länder erfasste. Das Buch vermittelt einen Einblick, wie in den Foltergefängnissen Ägyptens, des Iraks, Syriens und Libyens Menschen gebrochen wurden, welcher Schaden an der Menschenwürde angerichtet wurde und welches Gewaltpotenzial sich bildete. Und wie Staatsoberhäupter ihr Land mit ihrem Privatbesitz verwechselten, Milliardenvermögen auf ausländischen Banken bildeten und sich alle fünf Jahre mit Prozentzahlen um die 99% wiederwählen liessen. Bis zu dem Zeitpunkt, als die vom Dichter Abu al-Qasim asch-Schabbi stammenden Schlusszeilen der tunesischen Nationalhymne Wirklichkeit wurden. «Wenn eines Tages das Volk sich zum Leben entschliesst, dann muss das Schicksal sich beugen. Die Finsternis muss weichen und die Ketten werden gesprengt.»[124]

Neben allen Unterschieden zwischen den verschiedenen Ländern im arabischen Raum gibt es eine auffällige Gemeinsamkeit: die Jugendarbeitslosigkeit. Gemäss Zahlen der Internationalen Arbeitsorganisation (ILO) war 2010 im Durchschnitt der 11 untersuchten Länder ein Viertel der Jugendlichen zwischen 15 und 24 Jahren arbeitslos; am meisten im Irak (43,5%), in Tunesien und Ägypten fast 30%.[125]

In seinem im März 2011 geschriebenen Ausblick bilanziert Tahar Ben JELLOUN: «Niemand kann heute wissen, was aus diesen Aufständen entstehen wird. Es wird Irrtümer, Versuche, vielleicht auch Unrecht geben, doch eines ist sicher: Nie wieder wird ein Diktator die Würde des arabischen Menschen mit Füssen treten können. Diese Aufstände lehren uns etwas Einfaches, das die Dichter schon oft besungen haben: Wer erniedrigt wird, weigert sich früher oder später, auf Knien zu rutschen, und setzt sich unter Lebensgefahr für Freiheit und Würde ein. Diese Wahrheit ist allgemeingültig.»[126]

Eine Frage im Tagebuch 1966 bis 1971 von Max FRISCH bekommt in Bezug auf die Bedeutung der Revolutionen im arabischen Frühling für die Europäer eine bemerkenswerte Aktualität: «Keine Revolution hat je die Hoffnung derer, die sie gemacht haben, vollkommen erfüllt; leiten Sie aus dieser Tatsache ab, dass die grosse Hoffnung lächerlich ist, dass Revolution sich erübrigt, dass nur der Hoffnungslose sich Enttäuschungen erspart usw., und was erhoffen Sie sich von solcher Ersparnis?»[127] Auf dem Hintergrund dieser entlarvenden Frage ist die Kritik von Tahar Ben JELLOUN an die Adresse der mehr oder weniger

Keine Revolution hat je die Hoffnung derer, die sie gemacht haben, vollkommen erfüllt

klugen Kommentatoren aus der sicheren Distanz in Europa und in anderen Kontinenten zu verstehen: «Wir möchten also aus Europa bitte nie mehr zu hören bekommen: ‹Die arabischen Intellektuellen wehren sich nicht.› Denn der Satz entbehrt jeder Grundlage. Nicht nur, dass sie sich wehren, sie gehen jedes Mal Risiken ein, die kein westlicher Intellektueller sich vorstellen kann.»[128]

Fukushima: Ein gigantischer Störfall! Und ein Weckruf?

In ihrem Buch «Störfall – Nachrichten eines Tages» hat Christa WOLF unmittelbar nach der Reaktorkatastrophe in Tschernobyl am 26. April 1986 Zeilen geschrieben, die ein Vierteljahrhundert später eine bedrückende Aktualität erlangten: «Wieder einmal, so ist es mir vorgekommen, hatte das Zeitalter sich ein Vorher und ein Nachher geschaffen. Ich könnte mein Leben beschreiben, ist mir eingefallen, als eine Folge solcher Einschnitte, als eine Folge von Eintrübungen durch immer dichtere Schatten.»[129] In diesem Buch verbindet Christa WOLF in literarischer Form die Angst und Verzweiflung angesichts von zwei Störfällen: die kollektive Katastrophe von Tschernobyl und die individuelle einer riskanten Gehirnoperation ihres Bruders: «Soll doch diese verfluchte Wolke sich auflösen oder abregnen oder ich weiss nicht was. Sollen doch deine verdammten Ärzte von dir ablassen. Soll doch alles wieder so sein, wie es vorher war.»[130]

Soll doch diese verfluchte Wolke sich auflösen

Erstaunlich, wie schnell die atomare Bedrohungslage der 1980er-Jahre aus dem öffentlichen und veröffentlichten Bewusstsein verschwunden ist. «Nicht unvorbereitet, doch ahnungslos werden wir gewesen sein, ehe wir die Nachricht empfingen. War uns nicht, als würden wir sie wiedererkennen? Ja, habe ich eine Person in mir denken hören, warum immer nur die japanischen Fischer. Warum nicht auch einmal wir.»[131] Diese von Christa WOLF 1987 geschriebenen Zeilen bestätigen die Aussage von Franz KAFKA «Kunst ist ein Spiegel, der ‹vorausgeht› wie eine Uhr – manchmal»[132].

Am 11. März 2011 erfuhr die Weltöffentlichkeit nicht unvorbereitet, doch ahnungslos von einer Jahrhundertkatastrophe in einem technologisch hoch entwickelten Land: «Seit 14.46 Uhr japanischer Zeit am

11. März 2011 verfliesst die Wirklichkeit der Welt mit den kühnsten Horrorszenarien, die je ein Mensch erdacht hat. Nicht nur, dass sich ein furchtbares Erdbeben gefährlich nahe Tokio ereignet, einer der grössten Metropolen der Welt; nicht nur, dass sich gleich darauf ein Tsunami in die Küsten der japanischen Inseln frisst wie ein Hobel und alles, Autos, Häuser, Schiffe, ganze Städte, in Trümmer legt, als wäre ein wütender Gott am Werk; nicht nur, dass ein bitterer Winter die neuen Obdachlosen, bis zu eine halbe Million Menschen, weiterhin quält, dass dicker Schnee fällt über den Ruinen, unter denen die Leichen zu Tausenden vergraben liegen – es muss sich auch noch eine atomare Katastrophe entfalten, Stück für Stück, Reaktorblöcke müssen reihenweise explodieren, Kernbrennstäbe unter freiem Himmel glühen, um die Katastrophe auch wirklich perfekt zu machen.»[133]

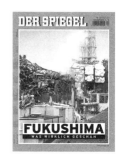

«Wieder einmal,
so ist es mir vorgekommen,
hatte das Zeitalter
sich ein Vorher
und ein Nachher geschaffen.»
Christa Wolf, 1987

Bis zu diesem Jahrhundertereignis der Dreifach-Katastrophe von Fukushima waren das aktuelle Megathema Klimawandel und der Ölpreisanstieg dazu benutzt worden, ein Comeback der Kernenergie zu fordern. Angesichts von Aussagen wie «Kernkraft ist mehr denn je eine Zukunftsindustrie» und der Ankündigung von Nicolas Sarkozy, einen neuen Reaktor (den 61. der Republik) zu bauen, lautete 2008 die aktuelle Frage: «Ist das neue Motto dieser Gesellschaft also: Atomausstieg, nein danke?»[134] Kritische Worte zu diesem «unheimlichen Comeback» wie diejenigen des SPD-Politikers Erhard EPPLER wurden marginalisiert: «In einem Jahrhundert, in dem staatliche Gewaltmonopole und mit ihnen Staaten zerfallen, die Gewalt sich privatisiert und kommerzialisiert und der Terror sich globalisiert, ist Atomenergie lebensgefährlicher Leichtsinn.»[135]

Ein Vierteljahrhundert nach Tschernobyl steht Fukushima für einen neuen Weckruf – wie Tschernobyl, Harrisburg oder die Ölplattform Deepwater Horizon. Früher als gehofft haben Christa Wolfs Worte eine bedrückende Aktualität wiedererlangt: «Was nach Aussage der Physiker höchstens einmal in 10 000 Jahren hätte geschehen können, ist jetzt geschehen. Zehntausend Jahre sind eingeschmolzen auf diesen Tag. Das Gesetz der Wahrscheinlichkeit hat uns zu verstehen gegeben, dass es ernst genommen werden will.»[136]

Zehntausend Jahre sind eingeschmolzen auf diesen Tag

Wanted: Dead or alive

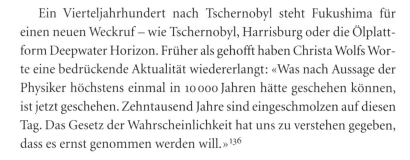

Am 1. Mai 2011, fast 10 Jahre nach dem 11. September 2011, gab US-Präsident Barack Obama in einer Fernsehansprache die Tötung von Osama Bin Laden durch eine US-Kommandoeinheit bekannt. «Geronimo EKIA» hatte ein Elitekämpfer der Navy Seals in sein Mikrofon gerufen: Geronimo, der Name der Aktion (nach dem 1909 gestorbenen Apachen-Häuptling, der lange Zeit nicht hatte gefasst werden können); EKIA für «Encmy Killed In Action».[137] Fotos, die zeigen, wie der Präsident, die Aussenministerin und Mitglieder des Nationalen Sicherheitsrates die über die Helmkameras der Navy Seals live in den «Situation Room» des Weissen Hauses übertragene Operation gebannt verfolgen, gingen um die Welt. Das mit einem roten Kreuz durchgestrichene Bild Bin Ladens auf dem Titelbild der Sonderausgabe des Magazins «Time» auch. Ebenso wie die Fotos jubelnder Menschen vor dem Weissen Haus und anderswo in den USA. Andrew CARD, von 2001 bis 2006 unter Präsident George W. Bush Stabschef im Weissen Haus, antwortete auf die Frage, ob der Jubel nicht befremdlich sei: «Es war eine spontane Reaktion der Bevölkerung. Als die Menschen ‹USA, USA› gerufen haben, war das eine wunderbare Reaktion, die lange überfällig war. Meine Frau hat vor Freude geweint, obwohl sie Geistliche einer protestantischen Kirche ist. Es war ein wichtiger symbolischer Sieg, ein Motivationsschub für jene, die im Krieg gegen den Terror für Gerechtigkeit sorgen.»[138]

Die deutsche Bundeskanzlerin kommentierte in der Pressekonferenz vom 2. Mai das Ereignis mit den Worten: «Ich bin heute erst einmal hier, um zu sagen: Ich freue mich darüber, dass es gelungen ist,

Bin Laden zu töten.»¹³⁹ «Darf man das? Darf man sich, wie die deutsche Kanzlerin, unchristlich und undiplomatisch laut über die Tötung eines Menschen freuen, auch wenn dieser das Böse in Person war? Darf man wie die Amerikaner vor dem Weissen Haus und überall im Land ausgelassen feiern?», fragt Matthias MATUSSEK in einem Essay zur Frage, wie die USA den Alptraum Bin Laden abschütteln.¹⁴⁰

Wie die USA den Alptraum Bin Laden abzuschütteln versucht

Fakt ist: Im Mai 2011 kam eine achtzehnjährige Menschenjagd zu dem Abschluss, den Präsidenten George W. Bush mit dem Satz «Bring me the head of Osama Bin Laden» ausgelöst hatte. Damit war eine medien- und publikumswirksame Zielsetzung der Neocons erfüllt und ein zehnjähriges Racheepos vollendet. In Arundhati ROYS Worten hatte das Abbrennen des Heustocks das Finden der Nadel ermöglicht. Angesichts des immensen Kollateralschadens der «erfolgreich» zu Ende gebrachten Menschenjagd erhält ihre anschliessende Frage 2011 eine beängstigende Aktualität: «Will burning the haystack find you the needle? Or will it escalate the anger and make the world a living hell for all of us?»¹⁴¹ Es ist zu befürchten, dass aus dem gesäten Hass des «War on terror» neue Bin-Ladens gewachsen sind.

Vollendung eines zehnjährigen Racheepos

Weltbewegende Geschichtszeichen und Zeitenwenden

Tschernobyl – Fall der Berliner-Mauer – 11. September – zweiter Irakkrieg sind für Oskar NEGT die vier Geschichtszeichen im Zeitraum der vergangenen zweieinhalb Jahrzehnte. In Anlehnung an Immanuel Kant versteht Negt den Begriff Geschichtszeichen als mit grosser Symbolkraft ausgestattete Ereignisse, die folgenreich im Prozess gesellschaftlicher Gesteinsverschiebungen waren. Diese Ereignisse stellen Abbruchsituationen und Perspektiven des Neubeginns dar, die gewohnte Ordnungen und Grenzziehungen, ja begriffliche Muster der Erklärung der Welt in Irritation versetzen.¹⁴²

Im März des Jahres 2011 sind nach meiner Einschätzung zu diesen vier Geschichtszeichen zwei weitere dazugekommen: der arabische Frühling und Fukushima. Ein weltbewegendes Ereignis ist zweifellos auch die Finanzkrise. Ulrich BECK sieht in dieser Krise «eine Zeitenwende, die vergleichbar ist mit dem Fall der Berliner Mauer»¹⁴³. Ein

Zwei neue Geschichtszeichen: arabischer Frühling und Fukushima

Geschichtszeichen im Sinne von Kant ist es hingegen nicht, da nach dieser Krise keine Perspektive eines Neubeginns stattgefunden hat. In seinem Essay «Ackermanns Herrschaft» bilanziert Dirk KURBJUWEIT Mitte 2011: «Knapp drei Jahre nach dem Höhepunkt der Krise scheint es so, als habe es die Krise gar nicht gegeben. Das gilt für die Wirtschaft, das gilt für uns als Wirtschaftssubjekte.»[144] Die Regierenden sind wieder die Regierten, die durch Wirtschaftsmächtige in die Handlungsschwäche und Handlungsunfähigkeit getrieben werden. Dieses Herrschaftsverhältnis hat mit einem grundlegenden Unterschied zwischen Politik und Wirtschaft zu tun: Wirtschaftsunternehmen sind nicht dem Allgemeinwohl verpflichtet, sie haben keinen Legitimationszwang, können verschwiegen handeln und ihr Ziel Rendite verfolgen.[145] Ihr unternehmerisches Credo lautet: «Des Marktes Wille geschehe» – wie das Tom PETERS in einem Untertitel seines Bestseller «Jenseits der Hierarchien» auf den Punkt gebracht hat.[146]

Wirtschaftsunternehmen sind nicht dem Allgemeinwohl verpflichtet

Rückkehr des Politischen: Politische Regeln und politische Bildung

Im Gegensatz zur Universalisierung des Kapitalprinzips und zum renditegeprägten Willen des Marktes müssen die politischen Regeln andere sein: Regierungen werden von der Öffentlichkeit beobachtet und kontrolliert. Sie sind verpflichtet, ihre Handlungen zu legitimieren und widerstreitende Interessen und Ziele zu versöhnen.[147] Damit diese Prinzipien funktionieren, braucht es politisch gebildete Menschen, die dank ihres Wissens und ihrer Kompetenzen die gesellschaftlichen Zusammenhänge verstehen und auf dieser Grundlage eigene gesellschaftskritische Urteile und Entscheidungen fällen können.[148] Angesichts der Finanz-, Demokratie- und Klimakrise sind Menschen gefragt, die ihre Meinung äussern können und den Mut aufbringen, sich zu engagieren – im Bewusstsein, dass ihre Stimme zählt. In den Worten des ehemaligen Résistancekämpfers und Überlebenden des Konzentrationslagers Buchenwald Stéphane HESSEL: «‹Ohne mich› ist das Schlimmste, was man sich und der Welt antun kann. Den ‹Ohne-mich›-Typen ist eines der konstitutiven Merkmale des Menschen

«Ohne mich» ist das Schlimmste, was man sich und der Welt antun kann

abhanden gekommen: die Fähigkeit zur Empörung und damit zum Engagement.»[149]

Politische Bildung ist gemäss Oskar Negt eine Existenzvoraussetzung jeder friedensfähigen Gesellschaft, denn das Schicksal demokratischer Gesellschaftsordnungen hängt davon ab, dass die Menschen Sorge tragen, dass das Gemeinwesen nicht beschädigt wird und dass sie bereit sind, politische Verantwortung für das Wohlergehen des Ganzen zu übernehmen.[150] Angesichts einer zunehmenden Komplexitätssteigerung gesellschaftlicher Veränderungsprozesse einerseits und einer Simplifizierung der Medienberichterstattung andererseits wird politische Bildung zu einer zentralen Aufgabe von Erziehung und Schule. Ein wesentliches Ziel dieser pädagogischen Aufgabe ist, durch interessengesteuerte Massenmedien vermittelte ideologische Ablagerungen, die Wirklichkeiten verdecken, abzutragen und die Veränderungspotenziale im Bestehenden sichtbar zu machen.[151] Eine Rückkehr des Politischen ist angesichts der verschiedenen fundamentalen Krisen nach der Jahrtausendwende notwendig: Politische Moral ist kein verzichtbarer Luxus, ebenso wenig wie politisches Interesse und Engagement. Sie sind wesentliche Teile menschlicher Lebens- und Überlebenspraxis.[152] Gefordert ist eine Erziehung und Bildung, die ihren Zweck in der Mündigkeit des Subjekts haben – oder anders gesagt: Eine Erziehung und Bildung zum Widerstand gegenüber Unmündigkeit verursachenden Einflüssen.

Ideologische Ablagerungen abtragen und Veränderungspotenziale sichtbar machen

«Demokratie ist die einzig politisch verfasste Gesellschaftsordnung, die gelernt werden muss – immer wieder, tagtäglich und bis ins hohe Alter hinein.»
Oskar Negt, 2010

Bescheidene, aber individuell bedeutsame pädagogische Möglichkeiten

Unmittelbar nach dem 11. September hat Arundhati Roy das Grundgefühl vieler Menschen in aller Welt in einem Essay in der Form grundlegender Fragen beschrieben: «As the first year of the new millennium rushes to a close, one wonders – have we forfeited our right to dream? Will we ever be able to re-imagine beauty? Will it be possible ever again to watch the slow, amazed blink of a newborn gecko in the sun, or whisper back to the marmot who has just whispered in your ear – without thinking of the World Trade Centre and Afghanistan?»[153]

Have we forfeited our right to dream?

Viele Jahre später sind diese Fragen angesichts aufwühlender Ereignisse und verstörender Bilder unverändert akuell: Haben wir unser Recht zu träumen verwirkt, können wir uns je wieder eine neue Vorstellung von Schönheit machen, ohne dabei ans World Trade Center, Libyen oder Fukushima zu denken? Im pädagogischen Bereich scheint mir die Antwort klar: Lehrpersonen und Erziehende müssen meiner Ansicht nach immer wieder von Neuem auch eine Kraft zum Positiven aufbringen – und vermitteln. Alle Menschen haben – und brauchen – ein Recht zu träumen, sie müssen sich Vorstellungen von Schönheit

machen und sich vorbehaltlos über die Wunder des Lebens freuen. Dies gilt in besonderem Masse für Kinder und Jugendliche.

Ganz in diesem Sinne hat Arundhati Roy in einem späteren Interview ihre in einem Augenblick tiefster Verzweiflung geschriebenen Text kommentiert: «We can't ever abandon our personal quest for joy and beauty and gentleness. Of course we're allowed moments of despair. We would be inhuman if we weren't, but let it never be said that we gave up.»[154]

<small>Let it never be said that we gave up</small>

> «Ich zwinge mich dazu, optimistisch zu sein. Sonst würde ich nichts mehr tun. Ich glaube, in dieser barbarischen Zeit muss man sich selber ganz treu bleiben und Zeugnis ablegen von dieser Dekadenz, dasein und versuchen zu sagen, was man sagen kann im Rahmen seiner Bildung, seiner Generation.»
> Federico Fellini, 1982

Angesichts der politischen und wirtschaftlichen Katastrophenereignisse und Schreckensszenarien braucht es im pädagogischen Bereich immer wieder erlebte und gelebte Formen der Solidarität. Gemäss dem Soziologen Zygmunt Baumann leben wir heute in der Zeit einer «flüchtigen Moderne», in der sich Verbindlichkeiten, die Individuen in kollektiven Projekten zusammenführen, verflüchtigen. Es fehlt an Verbindlichkeiten, die individuelle Lebenspläne an kollektives politisches Handeln binden. In einer individualisierten und privatisierten Version der Moderne müssen die Menschen ihr soziales «Gewebe» in Heimarbeit herstellen, jede und jeder für sich.[155]

<small>Individualisierte und privatisierte Version der Moderne</small>

Im Gegensatz zum neoliberalen «social dumping» und zu einer ultraliberalen Staatsfeindlichkeit haben im pädagogischen Bereich die Verbindlichkeiten eines sozialen Gewebes und die Erfahrung persönlicher Bedeutung – die Erfahrung, für andere notwendig zu sein – nach wie vor Bestand. Die erlebten Jahre an Orten, an denen Sinnfragen gestellt und Antworten gesucht werden; Orten, an denen erfahrbar wird, wie man Frieden macht; erlebte und gelebte Selbstbestimmungs-, Mitbestimmungs- und Solidaritätsfähigkeit; Sensibilität für Enteignungserfahrungen, für Recht und Unrecht, für Gleichheit und Ungleichheit – das alles sind bescheidene, aber individuell bedeutsame Beiträge für Veränderungen im Kleinen.[156] Im Gegensatz zu einem Ich-AG-Verständnis einer New Economy, das den Menschen einreden will, dass sie sich als erfolgreiche Ich-AG-Unternehmer gut zu verkaufen und auf dem Markt optimal zu präsentieren haben, ist die Schule kein Ort eines permanenten Assessment Centers – weder für Schülerinnen und Schüler noch für Lehrerinnen und Lehrer. In der Schule muss die Kraft des Plurals grösser geschrieben werden, das Ich kleiner.[157]

Die Schule ist kein Ort eines permanenten Assessment Centers

Ganz am Schluss des Buches *Der flexible Mensch* – einer kritischen Analyse der Kultur des neuen Kapitalismus, der den Menschen zum spirituellen Immigranten auf der stetigen Suche nach dem Faden im Teppich macht – beschreibt der Soziologe Richard SENNET ein prägendes persönliches Erlebnis: «Ich habe aus der bittern, radikalen Vergangenheit meiner Familie gelernt, dass Veränderung, wenn sie kommt, sich im Kleinen entwickelt, örtlich, schrittweise, in den Gemeinden und nicht durch Massenerhebungen. Ein Regime, das Menschen keinen tiefen Grund gibt, sich umeinander zu kümmern, kann seine Legitimität nicht lange aufrechterhalten.»[158]

Auf einer *individuellen pädagogischen Ebene* geht es um die Überzeugung der Wichtigkeit der bescheidenen individuell bedeutsamen Veränderungen im Kleinen. Dies erfordert notwendigerweise die Ergänzung des Realitätssinnes durch einen «Idealitätssinn» – in einem antinomischen Sinne.

Realitätssinn und «Idealitätssinn»

Im umfangreichen Lebenswerk von Robert MUSIL *Der Mann ohne Eigenschaften* erkennt die Hauptfigur des Romans, dass ihr das Mögliche mehr bedeutet als das durchschnittliche, schematische und rollenhafte Wirkliche. Damit wird der Realitäts- oder Wirklichkeitssinn der Wirklichkeits-Menschen durch den Möglichkeitssinn der Möglichkeits-Menschen ergänzt.

«Wenn es aber den Wirklichkeitssinn gibt, und niemand wird bezweifeln, dass er seine Daseinsberechtigung hat, dann muss es auch etwas geben, das man Möglichkeitssinn nennen kann. Wer ihn besitzt, sagt beispielsweise nicht: Hier ist dies oder das geschehen, wird geschehen, muss geschehen; sondern er erfindet: Hier könnte, sollte oder müsste geschehen; und wenn man ihm von irgend etwas erklärt, dass es so sei, wie es sei, dann denkt er: nun, es könnte wahrscheinlich auch anders sein. So liesse sich der Möglichkeitssinn geradezu als die Fähigkeit definieren, alles, was ebensogut sein könnte, zu denken und das, was ist, nicht wichtiger zu nehmen als das, was nicht ist.»
Robert Musil

In seinem epochalen Roman hat Robert Musil als Ordnungsprinzip eine Ironie des Erzählens gewählt, die die Verfestigung der Wirklichkeit aufbricht: Eine Ironie, die die Kategorie eines konstruktiv-utopischen Möglichen enthält. Der von Musil beschriebene Möglichkeitssinn umfasst «nicht nur die Träume nervenschwacher Personen», die «völlig spleenige Dinge» treiben, sondern er enthält «ein Feuer, einen Flug, einen Bauwillen und bewussten Utopismus, der die Wirklichkeit nicht scheut, wohl aber als Aufgabe und Erfindung behandelt».[159] Wir brauchen Utopien, um uns ein Stück Zukunft konkret vorstellen zu können und um bestehende Verhältnisse kritisch beurteilen zu können. Utopische Projekte ermöglichen uns, in Gedanken eine andere als wünschenswert erachtete Wirklichkeit vorzustellen. Solche Utopien benötigen wir für unsere Orientierung, für die Selbstaufklärung über unsere gegenwärtige Lage und über das, was wir anstreben.[160]

Wenn man einen in diesem Sinne konstruktiv-utopischen Möglichkeitssinn auf den pädagogischen Bereich überträgt, könnte das heissen, dass sich Pädagoginnen und Pädagogen immer wieder sagen, es könnte auch anders sein – und vor allem anders werden. Und zwar nicht im Sinne von fixen Utopien nervenschwacher Idealisten, die von vornherein an den pädagogischen Gegebenheiten scheitern und keinerlei Verwirklichungschancen haben. Auch nicht als spleenige Ideal-

Wir brauchen Utopien

Engagiertes Übertragen utopischer Projekte in die Praxis

vorstellungen, die durch die Aktivierung eines schlechten Gewissens eine lähmende Wirkung entfalten. Sondern durch das engagierte und selbstbewusste Übertragen von utopischen Projekten in die Praxis: als kreative Bewältigung einer Aufgabe und als Erfindung einer neuen Wirklichkeit, ohne Scheu vor den Sachzwängen einer angenommenen unveränderlichen Wirklichkeit.[161]

Zum pädagogischen Idealitäts- oder Möglichkeitssinn gehört, sich immer wieder an seine Ideale zu erinnern und diese in einem positiv naiven Sinne zu verfolgen. Zum pädagogischen Realitäts- oder Wirklichkeitssinn gehört aber auch, die gesellschaftlichen «Vereisungsprozesse» zu erkennen und sich der Notwendigkeit einer Erweiterung

Notwendigkeit einer Erweiterung und Korrektur der pädagogischen Perspektive

und Korrektur der pädagogischen Perspektive bewusst zu sein. Dies erfordert eine umfassende gesellschaftliche Perspektive, die die Bedingungen einer strukturellen «Kälte» mitberücksichtigt. Naiv (im Sinne

Pädagogische Ideale

von simpel) sind Bemühungen, gegen die alles durchdringende Kälte einer sozialen Eiszeit und ihrer Folgen für die betroffenen Menschen anzugehen ohne die gesellschaftlichen Wurzeln, die diese Kälte produzieren und reproduzieren, zu erkennen und anzurühren.[162]

> «Im Grunde gibt es nur eine ‹richtige› Erziehung
> – das Aufwachsen in einer Welt, in der zu leben sich lohnt.»
> Paul Goodman

Auf einer *überindividuellen pädagogischen Ebene* ist ein Ansatz einer «Pädagogik der Vielfalt» gefordert. Gemeint ist damit eine Pädagogik der Anerkennung zwischen gleichberechtigten Verschiedenen. Den Kern dieses Ansatzes bildet ein demokratischer Differenzbegriff, der jede Art von totalitären hegemonialen und diskriminierenden Tendenzen erkennt und sich dagegen zur Wehr zu setzen weiss.[163] Das heisst, dass in einer Pädagogik der Vielfalt verschiedene pädagogische Strömungen Platz haben. Kein Platz aber ist für Strömungen, die den Anspruch erheben, im exklusiven Besitz der Wahrheit zu sein und ihre «Wahrheit» mit fundamentalistischer Sicherheit und missionarischem Eifer vertreten und verbreiten.

Gefordert: Eine Pädagogik der Vielfalt

«Für jedes noch so komplexe Problem
gibt es eine ganz einfache Lösung
– und die ist falsch.»

Umberto Eco

1 BORCHERT: *Draussen vor der Tür*, 1989, S. 54
2 NOHL: *Die pädagogische Bewegung in Deutschland und ihre Theorie*, 1970 (7. Auflage), S. 141
3 EDDING: *Ökonomie des Bildungswesens*, 1963
4 FRISCH: *Homo Faber*, 1957, S. 132
5 PICHT: *Die deutsche Bildungskatastrophe*, 1965
6 ROTH: *Die realistische Wendung in der pädagogischen Forschung*, 1962
7 BOLLNOW: *Das Wesen der Stimmungen*, 1956, S. 16
8 BREZINKA: *Von der Pädagogik zur Erziehungswissenschaft*, 1971, S. 40
9 WILHELM: *Theorie der Schule*, 1967, S. 209, 214
10 VON BRAUN, in: MAILER, N.: *Auf dem Mond ein Feuer*, 1971
11 DÜRRENMATT: *Philosophie und Naturwissenschaft*, 1980, S. 30
12 DEGENHARDT: *Kommt an den Tisch unter Pflaumenbäumen*, 1986
13 BLÜCHER: *Die Generation der Unbefangenen*, 1966, S. 403
14 WEHLE (Hrsg.): *Pädagogik aktuell*, 1973, S. 43
15 BOTT (Hrsg.): *Erziehung zum Ungehorsam*, 1970
16 KLAGES: *Wertedynamik*, 1988
17 GRÖNEMEYER: *Sprünge*, 1986
18 COHEN: *I'm your man*, 1988
19 *Tages-Anzeiger* vom 11. Dezember 1993, S. 7
20 LYOTARD: *La condition postmoderne*, 1979, S. 7
21 *Geo Extra*, Nr. 1, 1995, S. 172
22 BRAUN: *Trotzdestonichts oder Der Wendehals*, 2000, S. 33
23 BRAUN: *Wir befinden uns soweit wohl. Wir sind erst einmal am Ende*, 1998, S. 106
24 BRAUN: *Wir befinden uns soweit wohl. Wir sind erst einmal am Ende*, S. 11, 12
25 FISCHER: *Die Rückkehr der Geschichte*, 2005, S. 34
26 vgl. FISCHER: *Die Rückkehr der Geschichte*, S. 34–44
27 GUGGENBERGER: *Das digitale Nirwana*, 1997, S. 32
28 GUGGENBERGER: *Das digitale Nirwana*, S. 18
29 vgl. MACARTHUR: *Die Schlacht der Lügen. Wie die USA den Golfkrieg verkauften*, 1993
30 GORZ: *Im Zeitalter der «freeters»*, in: *Die Weltwoche* vom 14. Oktober 1993, S. 33
31 BECK: *Die Erfindung des Politischen*, 1993
32 GRÖNEMEYER: *Chaos*, 1993
33 vgl. WATZLAWICK: *Die erfundene Wirklichkeit*, 1984, S. 9
34 MATURANA / VARELA: *Der Baum der Erkenntnis*, 1987, S. 263, 264
35 vgl. TERHART: *Konstruktivismus und Unterricht*, 1999, S. 636
36 vgl. SIEBERT: *Bildungsarbeit – konstruktivistisch betrachtet*, 1996, S. 36, 37
37 SIEBERT: *Pädagogischer Konstruktivismus*, 1999, S. 5
38 vgl. SIEBERT: *Bildungsarbeit – konstruktivistisch betrachtet*, 1996, S. 37, 38

39 SIEBERT: *Bildungsarbeit – konstruktivistisch betrachtet*, S. 13, 14
40 ENZENSBERGER: *Die grosse Wanderung*, 1994, S. 30
41 ENZENSBERGER: *Aussichten auf den Bürgerkrieg*, 1996, S. 42, 43
42 HOUELLEBECQ: *Extension du domaine de la lutte*, 1994, S. 14
43 vgl. BUNDESAMT FÜR STATISTIK: *info:social*, Nr. 5, 2001, S. 11
44 BUNDESAMT FÜR STATISTIK: *info:social*, Nr. 5, S. 9–11
45 vgl. BUNDESAMT FÜR STATISTIK: *info:social*, Nr. 5, S. 23–26
46 vgl. *Tages-Anzeiger* vom 27. November 2004, S. 31
47 vgl. UNITED NATIONS HUMAN DEVELOPMENT REPORT 1999, zitiert nach FISCHER: *Die Rückkehr der Geschichte*, 2005, S. 264
48 *Neue Zürcher Zeitung* vom 15./16. April 2000, S. 21
49 vgl. *SonntagsZeitung* vom 1. April 2001, S. 79
50 vgl. *Tages-Anzeiger* vom 22. März 2006, S. 25
51 vgl. *Der Spiegel* Nr. 3, 2006, S. 61
52 vgl. GIDDENS: *Der dritte Weg*, 1999, S. 122
53 GIDDENS: *Der dritte Weg*, S. 121
54 vgl. *Das Magazin* Nr. 52, 1999, S. 40–43
55 vgl. *Das Magazin* Nr. 49, 2005, S. 48–53
56 CHOMSKY: *Haben und Nichthaben*, 2000, S. 138
57 *Tages-Anzeiger* vom 9. Januar 2006, S. 5
58 *Spiegel Spezial: Die Neue Welt*, 2005, S. 151
59 vgl. *Tages-Anzeiger* vom 25. Januar 2006, S. 12
60 BOURDIEU: *Gegenfeuer*, 1998, S. 9
61 BOURDIEU: *Gegenfeuer*, S. 118
62 vgl. MAALOUF: *Mörderische Identitäten*, 2000, S. 111
63 vgl. ROY: *The chequebook & the cruise missile*, 2004, S. 40
64 vgl. FISCHER: *Die Rückkehr der Geschichte*, 2005, S. 64, 65
65 vgl. GIDDENS: *Entfesselte Welt*, 2001, S. 21–32
66 vgl. DAHRENDORF: *Der Wiederbeginn der Geschichte*, 2004, S. 236
67 vgl. HABERMAS: *Glauben und Wissen*, in: *Zeitdiagnosen*, 2003, S. 249
68 vgl. SARASIN: *«Anthrax». Bioterror als Phantasma*, 2004, S. 121, 122
69 vgl. BERGER: *Versuchen, hinter die Dinge zu schauen*, in ROY: *Die Politik der Macht*, 2003, S. 13
70 http:amerikadienst.usembassy.de/us-botschaft-cgi/ad-detailas.cgi?lfdnr=1469, zitiert nach FISCHER: *Die Rückkehr der Geschichte*, 2005, S. 5, 6
71 HABERMAS: *Glauben und Wissen*, in: *Zeitdiagnosen*, 2003, S. 249
72 vgl. BAUDRILLARD: *Macht als Komplizin ihrer Zerstörung*, in: *Tages-Anzeiger* vom 17. April 2002, S. 8
73 CHOMSKY: *The Attack*, 2002, S. 8
74 vgl. SLOTERDIJK: *Luftbeben*, 2002, S. 24, 25

75 vgl. BECK: *Die Kultur der Unsicherheit*, in: *Tages-Anzeiger* vom 31. Dezember 2002, S. 2
76 ROY: *The algebra of infinite justice*, 2002, S. 207
77 SONTAG: *Zwischen den Polen von Alt und Neu*, in: *Tages-Anzeiger* vom 13. Oktober 2003, S. 49, 50
78 AGAMBEN: *Ausnahmezustand*, 2004, S. 9
79 AGAMBEN: *Ausnahmezustand*, S. 10
80 vgl. ROY: *The chequebook & the cruise missile*, 2004, S. 61
81 vgl. BECK: *Die Kultur der Unsicherheit*, in: *Tages-Anzeiger* vom 31. Dezember 2002, S. 2
82 SARASIN: *«Anthrax». Bioterror als Phantasma*, 2004, S. 47
83 vgl. SARASIN: *«Anthrax». Bioterror als Phantasma*, S. 47
84 vgl. SARASIN: *«Anthrax». Bioterror als Phantasma*, S. 62, 63
85 zitiert nach SARASIN: *«Anthrax». Bioterror als Phantasma*, S. 62
86 zitiert nach SARASIN: *«Anthrax». Bioterror als Phantasma*, S. 64
87 vgl. *Tages-Anzeiger* vom 10. September 2005, S. 5
88 vgl. SARASIN: *«Anthrax». Bioterror als Phantasma*, S. 181
89 vgl. SARASIN: *«Anthrax». Bioterror als Phantasma*, S. 183
90 SARASIN: *«Anthrax». Bioterror als Phantasma*, S. 184
91 vgl. SARASIN: *«Anthrax». Bioterror als Phantasma*, S. 15
92 vgl. SARASIN: *«Anthrax». Bioterror als Phantasma*, S. 195
93 KEPEL: *Die neuen Kreuzzüge*, 2004, S. 159–185
94 vgl. KEPEL: *Die neuen Kreuzzüge*, S. 12–60
95 vgl. KEPEL: *Die neuen Kreuzzüge*, S. 15
96 FUKUYAMA: *The end of history*, 1992
97 vgl. bspw. OHMAE: *Der neue Weltmarkt*, 1996
98 FISCHER: *Die Rückkehr der Geschichte*, 2005, S. 11
99 STIGLITZ: *The Roaring Nineties*, 2004
100 FISCHER: *Die Rückkehr der Geschichte*, S. 33
101 vgl. *Tages-Anzeiger* vom 17. Dezember 2005, S. 50
102 vgl. JELLOUN: *Papa, woher kommt der Hass?*, 2005, S. 119
103 *The New York Times Magazine* vom 13. September 1970
104 vgl. KÜNG: *Anständig wirtschaften*, 2010, S. 48–57
105 NEGT: *Der politische Mensch*, 2010, S. 69
106 RUSHDIE: *Osten, Westen*, 2010, S. 94
107 vgl. KÜNG: *Anständig wirtschaften*, 2010, S. 133
108 *Neue Zürcher Zeitung Online* vom 8. August 2009
109 vgl. HEITMEYER: *Autoritärer Kapitalismus, Demokratieentleerung und Rechtspopulismus*, 2001
110 DE WECK: *Nach der Krise*, 2009, S. 39

111 Roy: *Das schwindende Licht der Demokratie*, 2009, S. 2
112 vgl. *Spiegel*, Nr. 50, 2009, S. 159
113 Küng: *Anständig wirtschaften*, 2010, S. 116, 117
114 De Weck: *Nach der Krise*, 2009, S. 7, 8
115 vgl. De Weck: *Nach der Krise*, S. 34
116 Krugman: *Wie konnten die Ökonomen sich nur so irren?*, 2009, S. 41
117 vgl. Seibt: *Rive-Reine: Die geheime Konferenz der Schweiz*, 2010, S. 8
118 Schulze: «Wer fragt, womit die Banken ihr Geld verdienen?», 2008, S. 41
119 Köhler: «Die Finanzmärkte sind zu einem Monster geworden», 2008
120 de Weck: *Nach der Krise*, 2009, S. 93, 94
121 Küng: *Anständig wirtschaften*, 2010, S. 36
122 Negt: *Der politische Mensch*, 2010, S. 73
123 Hessel: *Empört euch!*, 2011, S. 10
124 Jelloun: *Arabischer Frühling*, 2011, S. 27
125 *Neue Zürcher Zeitung* vom 14. Juni 2011, S. 23
126 Jelloun: *Arabischer Frühling*, 2011, S. 91
127 Frisch: *Tagebuch 1966–1971*, 1972, S. 182
128 Jelloun: *Arabischer Frühling*, 2011, S. 7, 8
129 Wolf: *Störfall*, 2009, S. 47
130 Wolf: *Störfall*, S. 61
131 Wolf: *Störfall*, S. 11
132 Janouch: *Gespräche mit Kafka*, 1961, S. 100
133 *Spiegel*, Nr. 12, 2011, S. 89
134 *Spiegel*, Nr. 28, 2008, S. 22
135 *Spiegel*, Nr. 28, S. 26
136 Wolf: *Störfall*, 2009, S. 53
137 vgl. *Spiegel*, Nr. 19, 2011, S. 81
138 *Spiegel*, Nr. 19, S. 85
139 Pressestatement von Bundeskanzlerin Angela Merkel zur Tötung von Osama bin Laden vom 2. Mai 2011
140 Matussek: *Amerika vs. Schattenmann*, 2011, S. 144
141 Roy: *Brutality smeared in peanut butter*, 2001
142 vgl. Negt: *Der politische Mensch*, 2010, S. 57–61
143 Beck: «Nun haben wir einen Sozialismus für Reiche», 2008, S. 45
144 *Spiegel*, Nr. 22, 2011, S. 26
145 vgl. *Spiegel*, Nr. 22, S. 26, 27
146 Peters: *Jenseits der Hierarchien*, 1993
147 vgl. *Spiegel*, Nr. 22, 2011, S. 27
148 vgl. *Stiftung Bildung und Entwicklung*, 2011
149 Hessel: *Empört euch!*, 2011, S. 13

150 vgl. NEGT: *Der politische Mensch*, 2010, S. 13
151 vgl. NEGT: *Der politische Mensch*, S. 36
152 vgl. NEGT: *Der politische Mensch*, S. 560
153 ROY: *Brutality smeared in peanut butter*, 2001
154 ROY: *The chequebook & the cruise missile*, 2004, S. 55
155 vgl. BAUMANN: *Flüchtige Moderne*, 2003, S. 12–14
156 vgl. BERNER: *Didaktische Kompetenz*, 1999
157 vgl. BERNER: *Leben als Ich-AG*, in: *ph akzente*, Nr. 3, 2010, S. 44
158 SENNET: *Der flexible Mensch*, 1998, S. 203
159 MUSIL: *Der Mann ohne Eigenschaften*, 1978, S. 17, 18
160 vgl. PIEPER: *Selber denken*, 1997, S. 137, 138
161 vgl. BERNER/ZIMMERMANN: *Unvergessliche Lehr-Lern-Arrangements*, 2005, S. 20–22
162 vgl. ADORNO: *Erziehung zur Mündigkeit*, 1971, S. 102
163 vgl. PRENGEL: *Pädagogik der Vielfalt*, 1993

Ein-Blicke

2 Pädagogische Anthropologie

«Wie muss das Wesen des Menschen im Ganzen beschaffen sein,
damit sich diese besondre, in der Tatsache des Lebens gegebene Erscheinung
darin als sinnvolles und notwendiges Glied begreifen lässt?»

Otto Friedrich Bollnow

Als Otto Friedrich Bollnow 1991 starb, nahmen die pädagogischen Fachzeitschriften nur am Rande Notiz vom Tode dieses Pädagogen. Dieses Ignorieren hat damit zu tun, dass die von Bollnow entscheidend geprägte Pädagogische Anthropologie, nach einer Zeit der «Hochkonjunktur», zu jener Zeit nicht im Mittelpunkt des Interesses stand.

Dass der Ansatz der Pädagogischen Anthropologie gerade in der heutigen Situation den im Bildungs- und Erziehungsbereich Tätigen wichtige grundlegende Impulse zu vermitteln vermag, soll im Folgenden deutlich gemacht werden.

«Der Mensch, so wie er auf dem Throne
und im Schatten des Laubdaches sich gleich ist;
der Mensch in seinem Wesen, was ist er?»
Johann Heinrich Pestalozzi

Der 1903 in Stettin geborene Otto Friedrich Bollnow studierte zuerst Naturwissenschaften und unterrichtete an der Odenwaldschule. (Dieses von Paul Geheeb 1910 gegründete Landerziehungsheim schuf anstelle eines starren Stundenplanes individuelle Lerngelegenheiten für die Schülerinnen und Schüler und sicherte ihnen auch ein Mitbestimmungsrecht zu.)

Anschliessend nahm Bollnow ein Zweitstudium in Philosophie und Pädagogik auf. Seine wichtigsten Lehrer waren die prominenten Vertreter der Geisteswissenschaftlichen Pädagogik Hermann Nohl und Eduard Spranger sowie der Existenzphilosoph Martin Heidegger.

Schüler von
Hermann Nohl

Bis zu seiner Emeritierung im Jahre 1970 lehrte Bollnow als Pädagogikprofessor an den Universitäten Giessen, Mainz und Tübingen.

Bollnows Neuansatz:
Die anthropologische Betrachtungsweise in der Pädagogik

Pessimistische pädagogische Grundstimmung nach 1945

Im Gegensatz zu dem vom Glauben an die schöpferischen Kräfte im Menschen geprägten pädagogischen Enthusiasmus der Zeit nach dem Ersten Weltkrieg, dominierte nach dem Zweiten Weltkrieg eine pessimistische pädagogische Grundstimmung: Die Erfahrungen unbeschreiblicher menschlicher Grausamkeiten und die grenzenlosen Enttäuschungen zerstörten den nach dem Ersten Weltkrieg vorherrschenden Glauben an einen sich nach innerem Gesetz von selbst entwickelnden guten Kern im Menschen. Demgegenüber trat nun die Aufgabe, das Böse im Menschen einzudämmen, in den Vordergrund.

> «Heute ist die Sicherheit im geordneten Chaos einer furchtbaren geschichtlichen Wendung untergegangen. Vorbei ist die Beruhigung, eine neue anthropologische Bangigkeit ist emporgekommen, die Frage nach dem Wesen des Menschen steht vor uns in all ihrer Grösse und in ihrem Schrecken wie nie zuvor, und nicht mehr in philosophischer Gewandung, sondern in der Nacktheit der Existenz.»
> Martin Buber

Bollnows Neuansatz ist auf dem Hintergrund dieser geistigen Situation der Zeit zu verstehen.

Methodische Prinzipien der Philosophischen Anthropologie

In seiner 1965 veröffentlichten Schrift *Die anthropologische Betrachtungsweise in der Pädagogik* erarbeitete Bollnow die grundlegenden methodischen Prinzipien einer Philosophischen Anthropologie:

Philosophische Anthropologie

Philosophische Disziplin, die sich mit der Frage nach dem Wesen und der Bestimmung des Menschen beschäftigt oder, wie es ein Hauptbegründer dieses Ansatzes, Max Scheler, ausdrückte: Die Frage nach der Stellung des Menschen im Kosmos

- Mit der anthropologischen Interpretation von Einzelphänomenen kann ein beliebiges einzelnes Phänomen in unmittelbare Beziehung zum Wesen des Menschen gebracht werden. Die grundsätzliche Fragestellung lautet: «Wie muss das Wesen des Menschen im ganzen beschaffen sein, damit sich diese besondre, in der Tatsache des Lebens gegebene Erscheinung darin als sinnvolles und notwendiges Glied begreifen lässt?»[1] Diese zirkelhafte Art der Fragestellung ermöglicht es, das Einzelne aus dem Ganzen und das Ganze aus dem Einzelnen verstehen zu können.

  Das Einzelne aus dem Ganzen, das Ganze aus dem Einzelnen verstehen

  Bollnows methodischer Neuansatz lässt sich am besten anhand der Deutung des Phänomens der Angst zeigen. Es war der dänische Philosoph Kierkegaard, der im letzten Jahrhundert die vorherrschende Auffassung der Angst als etwas Belastendes und zu Verhinderndes umkehrte und nach der notwendigen Funktion der Angst im menschlichen Leben fragte. Seine Antwort lautet: Die Angst vermag den Menschen aus dem Alltagstrott herauszureissen. Dadurch kann der Schwindel der Freiheit erfahren werden.
  Methodisch gesehen geht es also darum, ein einzelnes, im menschlichen Leben vorhandenes Phänomen – hier die Angst – nach seiner Funktion für das menschliche Leben im Ganzen zu befragen.

- Das Prinzip der offenen Frage basiert – in Anlehnung an den Philosophen Helmut Plessner – auf dem Verständnis des Menschen als einem unergründlichen Wesen (homo absconditus).

  Homo absconditus

  Damit sind die Forderung nach einem Offenhalten für die unerschöpfliche Vielfalt des Menschen und der Verzicht auf unzulässige Vereinfachungen verbunden. Die aus Sehnsucht nach Sicherheit geforderten (und auch angebotenen) geschlossenen Menschenbilder dürfen die unbequeme, aber produktive Fraglichkeit des Menschen nicht ersetzen.

> «Auf die Frage, wer der Mensch sei, kann die Antwort nie genügen. Denn was der Mensch sein könne, bleibt immer noch in seiner Freiheit verborgen, solange er Mensch ist.»
> Karl Jaspers

Philosophisch-anthropologische Fragestellung als pädagogisches Prinzip

Bollnow übertrug diese Betrachtungsweise aus der Philosophischen Anthropologie auf die Pädagogik. Er machte die philosophisch-anthropologische Fragestellung zu einem pädagogischen Prinzip.

Mit diesem Ansatz gelingt es, das Interesse an der Erschliessung neuer Phänomene zu fördern. Bollnow und seine Schüler haben sich immer wieder in sehr fruchtbarer Weise der Herausforderung grundsätzlicher Probleme – wie Krise, Geborgenheit, Vertrauen, Hoffnung, Begegnung oder Engagement – gestellt und weiterführende Antworten gefunden.

Pädagogische Anthropologie

Es sind zwei Haupttypen unterscheidbar:

- ein integrativ orientiertes Konzept einer Pädagogischen Anthropologie (mit dem bedeutendsten Vertreter Heinrich Roth und seiner Pädagogischen Anthropologie als einer Daten verarbeitenden Integrationswissenschaft)
- ein philosophisch-anthropologisches Konzept einer Pädagogischen Anthropologie (mit Otto Friedrich Bollnow und seinem Ansatz einer anthropologischen Betrachtungsweise in der Pädagogik als bekanntestem Vertreter)

Existenzphilosophie und Pädagogik – unvereinbare Widersprüche?

Im Buch *Existenzphilosophie und Pädagogik* (erstmals 1959 erschienen) nahm Bollnow die radikale Herausforderung des traditionellen Menschenverständnisses durch die Existenzphilosophie auf, indem er die Frage stellte: Was bleibt von der Pädagogik, wenn man die Existenzphilosophie ernst nimmt?

«Was bleibt von der Pädagogik, wenn…»

Der existenzphilosophische Ansatz geht davon aus, dass sich der innerste Kern des Menschen – die Existenz – immer nur in einzelnen Augenblicken realisiert (beispielsweise in Momenten der Angst oder Verzweiflung). Deshalb ist keine Stetigkeit und kein kontinuierliches

Existenzphilosophie
Die Gemeinsamkeit der verschiedenen existenzphilosophischen Ansätze (Heideggers Existenzial-Ontologie, Jaspers Existenzerhellung und Sartres Existentialismus) besteht darin, dass der Blick auf die Existenz als innerstem Kern der Seele durch existentielle Grunderlebnisse frei wird (bei Heidegger die Erfahrung des Todes, bei Jaspers das Scheitern in Grenzsituationen und bei Sartre der Ekel).

Fortschreiten möglich. Die traditionelle Pädagogik aber basiert auf der Vorstellung einer stetig fortschreitenden Entwicklung. Damit stehen sich auf den ersten Blick zwei nicht vereinbare gegensätzliche Grundvorstellungen gegenüber.

- Durch die existenzphilosophische Sichtweise herausgefordert, beschreibt Bollnow den Menschen als ein Wesen, «das weder stetig voranschreitet noch unverbesserlich immer wieder in die Ausgangslage zurückfällt, sondern trotz immer neuer Rückfälle dennoch vorankommt».[2] Der Mensch entwickelt sich, er vervollkommnet sich, aber nicht in einer selbstverständlichen Stetigkeit. Der kontinuierliche Weg ist immer wieder durch Suchen, Abgleiten und Abirren geprägt.
- Aufgrund der existenzphilosophischen Herausforderung wird der Blick für vernachlässigte pädagogische Erscheinungen geschärft. Bollnow analysierte unstete Formen der Erziehung wie Krise, Erweckung, Ermahnung, Beratung und Begegnung. All diese Situationen sind durch existentielle Züge geprägt: eine schicksalshafte Zufälligkeit des Ereignisses, die Ausschliesslichkeit, die Erschütterung durch das intensive Getroffensein, die inhaltliche Unbestimmtheit des erfahrenen Appells.

Als Konsequenz für den Auftrag der Schule fordert Bollnow, dass die stetige Bildungsarbeit durch unstetige Begegnungsmöglichkeiten ergänzt werden muss. Eine differenzierte Bildungsarbeit bereitet den Boden für nicht plan- und methodisierbare Momente personalen Betroffenseins vor.

Ergänzung von Bildungsarbeit und Begegnungsmöglichkeiten

Im Gegensatz zur Einseitigkeit einer Vorstellung von einer absolut verstandenen Stetigkeit oder Unstetigkeit (totale Stetigkeit resp. Unstetigkeit) betont Bollnow das positive Spannungsverhältnis von stetigen Bildungsprozessen und unstetigen Begegnungsereignissen. Bildungsprozesse und Begegnungen ergänzen sich.

In einem Wertequadrat kann dieses Verhältnis graphisch wie folgt dargestellt werden.

Bildung	und	Begegnung
Stetige Form: «vorankommen»	a	Unstetige Form: «trotz immer neuer Rückfälle vorankommen»
b	c	b
Totale Stetigkeit: «nur stetig voranschreiten»	d	Totale Unstetigkeit: «immer wieder in die Ausgangslage zurückfallen»

a = positives Spannungsverhältnis
b = entwertende Übertreibung
c = konträre Gegensätze
d = Überkompensation

«Sowohl-als-auch-Verständnis»

Im Unterschied zu einem verabsolutierenden «Entweder-oder-Verständnis» (nur stetiges Voranschreiten oder nur unstetiges Zurückfallen) steht Bollnows differenziertes «Sowohl-als-auch-Verständnis» (trotz Rückfällen dennoch vorankommen).

Existenzielle Begegnungen

Innerhalb der geistigen Welt gibt es Begegnungen, durch die ein Mensch in seinem Innersten erschüttert wird: Begegnungen mit Dichterinnen und Dichtern, Malerinnen und Malern oder auch mit einem einzelnen Kunstwerk. Auch hier gilt der unbedingte Aufforderungs- und absolute Ausschliesslichkeitscharakter: Alles andere verliert an Bedeutung, verblasst und wird unwesentlich. Ein Beispiel einer ultimativen lebensentscheidenden Begegnung mit einem ganz bestimmten Film schildert der langjährige Direktor der Cinémathèque Suisse Freddy Buache:

«Auf die Frage ‹Was denken Sie von dem, was Sie eben gesehen haben?› vermochte ich nichts zu antworten, ich war jenseits aller Möglichkeiten, etwas zu sagen. Bunuels *Un chien andalou* war ein Blitz. Er hat mich getroffen, und er hat mein Leben geändert. ... Von diesem Augenblick an habe ich mich dem Kino gewidmet. Nachher habe ich viele Filme gesehen in den Filmclubs. Sie waren die Nahrung meines Lebens. Aber *Un chien andalou* hat mein Leben bestimmt. Er hat mir die innere Welt geöffnet. Vorher war mir das Kino als etwas äusserliches Spektakel erschienen; es erzählte mehr oder weniger wahrscheinliche Geschichten, war mehr oder weniger sozial oder psychologisch. Aber dieser da stieg ins Unterbewusstsein hinab. Nachher gab es viele Filme, die mich trafen, aber nie wieder so.»[3]

Im schulischen Bereich betonen verschiedene didaktische Ansätze diese pädagogisch-anthropologischen Annahme. Anstelle von so genannten didaktischen «Vergegnungen» mit ihrem charakteristischen «Als-ob-» und «Wie-wenn-Charakter» werden Möglichkeiten echter Begegnungen zwischen Themen und Einzelnen angestrebt. Auf ihre spezifische Weise treten unterschiedliche Unterrichtskonzeptionen wie genetisches Lehren und Lernen, dialogisches Lernen oder ein bildungsorientierter Projektunterricht den Beweis an, dass die einzelnen Schülerinnen und Schüler aufgrund geeigneter Impulse individuelle Lernwege auswählen und ihre Lebenswelt selbstverantwortlich erkunden und verstehen können. Durch solche Zugänge können Räume für bildungsbiographisch entscheidende unstetige und unplanbare Begegnungen zwischen einzelnen Schülerinnen und Schülern und Themen eröffnet werden.[4]

Begegnungen statt «Vergegnungen»

Atmosphärische Dimension (pädagogisches «Betriebsklima»)

Mit den für jede erfolgreiche Unterrichts- und Erziehungstätigkeit notwendigen gefühlsmässigen Bedingungen und menschlichen Haltungen setzte sich Bollnow ausführlich in seiner 1964 erstmals veröffentlichten Schrift *Die pädagogische Atmosphäre* auseinander.

Für die Kinder und Jugendlichen ist die Schaffung einer Sphäre der Geborgenheit von fundamentaler Bedeutung:

Inselwelt der Geborgenheit

«Und selbst wenn man überzeugt ist, dass die Welt im ganzen ganz anders, nämlich furchtbar und bedrohlich ist, so wird dadurch die Aufgabe nicht berührt, für das Kind erst einmal eine solche Inselwelt der Geborgenheit zu schaffen, in der es sich erst einmal in Sicherheit entfalten kann, bis es dann imstande ist, den Widerständen der rauheren Wirklichkeit entgegenzutreten.»[5]

Aus der Lehr- und Erzieherperspektive nehmen das leistungssteigernde und entwicklungsfördernde Zutrauen, das trotz möglichem Scheitern immer wieder aufzubringende umfassende Vertrauen und die prägende Kraft von Meinung und Glauben einen zentralen Stellenwert ein:

Prägende Kraft von Meinung und Glauben

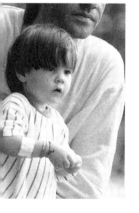

«Der Glaube des Erziehers stärkt im Kind die guten Kräfte, die er in ihm voraussetzt. Er lockt sie gewissermassen durch seinen Glauben hervor. Das Kind, das der Erzieher für zuverlässig, aufrichtig, hingabefähig hält, in dem werden durch diesen Glauben die entsprechenden Eigenschaften geweckt und gestärkt. Es wird durch dieses Vertrauen des Erziehers wirklich zuverlässig, aufrichtig, hingabefähig. Es formt sich nach dem Bilde, das der Erzieher von ihm hat, und dem Vertrauen, das dieser in es setzt. Aber ebenso gilt auch das Umgekehrte: Alles Schlechte, das der Erzieher in seinem Kind argwöhnt, wird eben durch diesen Argwohn auch hervorgerufen, das Kind wird schliesslich eben so dumm und faul und verlogen, wie der argwöhnische Erzieher es in ihm vermutet hatte.»[6]

Die grundlegende pädagogische Relevanz der prägenden Kraft von Meinung und Glauben ist in der Zwischenzeit unter verschiedenen Namen – «self-fullfilling-prophecy», Pygmalion-, Rosenthal-, Andorra-Effekt – oder in Buchtiteln wie *Dummheit ist lernbar* immer wieder nachdrücklich betont worden.

Gegenüber der in vielen Schulen feststellbaren Vernachlässigung (oder Verdrängung) von Schulfeiern und -festen hebt Bollnow die unentbehrliche Funktion dieser Anlässe hervor. Beide Formen – die gewisse dunkle Schwere der Feier und die Farbigkeit, Fröhlichkeit und Ausgelassenheit des Festes – sind anthropologisch höchst bedeutsam und erfüllen unmittelbar erzieherische Funktionen. Bollnow bezeichnet das Fest als eine «metaphysische Erfahrung», und zwar als eine der tiefsten Erfahrungen, die dem Menschen überhaupt zugänglich sind.

Bollnows Bedeutung für heutige Pädagoginnen und Pädagogen

Bollnows Verdienst liegt darin, dass er das traditionelle pädagogische Verständnis durch zusätzliche Dimensionen ergänzte.

Die existentielle Sichtweise eröffnet den Blick auf ein behutsames Raum-Gewähren in Unterricht und Erziehung, damit sich der Blitzstrahl unstetigen Geschehens ereignen kann. Diese Sicht berücksichtigt aber auch ausdrücklich den Charakter des Wagnisses und die Gefahr des Scheiterns der einzelnen Lehrerin und des einzelnen Lehrers: Wagnis und Scheitern gehören als unvermeidliche existentielle Momente wesensmässig untrennbar zum wirklichen Erziehungsvorgang, in dem ein freies Wesen einem anderen freien Wesen fordernd gegenübertritt.

Raum-Gewähren im Unterricht

«Diese Möglichkeit des Scheiterns macht die Schwierigkeit und häufig auch die Tragik des Erzieherberufs aus; denn dieses Scheitern ist etwas anderes als das Versagen in irgend einem andern Beruf. Dort handelt es sich zumeist um das Versagen vor bestimmten sachlichen Aufgaben; der betreffende Mensch kann sich dann andern Aufgaben zuwenden und ist im Kern seines Wesens davon nicht berührt. Der Erzieher aber scheitert in seinem innersten Kern, weil er dort zusammenbricht, wo er sich im Existentiellen mit seiner vollen Kraft eingesetzt hatte.»[7]

Wagnis und Scheitern

Die Beachtung der atmosphärischen Dimension stellt ein besonderes Anliegen Bollnows dar: Als erste und unerlässliche Aufgabe der Erziehung bezeichnete er das Schaffen eines Geborgenheitsgefühls. Eindringlich warnt er vor dem erzieherischen Misstrauen bei jedem Schülerlachen und vor der Verdrossenheit und Düsterkeit, die er als «die Berufskrankheit des Erziehers, vor allem des Lehrers»[8] diagnostiziert.

Ein sehr wichtiges Vermächtnis Bollnows an alle Lehrpersonen ist sein Prinzip der offenen Frage: Die Offenheit der Frage besagt, dass das Wesen des Menschen nicht als etwas Fertiges und Abgeschlossenes

Prinzip der offenen Frage

verstanden werden darf. Diese Offenheit verlangt einen Verzicht auf Vereinfachungen und einen Widerstand gegen den voreiligen Wunsch nach einer geschlossenen Wesensbestimmung. Denn: Geschlossene Menschenbilder sind ein Kennzeichen autoritär gelenkter Erziehung. Die Aufgabe der Pädagoginnen und Pädagogen ist es, sich gegenüber solchen – häufig auch von ausserpädagogischen Einflussfaktoren aufgedrängten – menschlichen «Fixierbildern» zur Wehr zu setzen.

Wahrheitsfeindlicher Dogmatismus

Als 80-Jähriger sagte Bollnow in einem Gespräch: «Darum ist jeder Dogmatismus von Haus aus wahrheitsfeindlich. Auf eine zugespitzte Formel gebracht: wer behauptet, im sicheren Besitz der Wahrheit zu sein, ist sicher in der Unwahrheit.»[9]

Aktueller Ansatz einer reflexiven historisch-pädagogischen Anthropologie

Der aktuelle Ansatz einer reflexiven historisch-pädagogischen Anthropologie ist vor allem in der Auseinandersetzung mit der Historischen Anthropologie entstanden. Dieser inter- bzw. transdisziplinäre Ansatz ist in den 1980er- und 1990er-Jahren des vergangenen Jahrhunderts durch die umfangreichen unter dem Titel *Logik und Leidenschaft* von Dietmar KAMPER und Christoph WULF herausgegebenen Studien entwickelt worden. Zum aktuellen Stellenwert der Historischen Anthropologie schreibt Jakob TANNER in seinem Einführungswerk zu dieser Disziplin: «Anthropologie ist heute also dabei, die Wissenschaft quer durch die Disziplinen hindurch zu infiltrieren; dank des subversiven Adjektivs ‹historisch› gibt es mittlerweile fast keinen Forschungsbereich mehr, in dem sich die Figur des *anthropos* nicht diskursiv hätte reproduzieren können.»[10] Die verschiedenen Beiträge zu einer Anthropologie der Differenz und Kontingenz haben viele anthropologische Untersuchungen in den Geistes-, Kultur- und Sozialwissenschaften angeregt und einen entscheidenden Einfluss auf die Pädagogische Anthropologie ausgeübt. Der historisch-anthropologische Ansatz, Phänome und Strukturen des Menschlichen zu erforschen, führte im pädagogischen Bereich zur Behandlung grundlegender Fragen und Themen zu Bildung und Erziehung und zu einer Analyse von Grundbegriffen, Institutionen und Praxisfeldern unter neuen

Perspektiven. Einen wichtigen Bezugspunkt neuer Studien Pädagogischer Anthropologie bildet der Körper. Dabei ist nicht mehr die Suche nach *dem* menschlichen Körper zentral, sondern die Untersuchung der Vielfalt menschlicher Körper mit ihren in kultureller und historischer Hinsicht unterschiedlichen Darstellungs- und Ausdrucksformen. Die entscheidende Frage lautet: Von welchem Körper ist die Rede, wenn vom Körper gesprochen wird? Im Mittelpunkt des Interesses stehen dabei Fragen der Entmaterialisierung, Technologisierung oder Fragmentarisierung des Körpers.

Körper als Bezugspunkt neuer Studien

Der Ansatz einer reflexiven historisch-pädagogischen Anthropologie vermag einen grundlegenden Beitrag zur Selbstauslegung der Pädagogik, zur besseren Kenntnis der Voraussetzungen und Bedingungen von Bildung und Erziehung und ihrer historischen und kulturellen Relativität zu leisten. Begleitet werden die aktuellen Forschungen durch das Bewusstsein des fragmentarischen Charakters und das Wissen, dass Forschungen stets auf einen homo absconditus bezogen sind.[11] Ganz im Sinne der Feststellung, die der englische Nobelpreisträger Harald PINTER im Stück *The Hothouse* seiner «Heldin» Miss Cuts in den Mund gelegt hat: «… and it's question time, question time, question time, forever and forever and forever.»[12]

---

1 BOLLNOW: *Das Wesen der Stimmungen*, 1956 (3. Auflage), S. 16
2 BOLLNOW: *Existenzphilosophie und Pädagogik*, 1968 (4. Auflage), S. 74
3 Magazin: *Kino-Erleuchtungen*, 1995, S. 46–48
4 vgl. BERNER: *Didaktische Kompetenz*, 1999 und
   BERNER/ZIMMERMANN: *Unvergessliche Lehr-Lern-Arrangements*, 2005
5 BOLLNOW: *Die pädagogische Atmosphäre*, 1964, S. 24
6 BOLLNOW: *Die pädagogische Atmosphäre*, S. 47, 48
7 BOLLNOW: *Existenzphilosophie und Pädagogik*, S. 134, 135
8 BOLLNOW: *Die pädagogische Atmosphäre*, S. 28
9 GÖBBELER/LESSING (Hrsg.): *O. F. Bollnow im Gespräch*, 1983, S. 62
10 TANNER: *Historische Anthropologie*, 2004, S. 19
11 vgl. WULF: *Anthropologie, pädagogische*, 2004, S. 41–56
12 PINTER: *The Hothouse*, 1991, S. 294

3 Analytisch-empirische Erziehungswissenschaft

«Eine empirisch gehaltvolle Theorie von der Erziehung
lässt sich logisch ohne Schwierigkeit in ein technologisches
Aussagensystem umformen...»

Wolfgang Brezinka

Der 1928 in Berlin geborene Erziehungswissenschaftler Wolfgang Brezinka ist einerseits als theoretischer «Wegweiser» von der Pädagogik zur Erziehungswissenschaft und andererseits als «Aufrüttler» gegen die Gefahr einer Pädagogik der Neuen Linken in die pädagogische Diskussion eingegangen. Deshalb wird er im Kapitel über die Neokonservative Pädagogik zusammen mit anderen Vertretern nochmals zur Sprache kommen.

Brezinka begegnete der wissenschaftlichen Pädagogik erstmals während seines Studiums an der Theologischen Fakultät Salzburg in den unmittelbaren Nachkriegsjahren. Ihm kam diese Pädagogik – wie er in einem 1994 veröffentlichten Rückblick auf sein erziehungswissenschaftliches Lebenswerk formulierte – schon damals «wie ein grenzenloses unsystematisches Sammelsurium ganz verschiedenartiger Elemente ohne harten theoretischen Kern vor».[1] Ein Psychologiestudium in Innsbruck und soziologische und sozialpsychologische Studien in den USA Ende der 1950er-Jahre (mit der ihn prägenden Frage «How do you know that education does any good?») führten Brezinka zur endgültigen Abkehr von der traditionellen Pädagogik.

«How do you know that education does any good?»

Von 1958 bis 1967 war Brezinka Professor für Pädagogik in Würzburg und Innsbruck. Mit seinen Artikeln *Die Krise der wissenschaftlichen Pädagogik im Spiegel neuer Lehrbücher* und *Zum Problem der Abgrenzung der Erziehungswissenschaft* trug er entscheidend zur Entfachung des so genannten Positivismusstreits in der deutschen Pädagogik in der zweiten Hälfte der 1960er-Jahre bei.

Von 1967 bis zu seiner Emeritierung war Brezinka als Professor für Erziehungswissenschaft an der Universität Konstanz tätig. In den späten 1960er- und frühen 1970er-Jahren wurde er – gemäss eigenen Worten – «ganz unerwartet in die kulturpolitischen Kämpfe verstrickt, die die ‹Neue Linke› 1968 mit ihrer ‹Kulturrevolution› zum Zweck der ‹Systemüberwindung› ausgelöst hatte».[2]

Ab den 1980er-Jahren legte er den Schwerpunkt seiner Arbeit auf Wertungs- und Normprobleme.

Wolfgang Brezinkas Forderungen

Die Krise der wissenschaftlichen Pädagogik

In seinem 1966 veröffentlichten Artikel *Die Krise der wissenschaftlichen Pädagogik im Spiegel neuer Lehrbücher* unterzog Brezinka zwei Einführungswerke in die systematische Pädagogik einer strengen empirisch-analytischen Prüfung und wies auf die Problematik eines philosophisch-spekulativen pädagogischen Ansatzes hin.

In diesem Artikel postulierte Brezinka erstmals ansatzweise jene Forderungen, die in den folgenden Jahren zum Teil heftige Diskussionen über die wissenschaftstheoretischen Grundlegungen der Pädagogik auslösten:

- Verwendung des Ausdruckes «Erziehungswissenschaft» zur Bezeichnung der erfahrungswissenschaftlichen Theorie der Erziehung
- Erarbeitung klarer logisch-analytischer Grundbegriffe
- Verzicht auf globale Fragen nach dem «Wesen» der Dinge innerhalb der wissenschaftlichen Theorie der Erziehung
- rein theoretische Erforschung des Gegenstandsbereiches (kritische Distanz gegenüber der Praxis)
- Förderung der empirischen Forschung im grossen Stil
- Entmythologisierung der Vorstellung von der Unmöglichkeit einer pädagogischen Technologie.

«Eine empirisch gehaltvolle Theorie der Erziehung lässt sich logisch ohne Schwierigkeit in ein technologisches Aussagensystem umformen, sofern hypothetisch bestimmte Desiderata zugrunde gelegt werden.»[3]

Sein wissenschaftstheoretisches Vorbild: Sir Karl Popper

Kritischer Rationalismus

Stark beeinflusst war Brezinka in dieser Phase durch die wissenschaftstheoretischen Erkenntnisse von Karl Popper, dem Hauptvertreter des Kritischen Rationalismus. Dieser Ansatz basiert auf zwei entscheidenden wissenschaftstheoretischen Problemen:

- Abgrenzungsproblem (wann ist eine Wissenschaft keine Wissenschaft mehr?)
- Induktionsproblem (ein empirisch-wissenschaftliches System muss an der Erfahrung scheitern können)

«Die Theorie ist das Netz, das wir auswerfen, um ‹die Welt› einzufangen – sie zu rationalisieren, zu erklären und zu beherrschen. Wir arbeiten daran, die Maschen des Netzes immer enger zu machen.»

Karl Popper

Der Ansatz des Kritischen Rationalismus passte optimal in den Zeitgeist der 1960er-Jahre. Der Verstandesmensch – homo rationale – will der Welt nach und nach alle Geheimnisse abringen.

Homo rationale

Auf die markanten Worte von Walter Faber, die dem Zeitgeist unterworfene Hauptperson in Max Frischs *Homo Faber*, wurde bereits im Überblickskapitel hingewiesen. Faber ist ein Techniker, ein Macher-Mensch, einer, der nicht an Fügung und Schicksal glaubt, einer, dessen Maxime lautet: Technik statt Mystik!

«Wir leben technisch, der Mensch als Beherrscher der Natur, der Mensch als Ingenieur, und wer dagegen redet, der soll auch keine Brücke benutzen, die nicht die Natur gebaut hat.» [4]

Dass sich diese Ansichten keineswegs nur auf die naturwissenschaftlichen Bereiche, sondern auch auf soziale beziehen lassen, unterstreicht die folgende Aussage Poppers:

«So wie die Hauptaufgabe des naturbearbeitenden Ingenieurs darin besteht, dass er Maschinen konstruiert, umbaut und in Gang hält, so ist es die Aufgabe des Sozialingenieurs, der die Stückwerk-Technik beherrscht, soziale Institutionen zu entwerfen, umzugestalten und die schon bestehenden in Funktion zu erhalten.» [5]

Sozialingenieur

Solche Aussagen passten optimal in eine Zeitphase eines nahezu unbeschränkten Glaubens an die rationale Weltbeherrschung und an die unbegrenzten Möglichkeiten der Technik.

Auch vielen Erziehungswissenschaftlern erschien ein Schritt von der bunten, heterogenen und diffusen Mannigfaltigkeit einer philosophisch ausgerichteten Pädagogik zu einer modernen empirisch-analytisch vorgehenden Erziehungswissenschaft ein Gebot der Stunde.

Wolfgang Brezinka: «Von der Pädagogik zur Erziehungswissenschaft»

In seinem 1971 veröffentlichten Buch mit dem programmatischen Titel *Von der Pädagogik zur Erziehungswissenschaft* knüpft Wolfgang Brezinka an Poppers wissenschaftstheoretische Grundlagen an. Dieses Buch wurde zu einem erziehungswissenschaftlichen Bestseller: Innerhalb von vier Jahren erschienen drei Auflagen mit insgesamt 15 000 Exemplaren.

«Lösung» des Abgrenzungsproblems

Brezinkas «Lösung» des Abgrenzungsprobems im Fachbereich der Pädagogik lässt sich graphisch wie folgt darstellen:

Gegenstandsbereich der Pädagogik				
wissenschaftliche Pädagogik		nichtwissenschaftliche Pädagogik		
Erziehungswissenschaft		Philosophie der Erziehung		Praktische Pädagogik
Theoretische Erziehungswissenschaft	Historiographie der Erziehung	Erkennntnistheorie pädagogischer Aussagen	Moralphilosophie der Erziehung	

Werturteilsstreit

Die streng wissenschaftlichen Anforderungen haben für die Pädagogik weit reichende Konsequenzen: Innerhalb einer Realwissenschaft von der Erziehung können keine Wertungen vorgenommen und dürfen keine Handlungsanweisungen gegeben werden, denn:

«Aus Tatsachen lassen sich weder Werte noch Normen ableiten. Der Unterschied zwischen Sein und Sollen ist logisch nicht zu überbrücken. Deshalb muss innerhalb der Wissenschaft auf Werturteile verzichtet werden.»[6]

Als Wissenschaft akzeptiert werden nur noch eine teleologisch-kausalanalytisch orientierte Erziehungswissenschaft – in erster Linie eine technologische Wissenschaft – sowie eine nach den Regeln einer geschichtswissenschaftlichen Forschung arbeitende Historiographie der Erziehung.

> Erziehungswissenschaft als eine
>
> - teleologisch- *(von den als erstrebenswert aufgestellten Endzuständen ausgehen)*
> - kausalanalytisch *(wenn-dann-Beziehungen erforschen, um Interventionsmöglichkeiten für erzieherisches Handeln aufzufinden)*
>
> orientierte Wissenschaft

Für Antworten auf erzieherische Wert- und Normfragen sowie auf unterrichtspraktische Fragen sind die Teildisziplinen Philosophie der Erziehung respektive Praktische Pädagogik zuständig. Beide Disziplinen sind nicht wissenschaftliche Ansätze.

Nichtwissenschaftliche Ansätze

Zwei Beispiele aus der Schulpraxis

Wie hat man sich nun diese teleologisch-kausalanalytische Vorgehensweise bei konkreten erziehungswissenschaftlichen Problemen vorzustellen? Die Aufgabe einer technologischen Erziehungswissenschaft ist es, aus konstruierten Theorien Erklärungen, Prognosen und erziehungstechnologische Erkenntnisse zu erbringen. Eine Erklärung liefert eine Antwort auf die Frage «Was ist die Ursache für …?»; eine Prognose antwortet auf die Frage «Was hat das für Konsequenzen?» und erziehungstechnologische Erkenntnisse beantworten die Frage «Wie ist das Ziel zu erreichen?»

Teleologisch-kausalanalytische Vorgehensweise

Im Folgenden wird je ein Beispiel von Brezinka für die Anwendung einer Theorie für eine Erklärung und für die Lösung eines erziehungstechnologischen Problems skizziert.

- Ein Beispiel Brezinkas für eine Erklärung: Nach einem Klassenwechsel erbringt ein ängstlicher und unsicherer Schüler, der in der vorherigen Klasse durch schlechte schulische Leistungen aufgefallen war, in der neuen Klasse andauernd gute Leistungen. Wie lässt sich diese Steigerung erklären? Für die Antwort werden Theorien

Wie lässt sich die Leistungssteigerung dieses Schülers erklären?

über Zusammenhänge zwischen Schülermerkmalen (in diesem Beispiel die Persönlichkeitsvariablen Ängstlichkeit und Unsicherheit), Unterrichtsmethoden und Lernerfolg gesucht. Eine empirisch bestätigte Gesetzeshypothese besagt, dass ängstliche Kinder in einem stark durch den Lehrer gelenkten und klar gegliederten Unterricht bessere Leistungen erbringen. Wenn die Bedingungen dieser Gesetzeshypothese auf den konkreten Fall zutreffen (früherer Lehrer mit schwach, neuer Lehrer mit stark kontrollierendem Unterrichtsstil), kann nach Ansicht Brezinkas die Leistungssteigerung mit dieser Gesetzesaussage erklärt werden. In einer Fussnote räumt Brezinka ein, dass nicht selten mehrere Gesetzeshypothesen herangezogen werden müssten und dass unberücksichtigt bleibe, «dass neben der hier vorgenommenen Erklärung eventuell auch noch andere Erklärungen möglich sind».[7]

Zielsetzung: Jugendliche zu einer Gruppe zusammenschliessen

- Als Beispiel für die Anwendung von Theorien zur Lösung eines erziehungstechnologischen Problems wählte Brezinka die Zielsetzung, zwei verfeindete Kleingruppen Jugendlicher auszusöhnen und zu einer Gruppe zusammenzuschliessen.

Zu diesem Zweck wird eine sozialpsychologische, empirisch bestätigte Gesetzeshypothese verwendet: Wenn Mitglieder verfeindeter Gruppen in Situationen gemeinsamen Erlebens und Handelns kommen, dann wird gegenseitige Feindseligkeit abgebaut, und es entsteht ein gemeinsames Wir-Erlebnis. Es geht also darum, den Gesetzeshypothesen entsprechende Bedingungen in der Wirklichkeit aufzuspüren oder zu schaffen. In diesem Falle liesse sich das Wir-Gefühl beispielsweise durch eine Teilnahme der beiden Gruppen in einer Mannschaft an einem sportlichen Wettkampf gegen andere Mannschaften arrangieren.

Der Ausgangspunkt einer technologischen Fragestellung ist der bezweckte Zustand oder das Ereignis; die technologischen Fragen beziehen sich auf die geeigneten Mittel, um gesetzte Zwecke verwirklichen zu können. Die Entscheidung, was bezweckt wird, setzt Werturteile voraus, die aber nicht in das erziehungstechnologische Satzsystem aufgenommen werden.[8]

Wolfgang Brezinkas Bedeutung

Brezinkas Leistungen liegen zweifellos in seinem Eintreten für wissenschaftliche Klarheit und der damit verbundenen Aufwertung des Wissenschaftscharakters der Pädagogik. Seine Kritik an einer spekulativen Pädagogik mit ihrem unklaren, mehrdeutigen, vagen und emotiven Sprachgebrauch war notwendig. Seine Forderungen nach möglichst hohem Informationsgehalt und Verständlichkeit der erziehungswissenschaftlichen Sprache hatten ihre Berechtigung. Brezinka versuchte, mehrdeutige Wörter wie Erziehung, Bildung oder Sozialisation durch Bedeutungsanalysen, Begriffsexplikationen und Definitionen in klare Begriffe umzuwandeln. So lautet seine möglichst exakte Erziehungsdefinition:

Aufwertung des Wissenschaftscharakters der Pädagogik

Exakte Definitionen

«Unter Erziehung werden soziale Handlungen verstanden, durch die Menschen versuchen, das Gefüge der psychischen Dispositionen anderer Menschen in irgendeiner Hinsicht dauerhaft zu verbessern oder seine als wertvoll beurteilten Komponenten zu erhalten, bzw. die Entstehung von Dispositionen, die als schädlich beurteilt werden, zu verhindern.»[9]

Mit seinem Differenzierungsvorschlag – von der undifferenzierten Pädagogik durch Differenzierung zur Erziehungswissenschaft, zur Philosophie der Pädagogik und zur Praktischen Pädagogik – machte er auf die Problematik einer Verbindung von empirischer Wissenschaft (Sein) und normativer Philosophie (Sollen) in einem wissenschaftlichen Satzsystem aufmerksam.

Brezinkas Differenzierungsvorschlag hat Konsequenzen: Eine Einheit des pädagogischen Wissens (eine pädagogische Gesamttheorie) wird durch das gewählte Wissenschaftskriterium verunmöglicht. Eine Verbindung von Seinserkenntnissen (Gegebenem) und Sollensforderungen (Aufgegebenem) ist lediglich in der nichtwissenschaftlichen Teildisziplin der Praktischen Pädagogik möglich. Mit seinem Abgrenzungsvorschlag ernannte sich Brezinka zum allein zuständigen «Einlasskontrolleur» für das Gebiet der wissenschaftlichen Pädagogik. Seine Vorgehensweise, alle anderen pädagogischen Ansätze (von der Pädagogischen Anthropologie bis zur Kritisch-emanzipatorischen Pädagogik) mit der Etikette «ausserwissenschaftliche Denkmöglichkeiten» zu ver-

Verbindung von Sein und Sollen nur in nichtwissenschaftlicher Disziplin möglich

sehen, machte ihn zum «Elefanten im (pädagogischen) Porzellanladen» – oder in seinen eigenen Worten: «Leider bin ich jedoch in den Strudel einer metatheoretischen Lawine geraten, die ich selbst ausgelöst hatte mit meiner einfachen Forderung, Qualitätskriterien, die in allen empirischen Wissenschaften als selbstverständlich anerkannt werden, auch in der Erziehungswissenschaft anzuwenden.»[10]

Das analytisch-empirische Wissenschaftsverständnis führte dazu, dass nur noch wenige Fachleute aus dem Gebiet der Erziehungswissenschaft bereit waren, sich mit so genannt unwissenschaftlichen, rein subjektiven und beliebigen Fragen philosophischer oder praktischer Art auseinanderzusetzen.

Die Konsequenzen für den Auftrag der Schule

Schön wär's, wenn für jedes erzieherische und unterrichtliche Problem empirisch gesicherte erziehungswissenschaftliche Handlungsanweisungen zur Verfügung stehen würden, denken sicher viele von Zweifeln und Unsicherheiten geplagte Pädagoginnen und Pädagogen. Das Bedürfnis nach Lösungen technologischer Art – nach pädagogischen «Rezepten» – ist angesichts der auftretenden Schwierigkeiten im unterrichtlichen und erzieherischen Bereich verständlich. (Dass eine «How-to-do-» oder «How-to-be-» Literatur in einer Zeit immer komplexer werdender Probleme generell ein attraktives Angebot darstellt, versteht sich dabei von selbst.)

Bedürfnis nach pädagogischen Rezepten

> **Ein alter Wunsch:**
> «Denn wenn wir die gehörige Anzahl richtig angestellter pädagogischer Beobachtungen und zuverlässiger Erfahrungen hätten: so könnten wir ein richtiges und vollständiges System der Pädagogik schreiben…; und wenn wir das System geschrieben hätten, so könnten wir die öffentliche Erziehung und den Schulunterricht auf einen solchen Fuss setzen, dass nichts daran zu ändern und zu bessern übrig bliebe.»
> Ernst Christian Trapp, 1780

Ein neuer Versuch – 200 Jahre später:
Veranschaulichung der Erzieherfrage: «Habe ich Vertrauen in die Situation?»

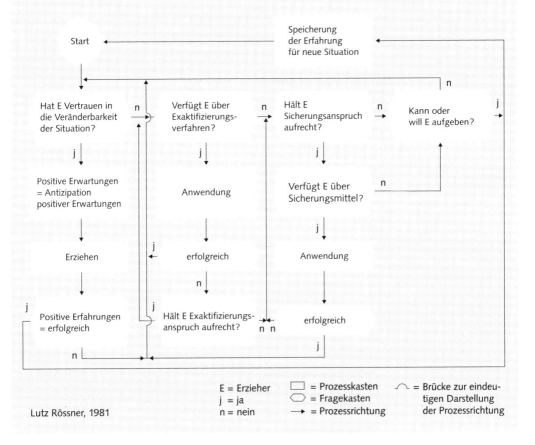

Lutz Rössner, 1981

Die zur geistigen Situation der Zeit und zur analytisch-empirischen Wissenschaftsauffassung passende Tendenz zur Zurückhaltung bei Normfragen innerhalb der Erziehungstheorie hatte für die Schulpädagogik und die Schule direkte Konsequenzen: Nicht nur die Erziehungswissenschaftler zogen sich im «Zeitalter der Wissenschaften» auf mehr Prestige versprechende und risikolosere «wissenschaftliche Bastionen» zurück. Viele Lehrerinnen und Lehrer legten den Akzent ihrer Arbeit auf den Lehrauftrag. Erzieherische Aufgaben wurden in Frage gestellt

Akzent auf dem Lehrauftrag

oder ganz ausgeklammert. Die Haltung «Wie komme ich dazu, Kinder und Jugendliche fremder Leute zu erziehen?» fand mehr Anhänger.

Das entstandene Vakuum im erzieherischen Bereich wurde Ende der 1960er-Jahre durch die Kritisch-emanzipatorische Pädagogik und ab Mitte der 1970er-Jahre durch die Humanistische Psychologie sowie eine vielgestaltige neokonservative Erziehungsbewegung ausgefüllt.

Fazit: Grössere Exaktheit, aber...

Brezinkas Schritt von der Pädagogik zur Erziehungswissenschaft hat ihren Preis: Die Antworten auf die offenen Fragen (Bollnows Ansatz der Pädagogischen Anthropologie) führen zu einer versprochenen, aber nicht eingelösten Effektivität im erzieherischen und unterrichtlichen Bereich. Die idealistischen Erwartungen eines unbezweifelbaren, auf sicherem Wissen aufgebauten erziehungswissenschaftlichen Fundaments und die Vorstellung, dass mit technischem Know-how praktische Fragen mit grösstmöglicher Effizienz gelöst werden könnten, haben sich als Illusionen erwiesen.

Unerfüllte Hoffnungen

> «Die Ideale der Exaktheit, der Präzision und der Effizienz stehen im Vordergrund, wenn es darauf ankommt, die Rationalität von Methoden und Resultaten aller Art zu beurteilen, und Mathematisierung, Quantifizierung und Formalisierung scheinen die hervorstechendsten Merkmale jedes Fortschritts zu sein, der dieser Idee der Rationalität entspricht.»
> Hans Albert

Eine Erziehungswissenschaft im Sinne Brezinkas versucht, mit einem Theorienetz die erzieherischen und unterrichtlichen Phänomene einzufangen, zu erklären, zu rationalisieren, zu beherrschen. Damit dies gelingen kann, muss sich die Erziehungswissenschaft stark beschränken. Sie ist nicht mehr «für alle Fragen zuständig, die die Menschen sich im Zusammenhang mit Erziehung stellen».[11]

Gemäss Herwig BLANKERTZ hat die Pädagogik durch ihre inhaltliche Wandlung von einer Geisteswissenschaft zu einer Sozialwissenschaft sowie durch den methodologischen Übergang von einer interpretierenden zu einer konstruierenden Disziplin Verluste in Kauf zu nehmen. In Anlehnung an den von Horkheimer und Adorno beschriebenen Prozess der Dialektik der Aufklärung diagnostiziert Blankertz, dass die Erziehungswissenschaft in technologischer Entfaltung dazu tendiert, das eigene Motiv zu verlieren. Er fordert deshalb, dass die Pädagogik um ihrer kritischen Funktion willen an die Überlieferung von Philosophie und Umgangsweisheit gebunden sein muss.[12]

Der Philosoph Wittgenstein schrieb in den 1920er-Jahren zur Problematik der beschränkten wissenschaftlichen Aussagemöglichkeiten: «Wir fühlen, dass selbst, wenn alle möglichen wissenschaftlichen Fragen beantwortet sind, unsere Lebensfragen noch gar nicht berührt sind.»[13]

Beschränkung als Problem

Aktuelle Normalisierung der Erwartungshaltung

In ihrem Rückblick auf die Theorien der Erziehungswissenschaft im 20. Jahrhundert diagnostizieren Dietrich BENNER und Friedhelm BRÜGGEN eine Normalisierung der Erwartungen an eine empirische Erziehungswissenschaft. Der empirische erziehungswissenschaftliche Ansatz ist seit den späten 1970er-Jahren von der übersteigerten eigenen und fremden Erwartung befreit, die gesamte Bildungsreform empirisch absichern zu sollen. Zur aktuellen Normalität empirischer Forschung in der Erziehungswissenschaft gehören spezifische Untersuchungen zu Bereichen wie Verlässlichkeit der Leistungsmessung, Wandel von Einstellungen oder Verlauf von Lehr-Lern- und Sozialisationsprozessen in unterschiedlichen pädagogischen Handlungsbereichen. Selbstverständlich sind auch internationale schulsystemvergleichend angelegte Forschungen zur Effektivität schulischen Lehrens und Lernens (wie beispielsweise die TIMMS-Studie oder das Projekt PISA). Zum Normalisierungsprozess der empirischen erziehungswissenschaftlichen Erwartungen gehört auch das Wissen, dass empirische Forschungsresultate mehrfach interpretationsbedürftig sind: erziehungs- und bildungstheoretisch, schultheoretisch und bildungspolitisch.[14]

Befreiung von übersteigerten eigenen und fremden Erwartungen

Auch Walter HERZOG fasst die Entwicklungen innerhalb der Erziehungswissenschaft als Normalisierung der Disziplin zusammen. Für ihn zeigt sich diese Normalisierung daran, dass die metatheoretischen Kontroversen an Bedeutung verloren haben, die Disziplin zu einer undogmatischen empirischen Forschung gefunden hat und die Emanzipation von der Philosophie unaufgeregt zu Ende geführt worden ist. Obschon die Stabilität der Disziplin noch nicht besonders gross ist und sich Skeptiker immer wieder zu Wort melden, deuten die Zeichen darauf hin, dass sich die Pädagogik endlich als moderne Wissenschaft versteht.[15]

Aktuelle Varianten und Funktionen erziehungswissenschaftlicher Forschung

Weitgehend unbestritten ist auch, dass die Erziehungswissenschaft kein geschlossenes Fach bildet. Gemäss Jürgen OELKERS besteht sie aus einem multiplen Ensemble mit den drei Kernen Empirie, Theorie und Geschichte.[16] Erziehungswissenschaftliche Forschung umfasst demzufolge die hauptsächlichen Varianten Empirie (wertfreie Analyse von Wirklichkeiten der Erziehung und Bildung), Theorie (Erziehungsphilosophie in praktisch-normativer Absicht) und Geschichte (historische Kontextualisierung pädagogischer Aussagen).[17] In Bezug auf eine empirische Erziehungswissenschaft lautet das optimistische Fazit von Oelkers, dass die empirische Forschung ihre Funktion im Feld gefunden hat; die Philosophie der Erziehung nicht einfach mehr Legitimation mit grossen Figuren, sondern Auseinandersetzung mit öffentlichen Problemen ist; die Geschichte der Pädagogik sich von der Idee, ihr Kanon könne jene Werte der Erziehung und Bildung bereitstellen, die sich in der Gegenwart nicht finden lassen, verabschiedet hat.[18] Es herrscht weitgehend Konsens, dass die Alternative zu empirischer Erziehungswissenschaft nicht in einem geisteswissenschaftlichen Zugang zur Erziehungswirklichkeit liegt, sondern darin, dass sich die empirische Erziehungswissenschaft ihrer normativen Implikationen bewusst ist und in die Untersuchungen einbezieht.[19]

Realistisch-undogmatische und passend-unaufgeregte Einschätzungen in Bezug auf Varianten und Funktionen sowie Chancen und

Grenzen erziehungswissenschaftlicher Forschung sind im Bereich der Pädagogik und ihrer Bezugsdisziplinen von besonderer Bedeutung. Weder eine naive ins Gigantische übersteigerte Wissenschaftsgläubigkeit noch eine polemische auf die Spitze getriebene Wissenschaftskritik hilft in einer durch ein Theorie-Praxis-Minenfeld geprägten Disziplin weiter. Pointiert-provozierende Kritiken wie «Arme Wissenschaft, die mit roten und blauen Pfeilen, Messfühlern, Rechnern und Sonden aus ihrem Kaffeesatz liest» oder «Die Naivität aller Theorien, die letzten Endes nur säkularisierte Versionen der Heilsgeschichte sind»[20] können notorischen Wissenschafts- und Theoriegegnern immer wieder als willkommene Anlässe für sinn- und endlose Neuauflagen eines Theorie-Praxis-Nullsummen-Spiels dienen.

1 BREZINKA: *Rückblick auf 50 Jahre erlebte Pädagogik*, in: *Pädagogische Rundschau*, 1994, S. 641
2 BREZINKA: *Rückblick auf 50 Jahre erlebte Pädagogik*, S. 646
3 BREZINKA: *Die Krise der wissenschaftlichen Pädagogik*, in: *Zeitschrift für Pädagogik*, 1966, S. 88
4 FRISCH: *Homo Faber*, 1957, S. 132
5 POPPER: *Das Elend des Historizismus*, 1987 (7. Auflage), S. 52
6 BREZINKA: *Von der Pädagogik zur Erziehungswissenschaft*, 1971, S. 7
7 BREZINKA: *Metatheorie der Erziehung*, 1978, S. 155
8 BREZINKA: *Metatheorie der Erziehung*, S. 162, 163
9 BREZINKA: *Erziehungsziele – Erziehungsmittel – Erziehungserfolg*, 1981 (2. Auflage), S. 106
10 BREZINKA: *Rückblick auf 50 Jahre erlebte Pädagogik*, S. 645
11 BREZINKA: *Metatheorie der Erziehung*, 1978, S. 26
12 BLANKERTZ: *Die Geschichte der Pädagogik*, 1982, S. 305–307
13 WITTGENSTEIN: *Tractatus logico-philosophicus*, 1969, S. 82
14 vgl. BENNER/BRÜGGEN: *Theorien der Erziehungswissenschaft im 20. Jahrhundert*, 2000, S. 252, 253
15 vgl. HERZOG: *Pädagogik und Psychologie*, 2005, S. 187
16 vgl. OELKERS: *Zwischen Profession und Disziplin*, 2002, S. 304
17 vgl. OELKERS: *Zwischen Profession und Disziplin*, S. 295
18 vgl. OELKERS: *Zwischen Profession und Disziplin*, S. 306, 307
19 vgl. BENNER: *Orientierung Erziehungswissenschaft*, 1999, S. 131–135
20 ENZENSBERGER: *Die Elixiere der Wissenschaft*, 2004, S. 129, 135

4 Kritische Erziehungswissenschaft

«Das Individuum, würde ich sagen, überlebt heute nur
als Kraftzentrum des Widerstandes.»

Theodor W. Adorno

In diesem Kapitel stehen nicht Adornos philosophische oder soziologische Ausführungen im Mittelpunkt, sondern seine pädagogischen Anliegen. Adorno, der vor allem als Philosoph und Soziologe Weltruhm erlangte, beschäftigte sich neben Psychologie, Musik, Kunst und Literatur vor allem gegen Ende seines Lebens auch intensiv mit pädagogischen Fragen; seine letzten Worte – und Anliegen – waren pädagogische.

Theodor W. Adorno, der 1903 in Frankfurt geboren wurde und 1969 starb, ist einer der Hauptvertreter der «Kritischen Theorie» (auch «Frankfurter Schule» genannt). Zu Beginn der 1930er-Jahre bildete sich im Rahmen des Frankfurter Instituts für Sozialforschung um den Philosophen Horkheimer herum eine Gruppe von Philosophen, Psychologen, Soziologen, Ökonomen und Kulturtheoretikern. Neben Horkheimer – dem «spiritus rector» der Gruppe – gehörten unter anderen Adorno, Marcuse, Fromm zu dieser Gruppe. Nach den durch die politischen Ereignisse erzwungenen Emigrationsjahren konnten die Gruppenmitglieder erst 1950 nach Frankfurt zurückkehren; in dieser Zeit wurde die Fremdbezeichnung «Frankfurter Schule» geprägt.

Frankfurter Schule

Aus einer Reihe von Schülern ragt ein Name hervor: Jürgen Habermas. Der ehemalige Assistent des Instituts für Sozialforschung wurde zum bedeutendsten Vertreter einer zweiten Generation der Frankfurter Schule.

Die Kritische Theorie als Grundlage

Die Entwicklung der Kritischen Theorie kann in drei Phasen unterteilt werden:

- In einer ersten Phase wird das Selbstverständnis einer kritischen Theorie der Gesellschaft in Abgrenzung zur traditionellen Theorie bestimmt: Im Gegensatz zum traditionellen Theorieverständnis sollen der soziale Entstehungszusammenhang von Problemen, die realen Situationen, in denen die Wissenschaft gebraucht wird, und die Zweckbestimmung integriert werden. Kritische Theorie soll sich nicht mit einer bloss empirischen Erforschung der Wirklichkeit zufrieden geben, sondern sie soll als praktische Wissenschaft in die gesellschaftlichen Auseinandersetzungen eingreifen. Nicht blosse Wissensvermittlung, sondern «die Emanzipation des Menschen aus versklavenden Verhältnissen» ist die Zielsetzung. Mit dem kritischen Ansatz eng verknüpft ist das «Interesse an der Aufhebung gesellschaftlichen Unrechts».

«Emanzipation des Menschen aus versklavenden Verhältnissen»

■ Als zweite Phase der Kritischen Theorie kann der Wechsel zu einer radikaleren Position angesichts der politischen Entwicklungen im faschistischen Deutschland bezeichnet werden: Mit der während der letzten Jahre des Zweiten Weltkrieges im amerikanischen Exil verfassten *Dialektik der Aufklärung* hatten sich Horkheimer und Adorno das hoch gesteckte Ziel gesetzt, die Erkenntnis zu gewinnen, «warum die Menschheit, anstatt in einen wahrhaft menschlichen Zustand einzutreten, in eine neue Art von Barbarei versinkt».[1]

Dialektik der Aufklärung

Die beiden Autoren wollten mit ihrem philosophischen Fragment aufzeigen, wie die Aufklärung ihr eigenes Motiv zerstört hatte. Das Ziel der Aufklärung war es, durch eine Entzauberung der Welt den Menschen die Furcht zu nehmen. Mythen sollten durch Erklärungen ersetzt werden, und der den Aberglauben besiegende Verstand sollte über die entzauberte Natur gebieten können.

Die Beherrschung der Welt durch ihre Entzauberung aber hatte ihren Preis:

«Der Mythos geht in die Aufklärung über und die Natur in blosse Objektivität. Die Menschen bezahlen die Vermehrung ihrer Macht mit der Entfremdung von dem, worüber sie die Macht ausüben.»[2]

Die Aufklärung begann sich zu den Dingen so zu verhalten wie ein Diktator zu den Menschen. Der Prozess der Weltbeherrschung war unteilbar verbunden mit der Menschenbeherrschung. Mit der Instrumentalisierung der Natur erfolgte die Verdinglichung des Menschen. Einerseits gingen Mythen in Aufklärung über, andererseits verstrickte sich die Aufklärung mit jedem weiteren Schritt tiefer in der Mythologie. Das haben Horkheimer und Adorno in der berühmt gewordenen Doppelthese ausgedrückt:

Von der Instrumentalisierung der Natur zur Verdinglichung des Menschen

«… schon der Mythos ist Aufklärung, und: Aufklärung schlägt in Mythologie zurück.»[3]

«Der Schlaf der Vernunft gebiert Ungeheuer»

Der radikale und negative Charakter der «Dialektik der Aufklärung» ist verständlich als ein «Reflex» auf die zerstörte gesellschaftliche Wirklichkeit, wie sie der nationalsozialistische Terror und der Zweite Weltkrieg hinterlassen hatten.
- Die dritte Phase umfasst die Fortführung und Rekonstruktion des Erbes der Kritischen Theorie durch Habermas. Mit seiner «Theorie des kommunikativen Handelns» unternahm er einen Versuch der Überwindung der ausweglos erscheinenden Situation der «Dialektik der Aufklärung» durch eine kommunikative Vernunft.

Theorie des kommunikativen Handelns

«In den Ansatz der empirisch-analytischen Wissenschaften geht ein technisches, in den Ansatz der historisch-hermeneutischen Wissenschaft ein praktisches und in den Ansatz kritisch orientierter Wissenschaften jenes emanzipatorische Erkenntnisinteresse ein, das schon den traditionellen Theorien uneingestanden, wie wir sahen, zugrunde lag.»
Jürgen Habermas

«Halbbildung»: Der Todfeind der Bildung

Bildung ist zur Halbbildung verkommen

In seiner Ende der 1950er-Jahre geschriebenen *Theorie der Halbbildung* ging Adorno von der These aus, dass Bildung zur sozialisierten Halbbildung verkommen sei. Mit Halbbildung ist nicht eine Stufe zwischen einer durch Naivität sowie Nichtwissen geprägten Unbildung und Bildung gemeint, sondern:

«… die Verbreitung von Geistigem ohne lebendige Beziehung zu lebendigen Subjekten, nivelliert auf Anschauungen, die herrschenden Interessen sich anpassen».[4]

In der Halbbildung ist das kritische Bewusstsein verkrüppelt; Halbbildung ist barbarisch antiintellektuell. Die Halbgebildeten haben das Gefühl, «au courant» zu sein; ihre Haltung ist die des Dazu-Gehörens, Verfügens, Mitredens, Sich-Gebärdens als Fachleute. Für Adorno ist diese Halbbildung zur vorherrschenden Form des Bewusstseins geworden.

Wie lässt sich die Halbbildung verhindern?

Wie aber lässt sich diese Halbbildung, die ja nicht eine Vorstufe der Bildung, sondern ihr Todfeind ist, verhindern? Einerseits durch die kritische Selbstreflexion der Halbbildung, andererseits durch die Pflege der dafür notwendigen *Bildung*.

Bildung unterliegt der Dialektik von Freiheit und Unfreiheit; sie lässt sich nicht einfach erwerben, weil Erwerb und schlechter Besitz eins werden.

«Bildung ist …»

«Denn Bildung ist eben das, wofür es keine richtigen Bräuche gibt; sie ist zu erwerben nur durch spontane Anstrengung und Interesse, nicht garantiert allein durch Kurse, und wären es auch solche vom Typus des Studium generale. Ja, in Wahrheit fällt sie nicht einmal Anstrengungen zu, sondern der Aufgeschlossenheit, der Fähigkeit, überhaupt etwas Geistiges an sich herankommen zu lassen und es produktiv ins eigene Bewusstsein aufzunehmen, anstatt, wie ein unerträgliches Cliché lautet, damit, bloss lernend, sich auseinanderzusetzen. Fürchtete ich nicht das Missverständnis der Sentimentalität, so würde ich sagen, zur Bildung bedürfe es der Liebe; der Defekt ist wohl einer der Liebesfähigkeit.»[5]

Den im Bildungswesen Tätigen wird eine schwierige Doppelaufgabe gestellt: Durch eine Stärkung der Selbstreflexionsfähigkeit der Schülerinnen und Schüler soll der Halbbildung entgegengewirkt werden, und mit gelungenen wirklichen Bildungsprozessen soll der Bildungsauftrag erfüllt werden. Diese Aufgabe ist deshalb eine sehr schwierige, weil es darum geht, an Bildung festzuhalten, nachdem gemäss Adorno die Gesellschaft ihr die Basis entzogen hat.

Zudem ist eine an alle gerichtete Warnung zu bedenken:

«Eitel aber wäre auch die Einbildung, irgend jemand – und damit meint man immer sich selber – wäre von der Tendenz zur sozialisierten Halbbildung ausgenommen.»[6]

Stärkung der Selbstreflexionsfähigkeit

«Die Forderung, dass Auschwitz nicht noch einmal sei ...»

Als Fundamentalprinzip jeglicher Erziehung forderte Adorno in seinem im April 1966 gesendeten Vortrag im Hessischen Rundfunk:

«Die Forderung, dass Auschwitz nicht noch einmal sei, ist die allererste an Erziehung. Sie geht so sehr jeglicher anderen voran, dass ich weder glaube, sie begründen zu müssen noch zu sollen.»[7]

Autonomie als Gegenkraft

Gegen das Auschwitz-Prinzip gibt es nur eine einzige wahrhafte Kraft: die Autonomie – die Kraft zur Reflexion, zur Selbstbestimmung, zum Nicht-Mitmachen.

Eine Erziehung zu kritischer Selbstreflexion muss der Besinnungslosigkeit entgegenarbeiten. Weil die nationalsozialistische Vergangenheit nicht aufgearbeitet, sondern verleugnet, verkleinert oder verdrängt wurde, fordert Adorno eine dem Vergessen entgegenarbeitende Aufklärung über das Geschehen, Kenntnisse der unverwüstlichen Propagandatricks – eine Art Schutzimpfung – und eine Wendung aufs Subjekt – eine Stärkung des Selbst und des Selbstbewusstseins.

«Propaganda-Schutzimpfung»

Angesichts existierender Barbarei (Rückfälle in primitive physische Gewalt) postuliert er eine Erziehung zur Entbarbarisierung: Das Erziehungssystem soll die Heranwachsenden mit einer Abscheu vor physischer Gewalt «durchtränken».

Erziehung zur Mündigkeit

In einem 1969 gesendeten Radiogespräch skizzierte Adorno die Perspektive einer Erziehung zur Mündigkeit. Er ging davon aus, dass in der pädagogischen Literatur eine Erziehung zur Unmündigkeit weiterhin dominierend sei. Mündigkeit verstand Adorno aber explizit *nicht*, wie ihm fälschlicherweise oft vorgeworfen wurde und wird, als ein Aufmucken gegen jede Art von Autorität – eine «Erziehung zum Ungehorsam»:

Autoritätsmissbrauch

«Das Moment der Autorität ist, meine ich, als ein genetisches Moment von dem Prozess der Mündigwerdung vorausgesetzt. Das aber wiederum darf um keinen Preis dazu missbraucht werden, nun diese Stufe zu verherrlichen und festzuhalten, sondern wenn es dabei bleibt, dann resultieren nicht nur psychologische Verkrüppelungen, sondern eben jene Phänomene der Unmündigkeit im Sinn der synthetischen Verdummung, die wir heute an allen Ecken und Enden zu konstatieren haben.»[8]

Ist eine Erziehung zur Mündigkeit in einer von Halbbildung beherrschten Gesellschaft überhaupt möglich?

Die einzig wirkliche Konkretisierung der Mündigkeit besteht nach Adornos Ansicht darin, «dass die paar Menschen, die dazu gesonnen sind, mit aller Energie darauf hinwirken, dass die Erziehung eine Erziehung zum Widerspruch und zum Widerstand ist».[9]

Erziehung zum Widerspruch

Durch ein «Madigmachen» des Kitschigen, Schnulzigen und Verlogenen soll der Schleier einer falschen «heilen Welt» zerrissen und die Herstellung eines richtigen Bewusstseins ermöglicht werden. Im Radiogespräch zum Thema «Erziehung zur Mündigkeit» sagte Adorno:

«Jede Epoche bringt die Ausdrücke hervor, die ihr angemessen sind. Und manche dieser Ausdrücke, etwa ‹Schnulze› oder ‹madig machen›, sind sehr gut. Ich würde eine solche Erziehung des ‹Madigmachens› ausserordentlich advozieren.»[10]

Erziehung des Madigmachens

Der Appell an die paar Menschen mit dem «richtigen Bewusstsein» ist nicht unproblematisch. Im selben Gespräch sagte Adorno:

«Das eigentliche Problem von Mündigkeit heute ist, ob und wie man – und wer das ‹man› ist, das ist nun auch schon wieder eine grosse Frage – entgegenwirken kann.»[11]

«Den Stein aufheben, unter dem das Unwesen brütet»

Entlarven, Hinterfragen, Entzaubern

Die Stärke einer an der Kritischen Theorie orientierten Pädagogik liegt darin, herauszufinden, was nicht in Ordnung ist und weshalb. Diesen Auftrag des Aufdeckens, Entlarvens, Hinterfragens und Entzauberns hat Adorno bildlich sehr prägnant ausgedrückt: Der kritische Wissenschaftler will «den Stein aufheben, unter dem das Unwesen brütet».

Erziehung zum Nein-Sagen-Können

Eine Erziehung zum Widerstand, zum Widerspruch und zum Nein-Sagen-Können ist die Konsequenz der allerersten Forderung an Erziehung: dass Auschwitz sich nie mehr wiederhole. Nicht eine selbstverständliche Integration in vorgegebene gesellschaftliche Strukturen von Herrschaftsverhältnissen und Ordnungen ist das anzustrebende Erziehungsziel, sondern die Fähigkeiten, gesellschaftliche Gegebenheiten kritisch nach Fehlern zu analysieren, Traditionen zu hinterfragen und gegebenenfalls verändern zu können. Kritisch-emanzipatorische Erziehung ist eine Erziehung zum Widerstand gegenüber Unmündigkeit verursachenden Faktoren. Es geht darum, die gesellschaftlich bedingte Beschädigung des Menschen rückgängig zu machen. Die junge Generation soll nicht primär in Vorgegebenes eingefügt werden, sondern sie soll Selbstbestimmung realisieren können. In einer so verstandenen Erziehung stellen Konflikte, Kritik, Unabhängigkeit, Kreativität und der Wille zum politischen Handeln grundlegende Forderungen dar.

Zielorientierungen kritisch-emanzipatorischer Erziehung

- Widerspruch und Widerstand statt Konformität
- Konfliktfördernde statt konfliktvermeidende Erziehungspraxis
- Kritische Rationalität statt gesellschaftlichen Interessen dienende Irrationalität
- Ideologiekritische Aufklärung statt falsches Bewusstsein
- Selbst- und Mitbestimmung statt Fremdbestimmung
- Gesellschaftliche Veränderungen statt Reproduktion des Bestehenden
- Chancengleichheit statt Klassifizierung und Kanalisierung
- Kooperation und Solidarität statt Rivalität

«Für die Erziehungswissenschaft konstitutiv ist das Prinzip, das besagt, dass Erziehung und Bildung ihren Zweck in der Mündigkeit des Subjekts haben, dem korrespondiert, dass das erkenntnisleitende Interesse der Erziehungswissenschaft das Interesse an Emanzipation ist.»

Klaus Mollenhauer

«Doppelgänger» kritisch-emanzipatorischer Pädagogik

Währenddem liberale Vertreter des kritisch-emanzipatorischen pädagogischen Ansatzes im Sinne Adornos eine Mündigkeitserziehung ausdrücklich nicht als Aufmucken gegen jede Art von Autorität verstanden, forderten radikalere Vertreter ausdrücklich ein Aufmucken gegen jede Art von Autorität – eine «Erziehung zum Ungehorsam». Am Rande entstanden «Doppelgänger» kritisch-emanzipatorischer Pädagogik, die sich durch Vereinfachungen, Verabsolutierungen und Extremisierungen weit vom eigentlichen theoretischen Kern der Kritischen Theorie entfernt hatten.

Erziehung zum Ungehorsam

> «Emanzipation als Ziel von politischem Lernen heisst, die jungen Menschen in die Lage zu versetzen, die vorgegebenen gesellschaftlichen Normen entweder frei und selbstverantwortlich anzuerkennen oder sich gegebenenfalls für andere zu entscheiden.»
> Richtlinien für den politischen Unterricht Nordrhein-Westfalen, 1973

Auf die Gefährlichkeit absolutistischer Entweder-Oder-Ansichten wies Adorno 1967 in einem Gespräch, das um die Frage «Erziehung – wozu?» kreiste, mit aller Deutlichkeit hin:

Anpassung und Widerstand

«Erziehung wäre ohnmächtig und ideologisch, wenn sie das Anpassungsziel ignorierte und die Menschen nicht darauf vorbereitete, in der Welt sich zurechtzufinden. Sie ist aber genauso fragwürdig, wenn sie dabei stehenbleibt und nichts anderes als ‹well adjusted people› produziert, wodurch sich der bestehende Zustand, und zwar gerade in seinem Schlechten, erst recht durchsetzt.»[12]

Adornos traurige Aktualität

In der Zeit einer erneuten Barbarisierungswelle, in der (gewissermassen als Spitze eines Eisberges) Bands mit Namen wie «Endsieg», «Volkszorn» oder «Radikahl» vor begeisterten Konzertbesuchern singen «Für mich gilt es auch noch heut: Rasse, Stolz und Hakenkreuz», in einer Zeit, in der «Nazi-Rock» alle politischen und ethischen Tabus bricht und in der sich eine rechtsradikale Jugendkultur formiert und etabliert, erscheint mir die Wiederholung von Adornos Fundamentalprinzip jeglicher Erziehung das Wichtigste:

«Jede Debatte über Erziehungsziele ist nichtig und gleichgültig diesem einen gegenüber, dass Auschwitz nicht sich wiederhole.»[13]

Aktuell veränderte Moderne

In seinem Buch *Liquid Modernity* beschreibt Zygmunt BAUMANN die aktuelle Zeit als eine individualisierte und privatisierte Form der Moderne, in der jeder Mensch für sich das soziale Gewebe in eigener Verantwortung in Heimarbeit herstellen muss. Diese flüchtige Moderne unterscheidet sich stark von der Moderne aus der Ära der Kritischen Theorie. Die traditionelle Moderne wirkt solide (im Unterschied zur fluiden, flüchtigen oder flüssigen Moderne), kondensiert (im Gegensatz zu diffus oder kapillar), systemisch (im Unterschied zu netzwerkartig). Für die solid-kondensiert-systematische Moderne aus der Ära der Kritischen Theorie bildeten Phänomene wie Vielfalt, Ambiguität oder Eigensinn Anomalien, die es zu bekämpfen galt. Ihre Vertreter gingen davon aus, dass die Hauptanliegen der

Fluide, flüchtige, flüssige Moderne

Kritischen Theorie (nämlich Verteidigung von Autonomie und Wahlfreiheit) die wesentlichen Opfer dieser als problematisch eingeschätzten Entwicklungen sein würden.[14]

Aktuelles Interesse kritischer Pädagogik

Im 1997 erschienenen Handbuch *Kritische Pädagogik* begründen die Herausgeber, warum sie zu diesem Zeitpunkt ein Grundlagenbuch einer kritischen Wissenschaft der Bildung und Erziehung herausgeben: Der Zustand der Erziehungs- und Bildungswissenschaft ist durch einen Verlust ihrer wissenschaftlichen Kritikfähigkeit gegenüber der Gesellschaft und durch einen Verlust ihrer gesellschaftspolitischen Verantwortung geprägt und das Wort Kritik ist immer stärker zu einer abgegriffenen, nichts sagenden Vokabel geworden. Kritisiert wird zudem, dass ein politischer Konservatismus die pädagogische Theorieszene prägt, was sich in schleichenden semantischen Veränderungen der Diskurse zeigt: Aus sozialen Widersprüchen werden Paradoxien; Klasse und Schicht lösen sich in pluralisierte Lebenslagen auf; die Vokabel vom individualisierten Lebensstil verzaubert die hässliche Welt der Konkurrenz in ein abenteuerliches Unternehmen.

Kritik als geistig-intellektuelles Widerstandspotenzial

Angesichts dieser Entwicklungen lautet die Forderung, dass Kritik als ein geistig-intellektuelles Widerstandspotenzial in einer unmündigen Gesellschaft wahrgenommen wird. Kritik darf nicht nur als eine Frage der formalen Logik missverstanden werden, sondern als eine Frage des gesellschaftlichen Ausgangspunktes und der Intentionen, die mit dieser Kritik verwirklicht werden sollen. Ihr Massstab in der Pädagogik ist die höchstmögliche Mündigkeit der Menschen, die sich in Bildungs- und Erziehungsprozessen befinden sowie die emanzipative Veränderung der Gesellschaft vor dem Hintergrund wachsender globaler Herausforderungen (wie ökonomische Ungleichheit, ökologische Krise, Migration, Gewalt in den Geschlechterverhältnissen, Militär- und Waffenpotenziale).

Aus einer kritischen Perspektive ist entscheidend, dass erziehungswissenschaftliche Theorien, Modellvorstellungen, Methoden und pädagogische Einsichten permanent auf ihre Legitimationsbasis überprüft werden: Welche gesellschaftlichen Interessen prägen Fragen der

Bildung und Erziehung? Welche Gruppierungen der Gesellschaft nehmen Einfluss sowohl auf pädagogische Theorie als auch auf das Arrangement der Erziehungswirklichkeit? Kritisch zu verfahren bedeutet auch zu bestimmen, welche Aspekte, welche Dimensionen, welche Inhalte in pädagogischen und erziehungswissenschaftlichen Diskursen ausgeklammert werden.[15]

Kritisch zu verfahren bedeutet...

Zur Frage der Aktualität der Kritischen Pädagogik sagte Paulo FREIRE, der durch seine in den 1970er-Jahren veröffentlichten Bestseller *Pädagogik der Unterdrückten* und *Erziehung als Praxis der Freiheit* weltberühmt wurde, kurz vor seinem Tode 1997: «Solange ich Präsenz in der Geschichte und in der Welt bin, kämpfe ich voller Hoffnung für den Traum, für die Utopie, für die Hoffnung in der Perspektive einer Kritischen Pädagogik. Dies ist kein leerer, kein vergeblicher Kampf.»[16]

«In the present circumstances I'd say
that the only thing worth globalizing is dissent.»
Arundhati Roy, 2001

1   HORKHEIMER/ADORNO: *Dialektik der Aufklärung*, 1971, S.1
2   HORKHEIMER/ADORNO: *Dialektik der Aufklärung*, S.12
3   HORKHEIMER/ADORNO: *Dialektik der Aufklärung*, S.5
4   ADORNO: *Soziologische Schriften I*, 1979, S.576
5   ADORNO: *Erziehung zur Mündigkeit*, 1971, S.40
6   ADORNO: *Soziologische Schriften I*, S.120
7   ADORNO: *Erziehung zur Mündigkeit*, S.88
8   ADORNO: *Erziehung zur Mündigkeit*, S.140
9   ADORNO: *Erziehung zur Mündigkeit*, S.145
10 ADORNO: *Erziehung zur Mündigkeit*, S.146
11 ADORNO: *Erziehung zur Mündigkeit*, S.144
12 ADORNO: *Erziehung zur Mündigkeit*, S.109
13 ADORNO: *Erziehung zur Mündigkeit*, S.88
14 vgl. BAUMANN: *Flüchtige Moderne*, 2003, S.35, 36
15 BERNHARD/ROTHERMEL: *Handbuch Kritische Pädagogik*, 1997, S.11–17
16 FREIRE: *Erziehung und Hoffnung*, 1997, S.10

5 Pädagogik des Neokonservatismus

«Wir wenden uns gegen den Irrtum,
die Tugenden des Fleisses, der Disziplin und der Ordnung
seien pädagogisch obsolet geworden...»

Hermann Lübbe Christa Meves Wolfgang Brezinka

Bewegung «Mut zur Erziehung»

In diesem Kapitel steht nicht nur eine bestimmte Person im Mittelpunkt. Der breit gefächerte Ansatz der Pädagogik des Neokonservatismus wird im Folgenden anhand zentraler Anliegen des Philosophieprofessors Hermann Lübbe, der Psychologin und Bundesverdienstkreuzträgerin Christa Meves, des ehemaligen bayerischen Kultusminister Hans Maier sowie des bereits im dritten Kapitel vorgestellten Wolfgang Brezinka skizziert.

<small>Breit gefächerter Ansatz</small>

Der 1926 geborene Hermann Lübbe, der bekannteste Vertreter dieser pädagogischen Bewegung, lehrte an den Universitäten Bochum, Bielefeld und von 1971 bis 1991 an der Universität Zürich. Dazwischen war er als Staatssekretär der Landesregierung in Düsseldorf tätig. Mitte der 1970er-Jahre prägte er in entscheidendem Masse eine sich formierende neokonservative Bewegung im deutschsprachigen Raum, die sich durch die Kongresse «Tendenzwende? – Zur geistigen Situation in der Bundesrepublik» und «Mut zur Erziehung» profilierte.

<small>Hermann Lübbe, der bekannteste Vertreter</small>

Was ist Neokonservatismus?

Prägnante «Definitionen» des Neokonservatismus formulierte der Direktor des Institutes für Nachrichtenverarbeitung und -übertragung der Universität Karlsruhe, Karl Steinbuch, in seiner Schrift *Schluss mit der ideologischen Verwüstung*:

«Neo-konservativ ist Widerstand!... Neo-konservativ ist, wer den Zusammenstoss mit der Realität vorausgesehen hat. Neo-konservativ ist der Widerstand gegen die Verwüstungen durch die Kulturrevolution!»[1]

<small>Widerstand gegen die Verwüstungen der Kulturrevolution</small>

> «Auf diese Weise wurde in der Jugend ein kontakthungriger Typus vorherrschend, der egozentrisch, geltungsbedürftig und verwöhnt, nie gefordert worden war und der zu seinem Playboy-Dasein ein ambivalentes, wenn nicht gar feindliches Verhältnis hat, jedoch sich ohne emotionalisierende Anlässe nur schwer zu Aktivitäten aufraffen kann. Es ist leicht zu begreifen, dass dieser Typ, sei es während der Ausbildung oder im Beruf, systematische Arbeit und disziplinierte Pflichterfüllung ablehnt und sich nur zu Anstrengungen aufzuschwingen bereit ist, wenn es um die emotionalisierende Kritik oder Umwälzung des Bestehenden geht.»
> Heinz-Dietrich Ortlieb

Der Neokonservatismus ist ganz offensichtlich eine Reaktion auf eine Bewegung, die in den Jahren von 1966 bis 1974 mehr Demokratie, mehr Bildung, mehr Lebensqualität und Mut zur Utopie gefordert hatte. Neokonservatives Denken reagiert auf eine durch Schlagwörter wie «Kulturrevolution», «Grenzen des Wachstums», «Unregierbarkeit», «Orientierungskrise» charakterisierte Umbruchsituation.

Habermas bezeichnete den Neokonservatismus als «Ergebnis einer Enttäuschungsverarbeitung», als ein Netz, in das sich Liberale fallen liessen, als sie vor ihrem eigenen Liberalismus Angst bekamen.[2]

Zwei Kongresse als Grundpfeiler des neokonservativen pädagogischen Gedankengebäudes

Kolloquium «Tendenzwende?»

Im November 1974 fand in München das Kolloquium «Tendenzwende? – Zur geistigen Situation in der Bundesrepublik» statt, das durch verschiedene Wissenschaftler des 1970 gegründeten Bundes «Freiheit der Wissenschaften» organisiert wurde. Die Referenten waren Hermann Lübbe, Gerd Albers, Golo Mann, Hans Maier, Robert Spaemann und Ralf Dahrendorf.

Forum «Mut zur Erziehung»

Im Januar 1978 wurde im Wissenschaftszentrum Bonn das Forum «Mut zur Erziehung» veranstaltet: Neben den Referaten von Hermann Lübbe, Robert Spaemann, Kurt Aurin, Nikolaus Lobkowicz, Alexander Schwan und Friedrich Tenbruck gab ein vorbereitender Kreis eine Erklärung in Form von neun Thesen heraus, die die aktuelle bildungspolitische Situation in der Bundesrepublik scharf kritisierte.

> «Die Emanzipationspädagogik aber ist nicht an der Weckung der Kreativität Gesunder orientiert; ihr Modell ist die Psychoanalyse Kranker. Nicht sehen will sie, sondern durchschauen, nicht fragen, sondern ‹hinterfragen›, nicht wissen, sondern besserwissen. Naives Hingegebensein an eine Sache, Begeisterung, die Bedingung jeder Kreativität, ist von vornherein verdächtig.»
> Robert Spaemann

Das Ziel beider Kongresse war es, eine Tendenzwende im kulturpolitischen Bereich einzuleiten. Das Wort Tendenzwende wurde zu einem Schlüsselbegriff der bildungspolitischen Diskussion in der Bundesrepublik – und zu einem missbrauchten Begriff. Nach Ansicht des Verlegers Klett wurde es zu einer jedem gefälligen «Worthure».

Bereits am Münchner Kolloquium hatte Ralf Dahrendorf auf die Problematik dieses Begriffs hingewiesen: «Das Wort Tendenzwende ist irreführend, wenn irgend jemand die Hoffnung haben sollte, dass es eine Möglichkeit gibt, eine sinnvolle Möglichkeit gibt, Entwicklungen, wie sie sich in diesen Jahren und Jahrzehnten abgespielt haben, umzukehren... Eine solche Umkehr führt entweder zur Irrelevanz oder zur falschen Konfrontation.»[3]

Irreführendes Wort «Tendenzwende»

Hans Maiers «Zwischenrufe zur Bildungspolitik»: Disziplinierung, Kultivierung, Zivilisierung

Der für das Erziehungswesen Bayerns zuständige Minister Maier verfolgte mit seinem 1972 veröffentlichten Buch *Zwischenrufe zur Bildungspolitik* eine doppelte Absicht:

- Eintreten für eine Wiedergewinnung der verdrängten erzieherischen Dimension der Schule
- Warnen vor dem Einbrechen neuer Erziehungsideologien

Erzieherisches Vakuum

Weil verschiedene Neuansätze im Bildungswesen (wie Bildungsökonomie, Bewegung «Bürgerrecht auf Bildung», Curriculum-Forschung, Begabungstheorie) gemäss Maier dazu führten, dass die Didaktik ausgedehnt und die Erziehung fast zum Verschwinden gebracht wurde, entstand ein erzieherisches Vakuum. Dieses konnte durch Vertreter gefüllt werden, die die Schule zu einem Instrument sozialistischen Bewusstseins machen wollten.

Angesichts dieser rasch grossen Einfluss gewinnenden Erziehungsideologien fordert Maier eine Wiedergewinnung des Erzieherischen. Mit einfachen Worten soll formuliert werden, welche Erziehungsziele anzustreben sind:

«Selbstbeherrschung, Individualität, gesellige und politische Kultur – kann man heute, im Zeitalter einer anspruchsvollen, pädagogischen Fachsprache, Erziehung noch auf diese einfachen Formeln bringen? Man kann.»[4]

Wenn die Fachwissenschaftler es nicht mehr wagen, sich um Erziehungsfragen zu kümmern, hätten andere den Mut aufzubringen, das Selbstverständliche zu formulieren und zu fordern.

Unter Berufung auf Kant fordert Maier eine Neubesinnung auf eine Erziehung, die die Heranwachsenden diszipliniert, kultiviert und zivilisiert.

Berlin 1967:
Wohnkommune K1

«Summerhill-Kinder»

Hermann Lübbes pädagogische Diagnosen: «Holzwege der Kulturrevolution» und «Mut zur Erziehung»

Währenddem sich am Kongress «Tendenzwende» nur Spaemann ausdrücklich zu schulischen und erzieherischen Fragen äusserte, lag der Schwerpunkt des Forums «Mut zur Erziehung» eindeutig auf dem Schul- und Erziehungsbereich.

Die Initianten des Forums steckten sich sehr hohe Ziele und weckten grosse Erwartungen. Der baden-württembergische Kultusminister Hahn verkündete, man habe «einen völlig neuen Ansatz zur Erziehung herausgearbeitet, der das nächste Jahrzehnt der Bildungspolitik in der Bundesrepublik Deutschland bestimmen» werde. Ausserdem sei «das wahre Wesen der Erziehung neu formuliert und eine der Natur des Menschen entsprechende Erziehung der Vernunft in groben Zügen konzipiert» worden.[5]

Ein völlig neuer Erziehungsansatz

Die sehr viele Diskussionen in Pädagogenkreisen auslösenden neun Thesen, die von einem vorbereitenden Kreis unter der Federführung von Lübbe verfasst wurden, fallen durch ihre einheitliche Form einer Gegenüberstellung von «Irrtümern» und «Wahrheiten» auf.

Über pädagogische «Irrtümer» und «Wahrheiten»

Abrechnung mit einem Gegner

Ein generelles, auffälliges Merkmal der Thesen (und auch der Vorträge) ist der Charakter einer Abrechnung mit einem Gegner, der für die aktuelle, als schlecht empfundene Situation verantwortlich gemacht wird. Lobkowicz nennt es die Irrwege einer ideologischen Missgeburt eines nachweislich gescheiterten Bildungsexperimentes, Spaemann eine Verunsicherungs- und Einschüchterungskampagne einer radikalen Kulturkritikbewegung, Tenbruck eine vielgestaltige, den Bürger entmündigende pädagogische Gegenkultur und Lübbe eine kulturrevolutionäre Tendenz.

Welches sind die pädagogischen Anliegen des Forums «Mut zur Erziehung»?

In Anlehnung an die Struktur der Thesen werden im Folgenden zuerst die «Irrtümer», dann die ihnen gegenübergestellten «Wahrheiten» zusammengefasst.

«Wir wenden uns gegen den Irrtum ...»

Die am Gegner kritisierten pädagogischen Zielsetzungen sind die aus dem Erziehungsziel Emanzipation abgeleiteten Zielsetzungen Mündigkeit, Kritikfähigkeit, Stellen von Glücksansprüchen, Wahrnehmen der eigenen Interessen und die Infragestellung der Tugenden. Warum diese Zielsetzungen auf einem Irrtum beruhen, wird wie folgt begründet:

- Die Mündigkeit, zu der die Schule erziehen soll, liegt nicht im Ideal einer Zukunftsgesellschaft vollkommener Befreiung aus allen herkunftsbedingten Lebensverhältnissen.
- Die Kritikfähigkeit erwächst nicht aus einer politischen Erziehung, die Heranwachsende zum Hinterfragen aller Vorgegebenheiten anhält – und sie damit in die Arme ideologischer Besserwisser treibt.
- Durch das Stellen von Glücksansprüchen kann die Schule die Kinder nicht lehren, glücklich zu werden, weil Glück niemals aus Anspruchserfüllung erwächst, sondern sich im Tun des Richtigen und Rechten einstellt.
- Die Anleitung zur Wahrnehmung der eigenen Interessen der Schüler führt die Heranwachsenden in die Hand derer, die diese Interessen nach ihren eigenen politischen Absichten auszulegen verstehen.

Den emanzipatorischen «Irrtümern» und deren wissenschaftstheoretischen und bildungspolitischen «Verfehlungen» werden die folgenden *Erziehungsschwerpunkte* gegenübergestellt:

«In Wahrheit …»

- Betont wird die Wichtigkeit einer fundamentalen Zustimmung zur Wirklichkeit und die Kraft der Bejahung.
- Hervorgehoben wird der Selbstverständlichkeitscharakter der Erziehung: Erzogensein als ein Menschenrecht und Erziehung als etwas Selbstverständliches und anthropologisch Gegebenes.
- Nachdrücklich wird auf die Wichtigkeit der Tugenden hingewiesen: Die Tugenden des Fleisses, der Disziplin und der Ordnung sollen wieder gross geschrieben werden, weil «diese Tugenden unter allen politischen Umständen» nötig sind – «ihre Nötigkeit ist nicht systemspezifisch, sondern human begründet».[6]

Wichtigkeit der Tugenden

- Eng verwandt mit der Betonung der Tugenden ist die Hervorhebung der Wichtigkeit von Kultur und Überlieferung: Der Aufruf «Mut zur Erziehung» soll den Mut ausdrücken, den es braucht, um neue Wege, von denen die meisten alte und bewährte sind, einzuschlagen.
- Ein wichtiger Orientierungspunkt stellt die Lebenspraxis dar: Angesichts mehrfacher Gefährdungen der Praxis durch die Theorie wird eine verstärkte Orientierung der Theorie an den Möglichkeiten und Realisierbarkeiten der Alltagspraxis gefordert.

«Wir wenden uns gegen den Irrtum, die Schule könne Kinder ‹kritikfähig› machen, indem sie sie dazu erzieht, keine Vorgegebenheiten unbefragt gelten zu lassen.

In Wahrheit treibt die Schule damit die Kinder in die Arme derer, die als ideologische Besserwisser absolute Ansprüche erheben. Denn zum kritischen Widerstand und zur Skepsis gegenüber solchen Verführern ist nur fähig, wer sich durch seine Erziehung mit Vorgegebenheiten in Übereinstimmung befindet.»

«Wir wenden uns gegen den Irrtum, die Schule hätte die Kinder anzuleiten, ‹ihre Interessen wahrzunehmen›.

In Wahrheit gibt die Schule damit die Kinder in die Hand derer, die diese Interessen nach ihren eigenen politischen Interessen auszulegen wissen. Denn bevor man eigene Interessen wahrnehmen kann, muss man in die Lebensverhältnisse eingeführt sein, in denen eigene Interessen erst sich bilden.»

Forum «Mut zur Erziehung»: Thesen 4 und 5

Christa Meves: «Was zu tun ist!»

Im Buch *Mut zum Erziehen* (1987) von Christa Meves spielt die Gefahr einer Ruinierung der jungen Generation durch die so genannten «Vehikel der neuen Moral» eine Schlüsselrolle. Diese sind nach Ansicht der Autorin:

«Ungehorsam, Protest, Kritik anstelle des Gehorsams gegen Eltern, Kirchen, Staat und sonstigem ‹Muff aus tausend Jahren›, eine ‹lockere› Mentalität statt Disziplinierung, die Forderung nach mehr Freizeit und Urlaub anstelle von Fleiss, der auch zu Überstunden bereit ist, selbstbestimmter Eigengebrauch von Aggression, von Sexualität und im Umgang mit fremdem Eigentum statt der Mosaischen Absolutheit des vierten, fünften, sechsten und siebten Gebotes.»[7]

Vertreter der «neuen Moral»

Tabelle 1: Bundesrepublik mit West-Berlin
Berufstätige Bevölkerung

Frage: Glauben Sie, es wäre am schönsten zu leben, ohne arbeiten zu müssen?

Demoskopische «Tatsachen»

	1962 %	1975 %	1976 %
Berufstätige insgesamt			
Ja, wäre am schönsten	15	22	26
Nein, wäre nicht schön	78	71	65
Unentschieden	7	7	9
	100	100	100
	n = 1106	1219	1229
Arbeiter/Arbeiterinnen			
Ja, wäre am schönsten	18	27	31
Nein, wäre nicht schön	73	67	59
Unentschieden	9	6	10
	100	100	100
	n = 590	562	597
Angestelllte/Beamte			
Ja, wäre am schönsten	12	19	24
Nein, wäre nicht schön	83	74	70
Unentschieden	5	7	6
	100	100	100
	n = 294	487	445
Selbständige			
Ja, wäre am schönsten	8	18	17
Nein, wäre nicht schön	86	74	72
Unentschieden	6	8	11
	100	100	100
	n = 221	170	187

Quelle: Allensbacher Archiv, IfD-Umfragen 253
(Berufstätige von 16 bis 60 Jahren), 3018, 3031

NOELLE-NEUMANN: *Werden wir alle Proletarier?* 1978, S. 60

Erzieherisches Vier-Punkte-Programm

Im Anschluss an eine ausführliche Beschreibung der neurotisierenden Einflussfaktoren auf die junge Generation seit den 1950er-Jahren (genannt werden die antiautoritäre Erziehung, die Erziehung zu Kritikfähigkeit und Konfliktbereitschaft in den Schulen, die Fehlpolung des Geschlechtstriebes, die massive Propagierung und Förderung der weiblichen Berufstätigkeit) entwirft Meves ein «Vier-Punkte-Sanierungsprogramm»:

1. Erziehung zur Frau
2. Sanierung der Familie
3. Konterreformen in Schule und Ausbildung
4. Medienkontrolle

In den Schulen wurden in den späten 1960er-Jahren gemäss Meves verheerende Veränderungen durchgeführt – «nicht ein einziger Fehler, der zwecks Ruinierung denkbar wäre, wurde ausgelassen»:[8]

«Es bedeutet Kindsmisshandlung, die Schule an eine realitätsfremde Ideologie auszuliefern, die das Kind seelisch und geistig gefährlich verstört, wie das in der Bundesrepublik Deutschland in den vergangenen zwanzig Jahren geschehen ist.»[9]

Meves vermutet, dass die Hintermänner der Schulreform die Heranwachsenden ruinieren wollten, damit «eine grosse Zahl leicht lenkbarer Manipulationsobjekte» zur Verfügung steht.

Um die Schule aus «dieser mörderischen Sackgasse» herauszuführen, fordert sie konstante, kleine Klassengemeinschaften, eine Begrenzung der Stofffülle zugunsten einiger elementarer Schwerpunkte, eine Begabungsentfaltung sowie eine orientierende Standortbestimmung mit Hinweisen auf ein konkretes Wertsystem zur Sinnfindung.

Wolfgang Brezinkas Wendung der Werte um 180 Grad

Die durch Unentschiedenheit, mangelnde Prägnanz und Vieldeutigkeit geprägten gesetzlichen schulischen Erziehungszielformulierungen erlaubten gemäss Brezinka auch gesellschaftskritische, emanzipatorische und autoritätsfeindliche Zielperspektiven. Erst als mit extremen Formulierungen in amtlichen Lehrplanformulierungen der Bogen überspannt wurde, bot sich die Gelegenheit, den Kampf aufzunehmen. Die kritisch-emanzipatorischen Pädagogen hatten also aus neokonservativer Sicht insofern Gutes bewirkt, als ihre extremen Forderungen Schritte zu einer Neuorientierung ausgelöst hatten. Gemäss Brezinka half der Wandel der Werte in Richtung «Individualismus, moralische Schlaffheit und Entfremdung vom Staat» zu erkennen, «was in den Jahrzehnten des materiellen Wohlstandes und des Emanzipationsglaubens moralisch, moralpolitisch und moralerzieherisch versäumt»[10] worden war. Brezinka fordert eine Erziehung zu «Gesetzesgehorsam aus moralischer Überzeugung, Leistungsbereitschaft, Selbstdisziplin, Gemeinsinn und Patriotismus»[11] und eine Werterziehung, die auch das Gemüt anzusprechen hat:

Moralerzieherische Versäumnisse

«... sprachliche und musikalische Kulturgüter, die zu Herzen gehen; staatliche Symbole, die Hochachtung einflössen; patriotische Feiern, die patriotische Gefühle erregen; vor allem aber das wichtigste Mittel: der Lehrer selbst in seiner persönlichen Glaubwürdigkeit als engagierter Patriot.»[12]

> «Erziehung kennt keinen Weg, dem Menschen zu seinem Glück zu verhelfen, es sei denn, ihn Dienstbereitschaft und Pflichterfüllung zu lehren.»
> These zur Erziehungs- und Bildungsaufgabe der Schule von Herbert Bath, 1980

Die Bedeutung der Bewegung «Mut zur Erziehung» für den schulischen Auftrag

Die grosse Resonanz, die die Forderungen der Bewegung «Mut zur Erziehung» in pädagogischen Kreisen fanden, ist zu einem guten Teil auf den Sammelbeckencharakter dieser Bewegung zurückzuführen. In dieser zur geistigen Situation der Zeit passenden Strömung fanden sich unter anderen

Sammelbeckencharakter der Bewegung «Mut zur Erziehung»

- Kritiker am bestehenden Schulwesen – seien das nun Kritiker am Organisationsmonstrum Schule, an der schulischen Lerntechnologie oder an der «Indoktrination durch Emanzipationsideologen»

- Befürworter von Tugenden wie Anstand, Fleiss, Gehorsam, Tüchtigkeit, Disziplin
- Kreise, die sich für eine Betonung verdrängter patriotischer Werte einsetzen
- Vertreter, die der Meinung waren, es sei höchste Zeit, den Heranwachsenden einmal «die Leviten zu lesen»

Diese summarische Auflistung genügt, um darauf hinzuweisen, dass sich auch widersprechende Absichten unter der griffigen These «Wiedergewinnung des Erzieherischen» finden konnten.

Das Verbindende ist im Wortteil «rück» oder «wieder» zu finden: Etwas früher einmal Vorhandenes – als besser Empfundenes – soll wieder aufgegriffen werden. Davon verspricht man sich einen Ausweg aus einer als kritisch empfundenen Situation.

Doppelgänger neokonservativer Pädagogik

Wie beim kritisch-emanzipatorischen Ansatz bildeten sich so genannte Doppelgänger neokonservativer Pädagogik, die durch extreme Formulierungen aufhorchen liessen.

Im Vorwort seines 1975 veröffentlichten Buches *Jenseits der Emanzipation* schrieb Theodor Wilhelm:

«Die Revolution tritt auf der Stelle. Die Atempause, welche die politischen Extremisten – freiwillig oder unfreiwillig – eingelegt haben, muss genutzt werden ... Hier wird nicht für die Ewigkeit geschrieben, sondern zur Stunde gesprochen. Der Angriff auf die Position der emanzipationshungrigen linken Extremisten kann nicht an der Oberfläche geführt werden.»[13]

In diesem Buch werden Verbindungen zwischen der emanzipatorischen Pädagogik und dem Nationalsozialismus konstruiert: Wer für einen emanzipatorischen Physik- oder Religionsunterricht schwärme, der lade «eine ähnliche Schuld auf sich» wie diejenigen, die in den 1930er-Jahren «anfingen von ‹nationalsozialistischem Deutschunterricht› und von ‹deutscher Leibeserziehung› zu reden».[14]

Problematisches Sehnen nach Sicherheit

Eine ausschliessliche Beschwörung von alten Werten und ein Vorwärtsgehen auf bewährten Wegen – entstanden aus einer Sehnsucht nach der «guten alten Zeit» und einem Sehnen nach Sicherheit – ist in einer Zeit komplexer werdender Probleme eine ungenügende Perspektive.

Auf diese Problematik und die Notwendigkeit einer differenzierten Sichtweise – auf die bereits am ersten Kongress Ralf Dahrendorf aufmerksam gemacht hatte – wies der zum Forum «Mut zur Erziehung» eingeladene Hartmut von Hentig eindringlich hin:

«Fleiss ersetzt Kritik nicht und die Bereitschaft und Fähigkeit, einen Konflikt auszutragen, enthebt mich der Ordnung oder der Toleranz oder der Höflichkeit nicht. Was für unsinnige Fronten hat man da aufgebaut! Gegen Aberglauben brauche ich Rationalität, gegen Anmassung Kritik, gegen Chaos Ordnung, gegen Tyrannis Widerstand.»[15]

«Was für unsinnige Fronten ...»

Neokonservative Aktualitätsbeweise

Seit den 1990er-Jahren nehmen nicht nur im deutschsprachigen Raum unterschiedliche neokonservative erzieherische Postulate in der veröffentlichten Meinung einen breiten Raum ein. Buchpublikationen, die mehr oder weniger fundiert das weite Feld von Wert-, Orientierungs- und Erziehungsverlust thematisieren, erfreuen sich grosser Beliebtheit, weil sie offensichtlich einem aktuellen Bedürfnis vieler Menschen entsprechen. Begriffe wie Grenzen, Sanktionen oder Autorität im Titel oder Untertitel eines Buches sind erfolgversprechend, ebenso die Fokussierung auf Grenzenüberschreitungen oder Autoritätsverweigerungen so genannt tyrannischer Kinder und Jugendlicher. Der Bestseller *Kinder brauchen Grenzen* machte (schon aus kommerziellen Gründen) die Publikation des Folgebuches *Eltern setzen Grenzen* unentbehrlich. Die Autorin des Bestsellers *Mut zur Erziehung* Eva ZELTNER fühlte sich 2005 angesichts der Klagen über Kinder ohne minimalste Ahnung von sozialem Verhalten herausgefordert, für überforderte Eltern und Lehrpersonen ihren Ratgeber *Halt die Schnauze, Mutter!* zu veröffentlichen.

Erfolgversprechende Titel

Auch Zeitungen und Zeitschriften reagieren und nehmen sich des populären Themas an. Fernsehsender setzen auf Formate wie Reality-Show und Erziehungs-Quiz und erfüllen die gesteigerte Publikumsnachfrage nach richtigen Lösungsmustern und sofort wirksamen Rezepten. Eine telegene Super-Nanny schafft wie durch ein Wunder innerhalb von 25 Fernsehminuten Ordnung im Beziehungs- und Erziehungschaos von Problemfamilien und verschafft dem Millionenpublikum die angenehme Erkenntnis, dass bei anderen Leuten alles noch viel schlimmer ist. So genannte Expertinnen und Experten sowie Prominente lösen im Wettstreit mit einem Saalpublikum in Multiple-Choice-Form präsentierte knifflige Erziehungsprobleme. Auch das Thema Strafen erfährt nach einer langjährigen Beachtungs- und Veröffentlichungsdurststrecke ein Revival – und zwar nicht nur in einer praxisorientierten pädagogischen Szene. Eine stabile pädagogische und erzieherische «Welt von gestern», die vor der autoritätskritisch-emanzipatorischen Wende datiert, erscheint vielen in einem verklärt-naiven Sinne als Rettungsanker in den bedrohlichen Wogen einer nicht nur pädagogischen Welt der Verunsicherung und des Risikos.

In den USA bietet im Gefolge einer breit abgestützten neokonservativen Revolution die Armee der Schule im Bereich der Tugenderziehung ihre – nicht ganz unproblematische – Unterstützung an. Unter der Maxime «To motivate young people to be better citizens» praktizieren ehemalige Armeeangehörige im schulischen Unterricht vielfältige Erziehungsmassnahmen. In «Junior Reserve Office Training Corps» (JROTC) wird «enormer Wert auf die Entwicklung des Charakters» gelegt. Dies umfasst «Respekt gegenüber sich selbst und anderen, der amerikanischen Flagge, der Schule und der Nation».[16]

Unterstützung der schulischen Tugenderziehung

Aktuelle Kurzschlussreaktionen und Karikaturen

Vermutlich ist der in verschiedenen Ländern vorherrschende neokonservative Mainstream der öffentlichen und veröffentlichten Meinung mitverantwortlich dafür, dass sich auch als besonnen eingeschätzte

«Aus Liebe versohlte Hintern» und…

…«gesunde Härte»

Menschen zu unerwarteten Aussagen verleiten lassen – und diese sogar veröffentlichen. So ist es wohl zu erklären, wenn eine emeritierte Rechtsprofessorin und Politikerin einer liberalen schweizerischen Partei in der Neuen Zürcher Zeitung am Schluss ihres Artikels über das kolossale Scheitern der antiautoritären Erziehung bilanziert: «Wer weiss, ob nicht mancher gestern aus Liebe versohlte Hintern heute viele Überwachungskameras ersetzt hätte.»[17]

Eindeutig um eine karikierende Darstellung des neokonservativen Zeitgeistes handelt es sich hingegen bei der abgebildeten Karikatur mit der Kernaussage «Endlich hat man eingesehen, dass eine allzu lockere Erziehung der Kinder ins Chaos und zu Respektlosigkeit führt. Ab jetzt ist wieder gesunde Härte angesagt.» Manfred DEIX karikiert die Reaktion des «Turnschuh-Tyrannen» auf die naiv- gut-gemeinte Lehrer-Ich-Botschaft und die Dressur-Massnahmen von Eltern- und Lehrerseite.[18]

1. STEINBUCH: *Schluss mit der ideologischen Verwüstung*, 1988, S. 15
2. HABERMAS: *Die neue Unübersichtlichkeit*, 1985, S. 31
3. PODEWILS (Hrsg.): *Tendenzwende?* 1975, S. 94, 95
4. MAIER: *Kulturpolitik – Reden und Schriften*, 1976, S. 65
5. HAHN, zitiert nach HERRMANN: «Mut zur Erziehung», in: *Zeitschrift für Pädagogik* Nr. 2, 1978, S. 224
6. WISSENSCHAFTSZENTRUM BONN: *Mut zur Erziehung*, 1978, S. 163
7. MEVES: *Mut zum Erziehen*, 1987. S. 14
8. MEVES: *Mut zum Erziehen*, S. 124
9. MEVES: *Mut zum Erziehen*, S. 124
10. BREZINKA: *Wertwandel und Erziehung in der Schule*, 1984, S. 33
11. BREZINKA: *Wertwandel und Erziehung in der Schule*, S. 32
12. BREZINKA: *Wertwandel und Erziehung in der Schule*, S. 33
13. WILHELM: *Jenseits der Emanzipation*, 1975, S. IX
14. WILHELM: *Jenseits der Emanzipation*, S. XII
15. VON HENTIG: *Sehnen nach Sicherheit*, in: *Die Zeit* vom 23. Januar 1981, S. 26
16. *Tages-Anzeiger* vom 24. Dezember 2002, S. 4; www.jrotc.org
17. SANDOZ: *Hoch lebe der versohlte Hintern*, in: *NZZ am Sonntag* vom 27. März 2005, S. 22
18. *Das Magazin*, Nr. 23, 2001, S. 53

6   Humanistische Psychologie/Pädagogik

«Junge Menschen sind wirklich sehr stark motiviert.
Sie sind neugierig, begierig, etwas zu entdecken, zu erfahren,
Probleme zu lösen.»

Carl R. Rogers

Der 1987 in Kalifornien im Alter von 85 Jahren verstorbene Carl Rogers hat als einer der Väter der Humanistischen Psychologie und als Begründer der Gesprächspsychotherapie Weltruhm erlangt.

Rogers erhielt eine psychoanalytische Ausbildung beim Freud-Schüler Otto Rank, von dem er sich aber später distanzierte. Er lehrte und forschte an den Universitäten von Ohio und Chicago und am Center for Studies of the Person in La Jolla Kalifornien. Mitte der 1970er-Jahre wurde er Ehrendoktor für Psychologie an der Universität Hamburg.

Die Anzahl seiner Veröffentlichungen ist beeindruckend. Buchtitel wie *Die klientenzentrierte Gesprächstherapie*, *Die nicht-direktive Beratung*, *Encounter-Gruppen*, *Entwicklung der Persönlichkeit*, *Lernen in Freiheit*, *Freiheit und Engagement – Personenzentriertes Lehren und Lernen* oder *Die Kraft des Guten* vermitteln eine prägnante Kurzzusammenfassung seiner grundlegenden Anliegen.

«Die klientenzentrierte Gesprächstherapie»

Postulate der Humanistischen Psychologie

In der ersten Hälfte der 1960er-Jahre bildete sich in den USA eine Gruppe von Geisteswissenschaftlern, die eine Alternative zur Psychoanalyse und zum Behaviorismus anstrebten. Die 1962 gegründete «Association for Humanistic Psychology», der unter anderen Charlotte Bühler, Abraham Maslow und Carl Rogers angehörten, stellte die erlebende Person ins Zentrum ihrer Aufmerksamkeit.

Die zwei bedeutendsten Wurzeln der Humanistischen Psychologie sind der Humanismus und der Existentialismus. Charlotte Bühler bezeichnet den Kern der Humanistischen Psychologie als «die Idee vom Menschen als einem aktiven Gestalter seiner eigenen Existenz».[1]

Wurzeln: Humanismus und Existentialismus

> «Ich glaube fest daran, dass man jederzeit etwas aus dem machen kann, was aus einem gemacht wurde.»
> Jean-Paul Sartre

> **Vier Thesen der Humanistischen Psychologie**
>
> - Im Zentrum der Aufmerksamkeit steht die erlebende Person. Damit rückt das Erleben als das primäre Phänomen beim Studium des Menschen in den Mittelpunkt.
> - Der Akzent liegt auf den spezifisch menschlichen Eigenschaften wie der Fähigkeit zu wählen, der Kreativität, Wertsetzung und Selbstverwirklichung – im Gegensatz zu einer mechanistischen und reduktionistischen Auffassung des Menschen.
> - Die Auswahl der Fragestellungen und der Forschungsmethoden erfolgt nach Massgabe der Sinnhaftigkeit – im Gegensatz zur Betonung der Objektivität auf Kosten des Sinns.
> - Ein zentrales Anliegen ist die Aufrechterhaltung von Wert und Würde des Menschen, und das Interesse gilt der Entwicklung der jedem Menschen innewohnenden Kräfte und Fähigkeiten.
>
> Broschüre Association for Humanistic Psychology

Carl Rogers nannte als grundlegenden gemeinsamen Nenner des humanistischen Ansatzes «das Interesse am Menschen und seiner Entfaltung in einer modernen Welt, die offensichtlich darauf aus ist, ihn zu ignorieren oder ihn in seiner Bedeutung herabzusetzen».[2]

From man the robot to man the pilot

Der Aufschwung der Humanistischen Psychologie in den USA und im deutschsprachigen Gebiet muss auf dem Hintergrund der geistigen Situation der Zeit verstanden werden.

In den 1960er-Jahren kam es in den USA zu einem Umschwung von einem optimistischen zu einem pessimistischen Lebensgefühl. In einer durch Orientierungslosigkeit geprägten Zeit dominierten Gefühle der Unsicherheit, Furcht, Einsamkeit und des Zweifelns. Auf diesem Hintergrund entstand ein starkes Bedürfnis nach «Sinn, Sinnen und Sinnlichkeit», wie das Ruth Cohn in ihren in den 1980er-Jahren geschriebenen Erinnerungen prägnant formulierte.[3]

Bedürfnis nach «Sinn, Sinnen, Sinnlichkeit»

Ende der 1960er-Jahre bildeten sich auch eine breite, immer populärer werdende Protestbewegung (gegen den Vietnamkrieg, für die Rechte der Frauen, Schwarzen, Indianer) und eine alternative Jugendbewegung. Einen wichtigen Einfluss hatte auch das 1960 in den USA erschienene Buch von Alexander S. Neill *Summerhill – a radical approach to child rearing*; gemäss Charlotte Bühler «das erste revolutionäre humanistische Erziehungssystem».

Die Humanistische Psychologie ist nach Ansicht von Ruth Cohn einerseits als ein Protestzeichen gegen eine Zivilisation, die zu Entfremdung, Entseelung, Sinnen- und Sinnlosigkeit führte und andererseits als ein Eintreten für Echtheit, authentische Begegnungen, Ausdruck von Gefühlen, Wunsch nach einem natürlichen Leben zu verstehen.

Willkommene Wegweiser zu einer radikalen Neuorientierung – «from man the robot to man the pilot» – fanden viele in einer «psychology of being» (Maslow) und einer «psychology of becoming» (Rogers).

Psychology of being and becoming

Carl Rogers' zeitgemässer therapeutischer «Wurf»

Mit seinem humanistischen Neuansatz einer neuen Beziehung zwischen Therapeut und Patient leistete Rogers einen grundlegenden Beitrag für die Humanistische Psychologie. Der Gesprächstherapie-Ansatz (auch klientenzentriert, nicht-direktiv oder personenzentriert genannt) ist durch Echtheit (Real-Sein), Empathie (einfühlendes Verständnis) und Wertschätzung des Therapeuten charakterisiert; der Interaktionsstil durch Nicht-Etikettieren, Nicht-Vergangenheitsbohren und Nicht-Verantwortungsabnahme geprägt. Im Unterschied zur distanzierten Autoritäts-Rolle des Freudschen Psychoanalytikers soll eine Ich-Du-Beziehung (im Sinne von Martin Buber) die Voraussetzung für die Entwicklung von Vertrauen und Geborgenheit zwischen Therapeut und Klient bilden. Rogers schreibt über seine Freude, «wenn mein Real-Sein dem anderen mehr Real-Sein ermöglicht, und wenn wir einer wechselseitigen Ich-Du-Beziehung näher kommen».[4]

Klientenzentrierter Ansatz

Ich-Du-Beziehung

Der therapeutische Neuansatz und die Encounter-Gruppen entsprachen einem starken Zeitbedürfnis; die so genannte «dritte Kraft» (neben Psychoanalyse und Behaviorismus) erfuhr innerhalb kurzer Zeit eine enthusiastische Verbreitung.

Personenzentrierte Erziehung – personenzentriertes Lehren und Lernen

Rogers übertrug seinen therapeutischen Ansatz im 1969 erschienenen Buch *Freedom to learn* auf den erzieherischen und schulischen Bereich. Die deutschsprachige Ausgabe erschien 1974 unter dem Titel *Lernen in Freiheit*. Bei der Übertragung des therapeutischen Ansatzes auf die erzieherische und schulische Situation zögerte Rogers. In den 1980er-Jahren – im Buch *Freedom to learn for the 80's* – fragte er sich rückblickend: «Wieso vertraute ich meinen Klienten bei der Beratung, aber nicht annähernd so sehr meinen Schülerinnen und Schülern?» Seine Antwort: Weil er dadurch, dass er die Schülerinnen und Schüler als absolut Gleichberechtigte behandelte und zu verstehen versuchte, wie sie in ihrem Innern fühlten und wahrnahmen, seine Rolle als Lehrer in Frage stellte. Und seine Folgerungen:

Genügend Grenzen und Anforderungen

«Mit zunehmender Erfahrung bekam ich das Gefühl, dass die Ablehnung und Feindseligkeit, die ich zu Beginn erweckte, nicht eigentlich notwendig war. Ich bin daher dazu übergegangen, genügend Grenzen und Anforderungen aufzustellen, die als eine Stütze wahrgenommen werden können, so dass der Schüler beruhigt mit seiner Arbeit beginnen kann ….

Die Freiheit wirkt offenbar weniger enttäuschend und angstbeladen, wenn sie in den vertraut klingenden Formulierungen einer ‹Anforderung› erscheint.»⁵

Lehrerzentrierter Ansatz	Personenzentrierter Ansatz
Lehrperson besitzt das Wissen, das Schülern vermittelt werden soll	Schülern wird zugetraut, für sich selbst denken und lernen zu können
Wichtigste Methoden: Vortragen, Lehrbuch, verbale Belehrung	Lernhilfen in Form der Lehrperson und ihren Erfahrungen, in Form von Büchern, Materialien oder Gemeinschaftserfahrungen
Prüfungen messen das Aufgenommene	In erster Linie bewerten sich die Schüler selbst
Lehrpersonal besitzt die Macht, die Schüler gehorchen	Die Verantwortung für den Lernprozess tragen Lehrer, Schüler und eventuell Eltern oder Mitglieder der Gemeinschaft
Die anerkannte Maxime im Klassenzimmer lautet: Ordnung durch Autorität	Die zur Zielerreichung notwendige Disziplin ist eine Selbstdisziplin, für die die Schüler selber die Verantwortung tragen
Schüler arbeiten nur unter ständiger Überwachung durch Lehrperson zufriedenstellend	Schüler entwickeln ihr eigenes Lernprogramm, allein oder in Zusammenarbeit mit anderen
Schüler lassen sich am besten leiten, wenn man sie im Zustand der Angst hält	In einer Atmosphäre der Glaubwürdigkeit, der Sorge um den anderen und des Zuhörens wird das Lernen erleichtert
Es gibt nur Platz für den Verstand, der ganze Mensch hat keinen Platz	Beim selbstinitiierten Lernen ist der ganze Mensch (mit seinen Gefühlen und Leidenschaften) eingebunden

Methoden, um Freiheit zu schaffen

Als Wegweiser für ein personenzentriertes Lernen – ein Lernen in Freiheit – nennt Rogers:

- auf wirklichen Problemen (Fragen, die für die Schüler von Belang sind) aufbauen
- Hilfsmittel besorgen, wobei die wichtigste Wissensquelle die Lehrperson ist
- Verträge verwenden (als eine Art Übergangserfahrung)
- Lerngruppen organisieren
- von Gleichaltrigen (Tutoren) lernen
- Gemeinschaftsprojekte durchführen
- programmierte Lernhilfen einsetzen
- Selbstbewertung realisieren
- wissenschaftliche Untersuchungen (Erforschungen) durchführen.

Lernverträge, Tutoren, Gemeinschaftsprojekte …

Von Rogers verzauberte Lehrerinnen und Lehrer würden …

Mit dem berühmten Zauberstab würde Rogers die Lehrkräfte von herkömmlichen Lehrern in Lernförderer verwandeln. Dazu müssten sie zuerst vergessen, dass sie Lehrer waren. Um das Lernen zu fördern, würden sie Einfühlungsvermögen, Glaubwürdigkeit und die Bereitschaft zu loben brauchen. Sie müssten ein Klima schaffen können, in dem sich die Schüler frei fühlen, Fehler machen dürfen sowie von der Umwelt und von Erfahrungen lernen könnten.

Ungewohnte Lehrerfragen

Die Lehrerfragen lauteten grundsätzlich anders:

- An die Schüler: «Was möchtest du lernen? Was interessiert dich? Was bereitet dir Kopfzerbrechen? Was beunruhigt dich?»
- An sich selber: «Wie kann ich den Schülern helfen, die Mittel zu finden, die ihnen das Lernen ermöglichen, die ihnen Antworten auf das geben, was sie interessiert oder beunruhigt? Wie kann ich Schülern helfen, die eigenen Fortschritte zu beurteilen und weitere Lernziele aufzuzeigen, die auf dieser Selbsteinschätzung aufbauen?»[6]

Durch diese Veränderungen könnten bedeutsame Lernprozesse, die selbstinitiiert, allumfassend, selbstbewertet, bedeutungsvoll und persönlich sind, entstehen.

Signifikantes Lernen

- schliesst persönliches Engagement ein
- ist selbstinitiiert
- durchdringt den ganzen Menschen
- wird vom Lernenden selbst bewertet
- enthält in der gesamten Erfahrung Sinn

Rogers: Lernen in Freiheit

Fundament: das optimistische Menschenbild

Der feste Glaube an die «Kraft des Guten» bildet ein unerschütterliches Fundament für den therapeutischen Ansatz von Rogers und für sein erzieherisches und schulisches Konzept. Fasziniert schreibt er über «das Wunder der Kindheit»:

«Die Kraft des Guten»

«Der Tatendrang ist grenzenlos, die Neugier nimmt kein Ende. Kinder sind begierig, etwas herauszufinden, wollen etwas unternehmen, formen, schaffen. Mit Augen, Ohren, Nase, Mund und Fingern nehmen sie die Informationen auf. ... Sie lernen, lernen, lernen – und das wahrscheinlich in einem Tempo, das sie nie wieder erreichen werden.»[7]

«Kinder lernen, lernen, lernen ...»

Und auch bei Jugendlichen gilt:

«Junge Menschen sind wirklich sehr stark motiviert. Sie sind neugierig, begierig, etwas zu entdecken, zu erfahren, Probleme zu lösen. Leider sind diese Eigenschaften nach einigen Schuljahren in den meisten Fällen verschüttet. Aber die Motivation ist da, und es ist unsere Aufgabe, sie wieder freizulegen.»[8]

Tiefes Vertrauen in den Menschen

Aus dieser festen Grundüberzeugung resultiert ein tiefes Vertrauen in den Menschen. Dies erlaubt, dass Lernende ihre eigenen Lernwege suchen und finden und ihr eigenes Potential entwickeln.

«Von sich aus aber will das Kind lernen, nichts als lernen! – Ich sah vor kurzem ein knapp zweijähriges Kind – ... – wie es entdeckt hatte, dass ein dicker Ast, der in der Küche lag, sich in das Schwarz einer Herdöffnung, von der das Kind sich dunkel und drohend angeblickt fühlen mochte, hineinstecken liess. Das Kind tat es mehrmals, und über sein kluges und staunendes Gesicht lief das Wetterleuchten des Geistes. In der Tat war Claudio dabei, die Geometrie zu entdecken (die des Raumes, versteht sich). ... Ein paar Tage später war er schon zur Physik übergegangen und stand bei der Gravitation. Er hatte die Schwerkraft entdeckt. Und zwar war er weiter darin als wir. Sie erstaunte ihn noch, während wir das erst wieder lernen müssen.»

Martin Wagenschein

Wofür ist die Lehrperson verantwortlich?

Antipädagogen wie Ekkehard von Braunmühl oder Hubertus von Schoenebeck (dieser Ansatz wird im folgenden Kapitel vorgestellt) bezeichneten Rogers kurzerhand als einer der ihren und äusserten ihre Sicherheit, Rogers und seine Bücher nicht misszuverstehen.

Wenn man Rogers genauer liest, wird aber ein Missverständnis offensichtlich. Auf die Rollenänderung der Lehrperson und die damit verbundene Unsicherheit wurde bereits hingewiesen. Er spricht von den «unsicheren, tastenden Versuchen, sein Verhalten der Klasse gegenüber zu ändern» und gibt Hinweise auf notwendige Stützen wie das Setzen von Grenzen und Anforderungen.

Rogers postuliert kein grenzenloses «Lernen in Freiheit», sondern er plädiert für ein antinomisches Verhältnis von «Freiheit und Engagement» (wie der deutsche Titel des in den 1980er-Jahren geschriebenen Originals *Freedom to learn for the 80's* lautet). Unmissverständlich schreibt er zur Verantwortung der Lehrerinnen und Lehrer:

Freiheit und Engagement

«Verantwortung und Freiheit in der Klasse zu gewähren ist nicht eine Frage des Alles oder Nichts. Es ist ein Prozess allmählichen Wachsens, der sowohl den Lehrer wie die Schüler einbezieht.»[9]

Beim personenzentrierten Lehren und bei der personenzentrierten Erziehung geht es ausdrücklich um «verantwortungsbewusste Freiheit im Klassenzimmer» – um die Gewährung von «mit Verantwortung gepaarter Freiheit».[10]

Mit Verantwortung gepaarte Freiheit

Auf die Frage «Wieviel Raum braucht die Freiheit» könnte eine Kurzantwort lauten: «So viel wie möglich» und «immer mehr»!

«Wir wissen, kurz gesagt, dass jeder Lehrer sich in die Richtung entwickeln kann, glaubwürdiger, verständnisvoller und einfühlsamer und interessierter an seinen Schülern zu werden. Wir haben die Erfahrung gemacht, dass es Schülern in einem solchen Klima möglich ist, wirklich selbstbestimmt zu werden, auszuwählen und die Verantwortung für die Folgen dieser Wahl zu tragen, mehr zu lernen als im traditionellen Unterricht und das mit Begeisterung zu machen. Die logische Folge daraus sollte eigentlich sein, dass jede Schule den Wunsch haben müsste, sich immer mehr zu einem Zentrum für Lernfreiheit zu entwickeln, zu einem Ort, wo menschliche Qualitäten sowohl bei den Lehrern wie bei den Schülern geschätzt werden.»[11]

Schule als Zentrum für Lernfreiheit

Die Auffassung «Immer mehr» bedeutet etwas grundlegend anderes als eine «Alles-oder-nichts-Haltung»:

- Die «Immer-mehr-Haltung», die auf der Verbindung von Freiheit und Engagement basiert, dehnt den Freiheitsbereich immer weiter aus.
- Eine «Alles-oder-nichts-Haltung» in einem antipädagogischen Sinne basiert auf der Annahme einer «Selbstbestimmung von Geburt an» und postuliert konsequenterweise eine Selbstverantwortung, die jegliche Fremdverantwortung ausschliesst.

> «Ich habe einmal in einem Buch einen Satz geschrieben: zuwenig geben ist Diebstahl; zuviel geben ist Mord. Wenn ich dem Kind zuviel gebe, ist das Mord auch am Kind. Das Kind, dem ich zuviel gebe, verlernt seine Menschlichkeit. Das heisst, es entwickelt seine Menschlichkeit nicht, und das ist Mord am Menschsein. Wenn ich einem Kind alles gebe, so dass es selber nichts mehr zu denken, zu tun oder sozial zu geben braucht, dann ermorde ich in ihm seine Humanität und meine in mir.»
> Ruth Cohn

«I'm just glad the ideas get developed»

Die 2002 erschienene *Oral history* über Carl Rogers Leben und Werk trägt den treffenden Titel *The Quiet Revolutionary*. Diese von David Russel herausgegebene virtuelle Autobiographie vermag anhand von Rogers eigenen Worten einen detaillierten Einblick in die private und berufliche Entwicklung des humanistischen Psychologen zu vermitteln. In Bezug auf die Bedeutung seines Werkes aus einer erzieherischen Perspektive bilanziert Rogers: «That's when my work will either be popular or well known, or the ideas will be well known, and I will have been forgotten – it could go either way. I've often been told, and I believe (this) myself, that a lot of my thinking has been somewhat ahead of its time and has been either appreciated later, or the same ideas have been presented later with no reference to the fact that I brought them out somewhat earlier, which is okay with me. I'm just glad the ideas get developed.»[12]

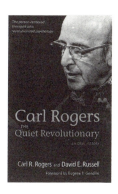

Für viele Menschen ist es ein immer wieder beeindruckendes Erlebnis, in Filmaufnahmen zu sehen, wie Rogers seinen personenzentrierten Ansatz und die postulierten Grundhaltungen lebt. Beim Betrachten des kurzen Gesprächsausschnittes mit einem Leukämiepatienten kann man auch heute eindrücklich nacherleben, wie es Rogers vor laufender Kamera gelang, Echtheit, Empathie und Wertschätzung zu verwirklichen und beim Klienten bedeutsame Einsichten und Erkenntnisse auszulösen.[13] Die von Rogers für den therapeutischen Bereich postulierten und auf das pädagogische Feld übertragenen Haltungen hatten zu ihrer Zeit gegenüber behavioristischen und psychoanalytischen Vorgehensweisen zweifellos etwas Revolutionäres. Heute sind sie für viele im erzieherischen und schulischen Bereich Tätigen zu einer selbstverständlichen Idealvorstellung im täglichen Umgang mit Menschen geworden.

> I didn't want to find
> a client-centered way.
> I wanted to find
> a way to help people.
>
> Carl Rogers

Bestätigung zentraler Forderungen

Auch in Bezug auf die Gestaltung und Durchführung von Lehr-Lern-Prozessen haben die Postulate eines «Lernen in Freiheit» heute ihren revolutionären Charakter weitgehend verloren. Zentrale Forderungen des personenzentrierten Ansatzes sind durch die Lehr-Lern-Forschung bestätigt, präzisiert und erweitert worden. Der in der Tradition einer humanistischen Psychologie und Pädagogik geforderte «Aufbruch in eine neue Lernkultur» hat in vielen Ländern stattgefunden und die Gestaltung von Lehr-Lern-Prozessen auf den unterschiedlichen Stufen des Bildungssystems grundlegend verändert. Schulkritiken wie «Wir hatten unser Pensum zu lernen und wurden geprüft, was wir gelernt hatten; kein Lehrer fragte ein einziges Mal in acht Jahren, was wir persönlich zu lernen begehrten, und just jener fördernde Aufschwung, nach dem jeder junge Mensch sich doch heimlich sehnt, blieb vollkommen aus»[14] stammen vielerorts weitgehend und mancherorts zunehmend aus einer «Welt von gestern». Nicht jegliche Aktualität verloren hat hingegen die Aussage «Denn meine ganze Schulzeit war, wenn ich ehrlich sein soll, nichts anderes als ein ständiger gelangweilter Überdruss, von Jahr zu Jahr gesteigert durch die Ungeduld, dieser Tretmühle zu entkommen.»[15]

Lernpsychologische Aktualisierungen humanistisch-psychologischer Postulate

Kompetenz, soziale Eingebundenheit, Autonomie

In den vergangenen Jahren hat die Lernpsychologie viele Erkenntnisse zur Stärkung und Entwicklung grundlegender Komponenten eines humanistischen Lehr-Lern-Verständnisses wie Motivation oder Interesse geliefert. Dies gelang durch die Fokussierung auf bedeutsame Grundmotive wie Kompetenz (Selbstwirksamkeit), soziale Eingebundenheit (Wohlfühlen, Sicherheit, Unterstützung) oder Autonomie (selbstbestimmtes Handeln «aus freien Stücken»).

Die folgende Zusammenfassung zentraler Erkenntnisse aus der Perspektive der Lern- und Unterrichtsforschung in Bezug auf die Frage nach effektivem Lernen von Kurt REUSSER liest sich wie eine Präzisierung und Weiterentwicklung humanistisch psychologischer Postulate – und bildet eine Brücke zum konstruktivistischen Ansatz, wie er in Kapitel 8 dargestellt wird:

«Je aktiver und selbstregulierter, problemorientierter, stärker bezogen auf berufsrelevante Kontexte, besser verknüpft mit dem eigenen Vorwissen, bewusster und reflexiver, dialogischer und interaktiver Wissen erworben, konstruiert und durchgearbeitet wird, desto besser wird es verstanden, dauerhafter wird es behalten, beweglicher kann es beim Denken und Handeln in neuen Kontexten genutzt werden, positiver werden die damit verbundenen Lernprozesse erlebt.»[16]

Brücke zum konstruktivistischen Ansatz

1　BÜHLER/ALLEN: *Einführung in die humanistische Psychologie*, 1974, S. 57
2　ROGERS: *Entwicklung der Persönlichkeit*, 1985, S. 15
3　FARAU/COHN: *Gelebte Geschichte der Psychotherapie*, 1984, S. 293
4　ROGERS: *Lernen in Freiheit*, 1974, S. 229
5　ROGERS: *Freiheit und Engagement*, 1989, S. 28
6　ROGERS: *Freiheit und Engagement*, S. 92
7　ROGERS: *Freiheit und Engagement*, S. 234
8　ROGERS: *Freiheit und Engagement*, S. 102
9　ROGERS: *Freiheit und Engagement*, S. 54
10　ROGERS: *Freiheit und Engagement*, S. 247
11　ROGERS: *Freiheit und Engagement*, S. 240
12　ROGERS/RUSSEL: *Carl Rogers The quiet revolutionary*, 2002, S. 295
13　FILM: *Die Kraft des Guten*, 1983
14　ZWEIG: *Die Welt von gestern*, 1944, S. 47
15　ZWEIG: *Die Welt von gestern*, S. 46
16　REUSSER: *Was ist guter Unterricht?*, 2005

7 Antipädagogik

«Auch meine antipädagogische Haltung wendet
sich nicht gegen eine bestimmte Art von Erziehung,
sondern gegen Erziehung überhaupt...»

Alice Miller

Mit ihren in den Jahren 1979, 1980 und 1981 veröffentlichten Bestsellern *Das Drama des begabten Kindes*, *Am Anfang war Erziehung* und *Du sollst nicht merken* verhalf die Schweizerin Alice Miller der antipädagogischen Bewegung, die der Publizist Ekkehard von Braunmühl 1975 mit seinem polemischen Buch *Antipädagogik – Studien zur Abschaffung der Erziehung* lanciert hatte, zu einem markanten Aufschwung. Hubertus von Schoenbeck nützte das gesteigerte Interesse an der Antipädagogik in den 1980er-Jahren aus und sorgte mit pointierten Postulaten seines Förderkreises «Freundschaft mit Kindern» dafür, dass die Antipädagogik im Gepräch blieb.

Die drei Bücher von Alice Miller leiteten einen Entwicklungsprozess der Autorin ein – einen persönlichen Prozess des «Merkens». Alice Miller befreite sich – gemäss eigenen Worten – von den «Scheuklappen der Psychoanalyse», die nach ihrer Ansicht die Ursachen und Folgen von Kindsmisshandlungen verschleiert, weil sie durch ihre Lehre der infantilen Sexualität den sexuellen Missbrauch von Kindern legitimiert. Es war nach ihrer Ansicht Sigmund Freud, der die Türen der Wahrnehmung des Kindsmissbrauchs so fest verschlossen und die Schlüssel zu ihnen so gründlich verborgen hat, dass sie für Generationen unauffindbar geworden sind.

«Scheuklappen der Psychoanalyse»

In den neueren Büchern *Der gemiedene Schlüssel*, *Das verbannte Wissen* und *Abbruch der Schweigemauern* versucht Alice Miller das von der psychoanalytischen Theorie und Praxis Verschleierte zu enthüllen.

«Abbruch der Schweigemauern»

Konsequenterweise trat Alice Miller 1988 aus der Schweizerischen und der Internationalen Psychoanalytischen Vereinigung aus.

Grundpfeiler des antipädagogischen Gedankengebäudes

Die Antipädagogik stellt dem traditionellen pädagogischen Bild vom Menschen als einem erziehungsbedürftigem Wesen eine radikale Antithese gegenüber.

> Kein Mensch ist erziehungsbedürftig!
> Kein Erwachsener ist für Kinder verantwortlich!
> Wer Kinder liebt, erzieht sie nicht!

- *Von der Antipsychiatrie zur Antipädagogik*
  Ein wichtiger Stützpunkt des antipädagogischen Ansatzes bildet die sich in den 1960er-Jahren in England, Italien und Frankreich formierende Bewegung der Antipsychiatrie. Angesichts der Mängel der psychiatrischen Institutionen wird eine Sprengung oder Negierung dieser totalen Institutionen gefordert.
  In seinem Artikel *Antipsychiatrie und Antipädagogik – Erziehungsprobleme in der ‹totalen Institution›* übertrug der Pädagogikprofessor Heinrich Kupffer 1974 den antipsychiatrischen Ansatz auf die Pädagogik.

  Sprengung der «totalen Institution»

- *«Schwarze Pädagogik»: Demütigungen und Prügel*
  Entscheidende Impulse erfuhr die Antipädagogik (und vor allem Alice Miller) durch das 1977 veröffentlichte Buch *Schwarze Pädagogik – Quellen zur Naturgeschichte der bürgerlichen Erziehung* von Katharina Rutschky. Mit dieser bewusst tendenziösen Sammlung von Texten über pädagogische Irrwege vergangener Jahrhunderte – mit haarsträubend menschenverachtenden Aussagen bekannter und unbekannter Pädagogen – wurde eine breite Öffentlichkeit für die im Namen von Erziehung und Pädagogik vorgenommenen Misshandlungen der Heranwachsenden sensibilisiert.

  Haarsträubende pädagogische Irrwege

- *Escape from childhood: Kinderrechte statt Kinderschutz*
  Die sich in den 1970er-Jahren in den USA formierende Bewegung «Children's Rights Movement» lehnte den traditionellen Kinderschutzgedanken kategorisch ab und forderte, «jedem jungen Menschen, gleich welchen Alters, alle Rechte, Privilegien, Pflichten und Verantwortlichkeiten erwachsener Bürger zugänglich zu machen, damit er sich ihrer bedienen kann, wenn er möchte».[1]

  «Children's Rights Movement»

- *Jeder erzieherische Akt ist ein kleiner Mord*
In seiner 1975 veröffentlichten Streitschrift *Antipädagogik – Studien zur Abschaffung der Erziehung* setzte der Publizist Ekkehard von Braunmühl zu einem Frontalangriff auf sämtliche pädagogischen Strömungen an: Jeder erzieherische Akt wird als «kleiner Mord» qualifiziert, Erziehung als «Gehirn- und Seelenwäsche» diffamiert. Weil erzieherisches Verhalten angeblich a priori für pathogene Wirkungen verantwortlich ist, wird anstelle der grundsätzlich misstrauenden pädagogischen und der bloss vorübergehend neutralen psychologischen Haltung eine therapeutische Haltung propagiert. Der pädagogische Erziehungsanspruch der Erwachsenen wird durch die existentielle antipädagogische Autonomie – die so genannte Spontanautonomie – ersetzt: Bereits Neugeborene tragen aufgrund ihrer ontologischen Autonomie die Verantwortung für ihr Tun und Lassen; schon Säuglinge sind «von Anfang an zur Selbstbestimmung fähig».[2]

Erziehung als «Gehirn- und Seelenwäsche»

Ontologische Spontanautonomie

Braunmühl warf den Therapeuten vor, dass es bis anhin niemand gewagt hatte, den «erziehungswissenschaftlichen Ungeist» anzugreifen. Genau das tat Alice Miller ausführlich in ihrem 1980 erschienenen Buch *Am Anfang war Erziehung*.

Gibt es eine «Weisse Pädagogik»?

Aufgrund von Leserreaktionen auf ihr erstes Buch *Das Drama des begabten Kindes* stellte sich Alice Miller im zweiten Buch *Am Anfang war Erziehung* die Aufgabe, «die Öffentlichkeit für das frühkindliche Leiden zu sensibilisieren», indem sie «das einstige Kind im erwachsenen Leser» ansprechen wollte.[3]

«Erziehung als Verfolgung des Lebendigen»

Im ersten Teil des Buches werden unter dem Titel «Erziehung als Verfolgung des Lebendigen» ausführlich die Wurzeln der «Schwarzen Pädagogik» – die Brutstätten des Hasses – dargestellt. Detaillierte Zitate über widerliche physische und psychische «erzieherische» (Miss-)Handlungen sollten die Leserinnen und Leser die Luft spüren lassen, die diese Kinder (das heisst zumindest die heutige ältere Generation) täglich eingeatmet haben. Die massiven und subtilen «pädagogischen» (Unterdrückungs-)Mittel wie Gewaltanwendungen, Demütigungen, Fallen Stellen, Ängstigung oder Liebesentzug verfolgten nur ein Ziel: die Erwachsenen zu unumschränkten Herrschern über die Heranwachsenden machen.

Nach Alice Millers Einschätzung sind die Ansichten der «Schwarzen Pädagogik» keineswegs auf jene Zeitepoche beschränkt, die die pädagogischen Leitbilder von den Kasernenhöfen holte und damit bei den Heranwachsenden eine charakterliche Mischung von Aggressivität und hündischer Geduckheit erzeugte:

«Der Leser wird längst gemerkt haben, dass die ‹Lehren› der ‹Schwarzen Pädagogik› eigentlich die ganze Pädagogik durchziehen, mögen sie heute noch so gut verschleiert sein.»[4]

Alice Millers Verdikt ist klar: Es gibt auch keine «Weisse Pädagogik»!

Wer braucht die Pädagogik, wem nützt sie?

Weil Alice Miller von der Schädlichkeit der Erziehung fest überzeugt ist, nimmt sie eine antipädagogische Haltung ein, «die sich nicht gegen eine bestimmte Art von Erziehung, sondern gegen Erziehung überhaupt»[5] wendet:

«Im Gegensatz zur allgemein verbreiteten Meinung und zum Schrecken der Pädagogen kann ich dem Wort ‹Erziehung› keine positive Bedeutung abgewinnen. Ich sehe in ihr die Notwehr der Erwachsenen, die Manipulation aus der eigenen Unfreiheit und Unsicherheit, die ich zwar verstehen kann, deren Gefahren ich aber nicht übersehen darf.»[6]

Erziehung als Notwehr der Erwachsenen

Nach Ansicht von Alice Miller sind es nicht die Kinder, die die Erziehung (und die Pädagogik) brauchen, sondern die Erzieherinnen und Erzieher. Die erzieherischen Ratschläge werden als Erwachsenenbedürfnisse «entlarvt». Diese Bedürfnisse der Erwachsenen sind:

- erlittene Demütigungen weiterzugeben
- Ventil für abgewehrte Affekte
- Besitz eines verfügbaren und manipulierbaren lebendigen Objektes
- Erhaltung der Idealisierung der eigenen Kindheit und der eigenen Eltern
- Angst vor der Freiheit
- Angst vor der Wiederkehr des Verdrängten
- Rache für erlittene Schmerzen

Die schrecklichen Folgen

Im zweiten Teil des Buches werden unter dem Titel «Der letzte Akt des stummen Dramas» anhand der Darstellung der Kindheiten von Hitler, der Drogensüchtigen Christiane F. und des Kindsmörders Bartsch die verheerenden Folgen des Weitergebens des in der Kindheit Erlittenen geschildert. Nach Millers biographischem Erklärungsansatz deckt jedes Verbrechen eine verborgene Leidensgeschichte auf, die sich aus den Details der Tat ablesen lässt. In Verbrechen werden die Verwirrung, die Verführung und die Misshandlung immer wieder neu ausagiert.

«Solange das Kind als Container angesehen wird, in den man unbeschadet alle ‹Affektabfälle› hineinwerfen kann, wird sich an der Praxis der ‹Schwarzen Pädagogik› nicht viel ändern. Zugleich werden wir uns über die rapide Zunahme der Psychosen, Neurosen und der Drogensucht bei Jugendlichen wundern, über die sexuellen Perversionen und Gewalttätigkeiten empören und entrüsten und uns darin üben, Massenmorde als einen unumgänglichen Teil unseres Lebens anzusehen.»[7]

Kinder als Container für Affektabfälle

Begleiten statt erziehen: Alice Millers «Erziehungsziele»

Achtung, Respekt, Toleranz

Die Heranwachsenden brauchen nach Millers Ansicht keine Erziehung, sondern die seelische und körperliche *Begleitung* des Erwachsenen. Diese Begleitung soll geprägt sein durch die Achtung vor dem Kind, den Respekt für seine Rechte, die Toleranz für seine Gefühle und die Bereitschaft des Erwachsenen, aus dem kindlichen Verhalten über das Wesen des einzelnen Kindes, über das eigene Kindsein und über die beim Kind viel deutlicheren Gesetzmässigkeiten des Gefühlslebens zu lernen.

Alice Millers antipädagogische Haltung ist durch eine differenziertere Sicht als diejenige anderer Antipädagogen geprägt. In einem Interview illustrierte sie die Aussage, was Menschen in der Kindheit das Leben gerettet hatte, kann das Leben als Erwachsene verstümmeln mit dem Bild eines Baumes. Wenn ein junger Baum an einer Stange festgebunden wird, kann ihm das sein Leben retten. Wenn die Schnur aber während des Wachsens nicht gelockert und schliesslich abgenommen wird, kann dieser Halt das Leben des Baumes abwürgen. Analog verhält es sich mit der Erstickung der Lebendigkeit von Menschen.

Alice Millers Lösung: Die Fähigkeit zu trauern

Idealisierung der eigenen Kindheit als Hindernis

Im Unterschied zu Ekkehard von Braunmühls einfachen antipädagogischen Rezepten – sein zweites 1978 veröffentlichtes antipädagogisches (Lern-)Buch trug den Titel *Zeit für Kinder – Zur Beseitigung der Unsicherheit im Umgang mit Kindern* – ist Alice Miller weniger optimistisch. Die Idealisierung der eigenen Kindheit stellt nach ihrer Ansicht ein grosses, unbewusstes Hindernis im Lernprozess der Eltern dar.

Der Weg zur Versöhnung mit dem als Kind im Namen der Erziehung Erlittenen führt über ein Wiedererleben der unterdrückten Gefühle der Angst, des Schmerzes, der Wut und der Trauer, aber nicht über Schuldgefühle:

«Die Fähigkeit zu trauern ist das Gegenteil von Schuldgefühlen; Trauer ist der Schmerz darüber, dass es so geschehen ist und dass die Vergangenheit durch nichts zu ändern ist. Diesen Schmerz kann man mit den Kindern teilen, ohne sich schämen zu müssen, aber Schuldgefühle versucht man entweder zu verdrängen oder sie den Kindern zuzuschieben, oder beides zusammen.»[8]

«Alle Gefühle Ihres Kindes, alle Wünsche Ihres Kindes, alle Entscheidungen Ihres Kindes sind zunächst einmal vom Innen des Kindes her begründet, gerechtfertigt und verdienen Ihren Respekt. Die Seele Ihres Kindes, seine Gefühls- und Willenskundgebungen, seine Motive sind für sie tabu, d. h. Sie haben sie nicht zu bewerten, nicht zu beurteilen, nicht zu loben oder zu tadeln.»
Ekkehard von Braunmühl, 1978

Ekkehard von Braunmühls Rezepte

Antipädagogisches Gedankengebäude

- Das antipädagogische Gedankengebäude beinhaltet die Überzeugung, dass der Mensch von Geburt an das eigene Beste selbst spürt; der Mensch ist kein Mängel-, sondern ein Wunderwesen (kompetentes Baby).
- Es gibt keine auch noch so kleine Für-den-anderen-Verantwortung, sondern nur eine Für-sich-selbst-Verantwortung; die pädagogische Haltung wird als destruktiver «Verantwortungsdiebstahl» bezeichnet.
- Die Heranwachsenden sind nicht erziehungsbedürftig; der Mensch ist kein homo educandus.
- Erziehungsakte vermögen lediglich das Gegenteil des Beabsichtigten zu erreichen.
- Erziehungsbedürftig (im Sinne von bedürftig erziehen zu können) sind die Erwachsenen; sie (miss-)brauchen die Erziehung ihrer Kinder dazu, das ihnen als Kinder angetane Leid weitergeben zu können.
- Anstelle der Erziehung wird eine durch Achtung, Respekt, Toleranz und Lernbereitschaft der Erwachsenen geprägte Haltung der Begleitung und Unterstützung gefordert.

Vom Adultismus zum Child feeling: Die Attraktivität der Antipädagogik

Bewunderung der kindlichen Fähigkeiten

Der Erfolg der Antipädagogik in den 1980er-Jahren beruht wesentlich auf der Grundstimmung einer modischen Bewunderung der kindlichen Fähigkeiten. In seinem Hit «Kinder an die Macht» idealisiert Herbert Grönemeyer das kindlich Geniale:

«Sie sind die wahren Anarchisten
lieben das Chaos, räumen ab
kennen keine Rechte, keine Pflichten
noch ungebeugte Kraft
massenhaft
ungestümer Stolz»

«All I really need to know I learned in Kindergarten»

Deshalb die Forderung: «Gebt den Kindern das Kommando!»[9] Eine wachsende Zahl Erwachsener wurde von der Sehnsucht erfasst, «einmal wieder Kind zu sein» und als «Gast im Kinderland» das «child feeling» zu gewinnen. Der amerikanische Bestseller *All I really need to know I learned in Kindergarten* (FLUGHAM 1988) erfuhr bereits kurze Zeit später eine deutsche Auflage: Alles was Du wirklich wissen musst, hast Du schon als Kind gelernt!

Hubertus von Schoenebecks «Lösungen» komplexer Sachverhalte klingen verblüffend einfach:

«Niemand mehr kann Erwachsenen einen Vorwurf machen, sie hätten ihre Erziehungsverantwortung vernachlässigt oder nicht ‹richtig› wahrgenommen, denn diese Verantwortung gibt es nicht.»[10]

Die Befreiung von der «unnötigen und für humane Beziehungen schädlichen Belastung» der Verantwortung ermöglicht den Erwachsenen die Wiederentdeckung des eigenen Selbst. Das «unter dem Schuttberg der irrationalen Verhaltensmuster, die uns zu Erzogenen gemacht hatten» verborgene Ich wird befreit; Panzer zerbrechen, und Masken fallen.[11]

Teachers leave your kids alone

Für Hubertus von Schoenebeck und andere Antipädagogen gilt nicht nur die Maxime «Erziehung? – Nein danke!» sondern auch: «Schule? – Nein danke!»

«Schule? – Nein danke!»

Die Kinderrechtsbewegung fordert ein Recht auf selbstbestimmtes Lernen:

«Kinder haben das Recht, ihr Lernen selbst zu bestimmen. Sie entscheiden, ob und in welchem Umfang sie staatliche Lernangebote (Schulen) in Anspruch nehmen. Es gibt keine Schulpflicht. Der Staat ist zur Einrichtung von Angebotsschulen verpflichtet.»[12]

Diese Forderung hat für Lehrerinnen und Lehrer eine gewisse Attraktivität. Durch das selbstbestimmte Lernen fallen die unbequemen Lehrerrollen als Polizist und Kontrolleur weg. In einem Flugblatt (verteilt an einer nordrhein-westfälischen Schule) schrieb ein Lehrer:

«Eine grosse Chance für den Frieden und viele andere schöne Lebensweisen ist: Erziehung abschaffen! Denn das Gegenteil von Erziehung ist: Liebevolle Befriedigung menschlicher Bedürfnisse. Das ist auch eine Chance für uns Lehrer, uns von unserem Frust, unseren Ängsten und inneren Erziehungszwängen zu befreien.»[13]

«Eine Chance für uns Lehrer…»

> We don't need no education
> We don't need no thought control
> No dark sarcasm in the classroom
> Teachers leave your kids alone
> Pink Floyd, 1979

Die antipädagogische «Lösung» präsentiert sich den Lehrpersonen als bequemer (Flucht-)Weg aus der Last der Verantwortung und den damit verbundenen Gefühlen des Ungenügens und Versagens in pädagogischen Situationen.

Bequemer (Flucht-)Weg

> «Einmal erdrückte mich der Gedanke der Verantwortung, die ich jetzt für das Kind habe, und ich litt unter der Vorstellung, das Kind jetzt erziehen zu müssen, ohne zu wissen, wie. Ich schaute ihr sorgenvoll in die Augen, da sagte sie plötzlich zu mir in meinem Herzen: ‹Du musst mich nicht erziehen. Ich bin deine Schwester. Wir kommen vom gleichen Ort im Universum.›»
> Amato Duex, 1979

Antipädagogische Überdosierung

Es ist offensichtlich, dass der Begründer der Antipädagogik im deutschsprachigen Raum, Ekkehard von Braunmühl, seit Ende der 1980er-Jahre eine Art Waffenstillstand im antipädagogischen Freiheitskampf befürwortet. Im 1988 erschienenen Nachwort zur fünften Auflage seiner *Antipädagogik* kritisierte von Braunmühl den «Freundschaft mit Kindern-Förderkreis» als eine «Überdosierung der antipädagogischen Aufklärung». Eher überraschend wird mit einem Hinweis auf das Buch von Hans Jonas *Das Prinzip Verantwortung* die proklamierte Selbstverantwortung von Geburt an als grobfahrlässig bezeichnet, weil sie geeignet sei, «die antipädagogische Aufklärung bei allen halbwegs vernünftigen Menschen in Verruf zu bringen».[14] Wie sich diese Distanzierung mit der Aussage «der Säugling besitzt (vor aller Bewusstheit) die Wahrnehmungs- und Kommunikationskompetenz und ist von Anfang an zur Selbstbestimmung fähig»[15] in von Braunmühls Buch verträgt, bleibt aber das Geheimnis des Autors.

Waffenstillstand im antipädagogischen Freiheitskampf

Radikaler Bruch innerhalb der antipädagogischen Bewegung

Mitte der 1990er-Jahre kam es zum Bruch zwischen Ekkehard von Braunmühl und Hubertus von Schoenebeck und dessen Verein Freundschaft mit Kindern. Die Radikalität des Bruches zeigt sich beispielsweise an der Aussage von Braunmühls, die «Privatsekte» Freundschaft mit Kindern habe mit Antipädagogik etwa so viel zu tun wie der Weltkonzern Scientology-Church mit Wissenschaft.

Von Braunmühl wirft von Schoenebeck vor, mit neurotischen Scheuklappen gegenüber der Realität aus der selbstverständlichen Gleichwertigkeit aller Subjekte auf die Gleichwertigkeit alles Wissens zu schliessen und die verrückte Ansicht der Gleichwertigkeit aller Produkte, Handlungen, Aussagen zu fordern: «Wer hier behauptet, dass ein Mensch, der die potentielle Gefährlichkeit einer Steckdose kennt, in der Bewertung der Realität dem ahnungslosen Kleinkind nicht überlegen ist, der hat für mich nicht alle Tassen im Schrank.» Eine besonders gravierende Folge dieser Gleichwertigkeitsannahme ist, dass gegenüber Kindern weder argumentiert, informiert noch moralisch appelliert werden kann und deshalb in Notfällen nur die Durchsetzung der Erwachsenen mit Körperkraft bleibt: «Seine (von Schoenebecks / HB) ganze Heilslehre propagiert das nackte Faustrecht.»[16]

Verrückte Ansicht der Gleichwertigkeit aller Aussagen

In seinem Buch «Was ist antipädagogische Aufklärung?» analysiert von Braunmühl die Missverständnisse, Missbräuche und Misserfolge innerhalb der antipädagogischen Bewegung und belegt seinen Hauptvorwurf, dass durch die missbräuchliche Benutzung des Begriffes Antipädagogik der antipädagogischen Aufklärung schwerer Schaden zugefügt wurde. Unter dem Titel «Das Kartenhaus des Dr. H. v. Sch.» stellt er die Tricks und Wahnvorstellungen seinen Kontrahenten vor: die vier Tricks «Selbstverantwortung», «Subjektivität», «Achtung vor der inneren Welt» und «Sozialität» sowie die vier Wahnvorstellungen «Vom Fehlen der Fehler», «Gewalt ist nicht Gewalt», «Moral der postpädagogischen Ethik» und «Durchgebrannt ins Kinderland».

Von Schoenebeck reagierte kaum auf die publizistischen «Schläge unter die Gürtellinie» und äusserte die Hoffnung, dass nur wenige vom EvB-Virus erwischt würden. Seit dieser Auseinandersetzung verwendet der Verein Freundschaft mit Kindern statt Antipädagogik die Bezeichnung *Amication*. Mit diesem vom lateinischen *amicus* (Freund) abgeleiteten Begriff wird eine Weltsicht und Weltdeutung propagiert, die die Phänomene der Welt aus der amicativen Perspektive sieht und deutet.[17]

Amication als Weltsicht und Weltdeutung

Alice Millers Aktualität

Weitgehend unbeachtet von beiden Streithähnen verfolgt Alice MILLER konsequent ihren Weg einer Aufklärung über die ignorierten und heruntergespielten Leiden der ehemaligen Kinder und die verheerenden Folgen der Traumatisierungen der Kinder für die Gesellschaft. Neben aktuellen Publikationen wie *Die Revolte des Körpers* (2004) oder *Evas Erwachen – Über die Auflösung emotionaler Blindheit* (2001) investiert sie seit 2001 Zeit und Energie in ihre Website *alice-miller.com*. Neben aktuellen Texten und Interviews bietet sie in dreisprachigen Foren früheren Opfern von Kindermisshandlungen die Möglichkeit, dass die in der Kindheit gemachten traumatischen Erfahrungen nicht mehr im Dunkeln bleiben müssen und damit nicht länger eigene und fremde Kinder im Namen der Erziehung zu Opfern unbewusster Racheakte werden.

Ein Beweis dafür, dass Alice Millers Anliegen nach wie vor aktuell und wichtig sind und dass Kindesmisshandlungen nicht der Vergangenheit einer Zeit der Schwarzen Pädagogik angehören, liefern immer wieder aktuelle Veröffentlichungen über erschütternde Einzelschicksale und aufrüttelnde Statistiken. So meldete beispielsweise das Zürcher Kinderspital für das Jahr 2004 eine erschreckende Zunahme der erfassten Fälle von Kindsmisshandlungen um elf Prozent auf 458. Am stärksten zugenommen hatten körperliche Misshandlungen in der Gruppe der ein- bis siebenjährigen Knaben. Die Täter waren in der überwiegenden Zahl Eltern, in zweiter Linie neue Lebenspartner.[18]

Revival antipädagogischer Naivitäten

Neben dieser traurigen antipädagogischen Aktualität sorgen immer wieder in Massenmedien verbreitete antipädagogische Naivitäten und Absurditäten für Aufsehen. In einem 2002 durchgeführten Interview äussert sich der Popstar Nena auch über Fragen der Kindererziehung. Da sie wie von Schoenebeck der Meinung ist, dass Kinder bis zum fünften Lebensjahr alles wissen und dass ihnen Erwachsene nichts zu erzählen haben, folgert sie: «Ich erziehe meine Kinder nicht, wir begleiten uns. Ich gebe Ihnen die Möglichkeit, sich frei zu entfalten.»

«Ich erziehe meine Kinder nicht, wir begleiten uns.»

Falls eines ihrer vier Kinder den Respekt verliert, fängt die Diskussion an: «Da kann ich echt heavy werden. Die Kinder aber auch, die haben auch das Recht, heavy zu werden.» Wie dieses Heavy-Werden aussieht, erfährt man im Interview nicht. Zur Frage des Grenzen-Setzens lautet ihre antipädagogische Antwort: «Natürlich gibt es für mich Grenzen. Aber umgekehrt auch: Ich geh auch mal an die Grenzen meiner Kinder, und die sagen mir dann genau das Gleiche.»[19] Zu hoffen ist, dass Nena-Fans sich aufs Imitieren der Songs ihres Idols beschränken und sich in erzieherischen Fragen stärker an Differenzierterem orientieren.

> «Ich glaube nicht, dass die Welt in Ordnung kommt, wenn man nur die Erziehung aus ihr entfernt, denn ich zweifle daran, dass die unverbildete Menschlichkeit sich nur deswegen nicht entfalten kann, weil der pädagogische Druck sie niederhält.»
> Heinrich Kupffer

1 HOLT: *Zum Teufel mit der Kindheit*, 1978, S. 13
2 BRAUNMÜHL: *Antipädagogik*, 1988 (5. Auflage), S. 224
3 MILLER: *Am Anfang war Erziehung*, 1983, S. 11
4 MILLER: *Am Anfang war Erziehung*, S. 117
5 MILLER: *Am Anfang war Erziehung*, S. 118
6 MILLER: *Am Anfang war Erziehung*, S. 121
7 MILLER: *Am Anfang war Erziehung*, S. 241
8 MILLER: *Am Anfang war Erziehung*, S. 288
9 GRÖNEMEYER: *Sprünge*, 1986
10 FREUNDSCHAFT MIT KINDERN: Heft 3, Oktober 1980, S. 7
11 FREUNDSCHAFT MIT KINDERN: Heft 3, S. 7, 8
12 FREUNDSCHAFT MIT KINDERN: *Jenseits der Erziehung – Grundlagen und Praxisfragen einer erziehungsfreien Lebensführung*, Heft 5, 1988, S. 31
13 Zitiert nach: *betrifft: erziehung*, November 1982, S. 50
14 BRAUNMÜHL: *Antipädagogik*, 1988 (5. Auflage), S. 285
15 BRAUNMÜHL: *Antipädagogik*, S. 224
16 BRAUNMÜHL: *Im Gespräch mit Michael Dobstadt*, 1996, www.kidweb.de/ekkiint.htm
17 vgl. *www.amication.de*
18 vgl. *Tages-Anzeiger* vom 14. Januar 2005, S. 19
19 *SonntagsZeitung* vom 15. Dezember 2002, S. 27

8 Konstruktivistische Pädagogik

«Wir alle sind lernfähig, aber unbelehrbar;
wir alle lernen nicht, wenn wir lernen sollen,
sondern wenn wir lernen wollen...»

Konstruktivistische Vertreter

In diesem Kapitel wird der breit gefächerte Ansatz des radikalen und pädagogischen Konstruktivismus anhand zweier ausgewählter Vertreter vorgestellt: Der 1917 geborene Ernst von Glasersfeld, der in den 1970er- und 1980er-Jahren als Professor für kognitive Psychologie an der University of Georgia lehrte und forschte, wird als Hauptvertreter des Radikalen Konstruktivismus ausgewählt; der seit 1970 als Professor für Erwachsenenbildung an der Universität Hannover tätige Horst Siebert als Vertreter einer Konstruktivistischen Pädagogik.

Ernst von Glasersfeld

Ernst von Glasersfeld – einer der Väter des Radikalen Konstruktivismus

Der Radikale Konstruktivismus will im fundamentalen Unterschied zu behavioristischen und soziobiologischen Intentionen gemäss Ernst von Glasersfeld sagen, dass wir die Welt, in der wir zu leben meinen, uns selbst zu verdanken haben. Ein Hauptpunkt, in dem sich der Konstruktivismus radikal von allen anderen «Ismen» (wie Idealismus, Rationalismus, Realismus oder Skeptizismus) unterscheidet, liegt im Verhältnis zwischen Wissen und Wirklichkeit. Glasersfeld führt diesen aus konstruktivistischer Sicht fundamentalen Gegensatz auf den entscheidenden Unterschied zwischen den beiden englischen Wörtern *match* und *fit* (und deren deutschen Entsprechungen *stimmen* und *passen*) zurück: Stimmen bedeutet das Abgebildete wiedergeben, gleichförmig sein; passen, den erhofften Dienst leisten. Ein Schlüssel, mit dem man ein Schloss öffnen kann, passt. Gemäss dem Radikalen Konstruktivismus stehen alle (gemeint sind alle Lebewesen vom Tier über das Schulkind bis zum Wissenschaftler) der Umwelt gegenüber wie ein Einbrecher dem Schloss, das er aufsperren muss, um Beute zu machen. Der Begriff der Übereinstimmung (match) darf nach konstruktivistischer Ansicht nicht vom entwicklungsgeschichtlichen Begriff des Passens (fit) abgeleitet werden – und noch weniger damit vertauscht werden.[1]

Horst Siebert

Unterschied zwischen «fit» und «match»

In seinem 1995 erschienenen Buch *Radical Constructivism – A Way of Knowing and Learning* schildert Glasersfeld die Grundzüge seiner

Auffassung des Radikalen Konstruktivismus, indem er drei Stränge verbindet: Sein Werdegang zum Konstruktivisten durch das Aufwachsen in drei Sprachen und die Begegnung mit geistreichen Menschen; seine persönliche Analyse der Werke philosophischer Denker und deren Ideen, auf denen konstruktivistisches Denken aufbaut (durch seine eklektische philosophische Lektüre ohne Aufsicht stiess er auf ganz unbekannte Philosophen) und drittens seine Demonstration der Viabilität konstruktivistischen Denkens bei der Auseinandersetzung mit zentralen Problemen der Philosophie, Psychologie und Pädagogik.

Der erste echte Konstruktivist

Der erste «echte» Konstruktivist lebte gemäss Glasersfeld in der ersten Hälfte des 18. Jahrhunderts. Der neopolitanische Philosoph Giambattista Vico, den Glasersfeld durch die Lektüre von James Joyce *Finnegans Wake* kennen gelernt hatte, prägte das konstruktivistische Schlagwort «Verum ipsum factum» (das Wahre ist dasselbe wie das Gemachte) und verfasste mit seiner lateinischen Dissertation «De Antiquissima Italorum Sapientia» das erste konstruktivistische Manifest: «Ebenso wie die Wahrheit Gottes das ist, was Gott erkennt, indem er es zusammenfügt und schafft, ist die menschliche Wahrheit das, was der Mensch erkennt, indem er es handelnd aufbaut und durch sein Handeln formt.» Gott ist also der Schöpfer der Welt, der Mensch der Gott der Artefakte. Durch die Akzentsetzung auf dem Formen, Komponieren, Zusammenfügen, Konstruieren versteht Vico das Wissen der menschlichen Vernunft und die Welt der rationalen Erfahrung

Produkte kognitiver Konstruktionen

als Produkte kognitiver Konstruktionen. Diese Grundannahme übernimmt Glasersfeld in seiner pointierten Formulierung:

«Das heisst ganz allgemein, die Welt, die wir erleben, ist so und muss so sein, wie sie ist, weil wir sie so gemacht haben.» [2]

Die entscheidende Grundlage für Glasersfelds Radikalen Konstruktivismus bilden aber zweifellos die bahnbrechenden Erkenntnisse Jean Piagets. Für Glasersfeld, der sich sieben Jahre ausschliesslich mit dem Schweizer Entwicklungspsychologen beschäftigt hat, bedeutet Piagets

L'intelligence organise le monde...

Formulierung «L'intelligence organise le monde en s'organisant elle-même» die entscheidende radikal konstruktivistische Forderung: Dass die Erkenntnis nicht mehr eine «objektive» ontologische Wirklichkeit betrifft, sondern ausschliesslich die Ordnung und Organisation von

Ansichts-Sachen

Schwarze oder weisse Pfeile?

Vögel oder Antilopen?

Sechs oder sieben Würfel?

Erfahrungen in der Welt des Erlebens. Grundlegende Bedeutung erhält der durch die Auseinandersetzung mit Piaget geprägte Begriff der Viabilität: Handlungen, Begriffe und begriffliche Operationen sind dann viabel, wenn sie zu den Zwecken oder Beschreibungen passen, für die wir sie benutzen. Nach konstruktivistischer Denkweise ersetzt der Begriff der Viabilität im Bereich der Erfahrung den traditionellen philosophischen Begriff der Wahrheit, der eine «korrekte» Abbildung der Realität bestimmt.[3]

Viabilität statt Wahrheit

> **Grundprinzipien des Radikalen Konstruktivismus**
> mit Hilfe von Piagets Theorie der kognitiven Entwicklung
>
> 1a Wissen wird nicht passiv aufgenommen, weder durch die Sinnesorgane noch durch Kommunikation.
> 1b Wissen wird vom denkenden Subjekt aktiv aufgebaut.
> 2a Die Funktion der Kognition ist adaptiver Art, und zwar im biologischen Sinne des Wortes, und zielt auf Passung oder Viabilität;
> 2b Kognition dient der Organisation der Erfahrungswelt des Subjekts und nicht der «Erkenntnis» einer objektiven ontologischen Realität.
>
> Ernst von Glasersfeld

Aus radikal-konstruktivistischer Sicht ist alle Verständigung, alles Lernen und Verstehen stets Bau und Interpretation des erlebenden Subjekts. Es ist das Grundprinzip 2b, das gemäss Glasersfeld den Nicht-Konstruktivisten am meisten Schwierigkeiten bietet: Sie können sich nicht bereit erklären, die Suche nach ontologischer Wahrheit aufzugeben.

Der Konstruktivismus – eine «Umbrella-Theorie»

In einem 1994 durchgeführten Gespräch über den Radikalen Konstruktivismus sagte Glasersfeld, dass der Konstruktivismus keine Kirche sei, die einen Katechismus habe, sondern er sei von verschiedenen Leuten aus verschiedenen Gründen verschieden aufgebaut worden.[4]

Aufgrund dieser Verschiedenheiten kann der Konstruktivismus als eine «Umbrella-Theorie» bezeichnet werden: Unter dem «Dach» eines konstruktivistischen Regen- oder Sonnenschirmes haben sich unterschiedliche Vertreter unterschiedlicher wissenschaftlicher Disziplinen getroffen. Viele von ihnen haben sich aufgrund ihres gemeinsamen philosophisch-erkenntnistheoretischen Interesses gefunden. Ihre zentralen ursprünglichen «Herkunftsorte» sind die drei Fachgebiete bzw. Theorietraditionen Kybernetik, Entwicklungs- und Sprachpsychologie sowie Biologie.

Hauptgruppierungen des Konstruktivismus

Horst Siebert erkennt unter dem Schirm unter anderen die folgenden Haupt-Gruppierungen:

- Neurobiologie (Humberto Maturana, Francisco Varela)
- Kognitionspsychologie (Ernst von Glasersfeld)
- Kommunikationstheorie (Paul Watzlawick)
- Kybernetik (Heinz von Foerster)
- Systemtheorie (Niklas Luhmann)

Auf der Basis dieser unterschiedlichen Positionen konstruiert Siebert ein Fundament zentraler konstruktivistischer Thesen und Schlüsselbegriffe.[5]

Fundament zentraler Thesen und Schlüsselbegriffe des Konstruktivismus

- Das Gehirn wird verstanden als autopoietisches (selbsttätiges), selbstreferenzielles (rückbezügliches), operational geschlossenes System
- Kriterium unserer Wahrnehmung und Kognition ist nicht Wahrheit sondern Viabilität (Überlebensdienlichkeit)
- Wirklichkeitkonstruktionen haben eine kollektive und individuelle Geschichte, sie sind biographisch geprägt
- Erkenntnis ist selbstreferenziell, das heisst auch strukturkonservativ
- Perturbationen führen zu Rekonstruktionen, nicht mehr viable Konstrukte zu einem «Reframing» (Umlernen, Umdenken)
- Aufklärung ist vor allem als Selbstaufklärung möglich (prinzipielle Autonomie und Selbstverantwortung für Denken und Handeln)
- Differenzwahrnehmungen und Metakognitionen ermöglichen Beobachtungen zweiter Ordnung (Beobachtungen unserer Beobachtungen)
- Missverstehen ist aufgrund der individuellen operationalen geschlossenen Systeme die Regel; Menschen bleiben «füreinander undurchsichtig»
- Notwendiger Perspektivenwechsel vom Was (Konstrukte) zum Wie (Wirklichkeitskonstruktionen)
- Lernen wird verstanden als Erweiterung unserer Möglichkeiten durch Erweiterung unserer Beobachtungen und Differenzierung unserer Unterscheidungen
- Differenzwahrnehmungen statt voreiliges Konsensstreben (Notwendigkeit von Toleranz und Anerkennung von Pluralität)

Horst Siebert

Ein ganz konkretes schulisches Beispiel

An einem persönlichen Beispiel zeigt Glasersfeld, wie einer seiner Lehrer die einmalige Chance verspielte, alle Fragen, die die Schüler irritierten und verwirrten, durch eine einzige Erklärung aufzulösen:

«Der Lehrer nahm eines dieser Geräte und zeigte es der Klasse: ‹Das ist ein gleichseitiges Dreieck, denn seine drei Seiten haben die gleiche Länge.› Doch während er es hochhielt, bemerkte er, dass eine der Ecken abgebrochen war. ‹Es ist ein bisschen beschädigt›, sagte er, ‹es ist ein gleichseitiges Dreieck, wenn man sich die fehlende Ecke dazudenkt.› Und er fuhr mit seinem Lehrplan fort. Dieser Lehrer verpasste eine wunderbare Gelegenheit, um zu erklären, dass alle die Elemente der Geometrie, vom Punkt und der Linie zu den regelmässigen Körpern und den Kegelschnitten, mental erzeugt werden müssen. Er hätte erklären können, dass die Punkte, Linien und vollkommenen Dreiecke der Geometrie Fiktionen sind, die in der sensomotorischen Welt nicht gefunden werden können, weil sie ideale Begriffe sind und nicht körperliche Gegenstände. Er hätte uns sagen können, dass es keine Rolle spielt, wie präzise ein materielles Dreieck hergestellt wird, denn wenn man die Anforderungen an Präzision erhöht, dann werden sich seine Seiten als nicht ganz gerade und deren Länge als nicht exakt erweisen. Er hätte fortfahren können zu erklären, dass die Mathematik und in der Tat die Wissenschaft im allgemeinen nicht darauf angelegt ist, die Realität zu beschreiben, sondern dass sie ein System bereitstellen soll, mit dem wir unsere Erfahrung organisieren können. Ich glaube nicht, dass Schüler nicht in der Lage wären, das zu verstehen.»[6]

Eine verpasste wunderbare Gelegenheit

Der Radikale Konstruktivismus kann den Erziehern und Lehrern gemäss Glasersfeld klar machen, warum bestimmte Einstellungen und Verfahren fruchtlos und kontraproduktiv sind. Ein grundlegender ethischer Imperativ der Lehrpersonen muss lauten, dass die Schüler in der Lage sind, selbständig zu denken. Daraus folgt, dass die Kunst des Lehrens wenig mit der Übertragung von Wissen zu tun hat, sondern dass ihr grundlegendes Ziel darin bestehen muss, die Kunst des Lernens auszubilden.

Ein Imperativ für Lehrpersonen

> «Ich leite die meisten meiner Vorschläge für den praktischen Unterricht von dem fundamentalen Prinzip ab, dass Begriffe und begriffliche Beziehungen mentale Strukturen sind, die nicht von einem Kopf zum anderen übertragen werden können. Begriffe müssen von jedem Lerner für sich aufgebaut werden, doch ist es Aufgabe des Lehrers, die Konstruktionsprozesse ihrer Schüler zu orientieren.»
> Ernst von Glasersfeld

Ein konstruktivistisches Reframing der Pädagogik

Im deutschsprachigen Raum ist der Radikale Konstruktivismus seit den letzten Jahren des 20. Jahrhunderts «en vogue». So behandelte die *Zeitschrift für Pädagogik* den Konstruktivismus 1995 als Schwerpunktthema, 1996 fand in Heidelberg der Kongress «Die Schule neu erfinden – Ortsbestimmung aus systemisch-konstruktivistischer Sicht» statt und 1998 machte auch die Zeitschrift *Pädagogik* den Konstruktivismus zu einem Themenschwerpunkt.

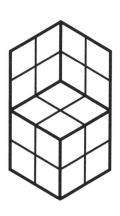

Die Provokation und die Faszination des Radikalen Konstruktivismus für die Pädagogik und die Bildungsarbeit liegt für Horst Siebert auf der Hand: Wenn die Welt kognitiv unzugänglich bleibt und wenn jeder einzelne Mensch ein geschlossenes System bildet, dann müssen wir gleich von zwei pädagogischen Mythen Abschied nehmen: erstens, dass die Lehrpläne und Unterrrichtsmaterialien die Welt so repräsentieren können, wie sie wirklich ist, und zweitens, dass Lernen die Widerspiegelung des Lehrens ist.

Abschied von pädagogischen Mythen

Die Konstruktivistische Pädagogik nimmt eine Neuinterpretation vertrauter pädagogischer Grundbegriffe vor: Erziehung wird verstanden als Anleitung zu verantwortlicher Selbststeuerung, Bildung als Beobachtung zweiter Ordnung der Wirklichkeitskonstruktion, Lernen als Differenzwahrnehmung, Lehre als Inszenierung produktiver Perturbationen, Wissen als relevante bedeutungsvolle, viable Erfahrung.[7]

Neues Erziehungs- und Bildungsverständnis

> **Neuorientierungen der Konstruktivistischen Pädagogik**
>
> - Von der Leitdifferenz richtig/falsch zur Leitdifferenz Relevanz und Viabilität
> - Vom Normativen zum Interpretativen und Reflexiven
> - Von der Wissens- und Wahrheitsvermittlung zur Inszenierung von Perturbationen und zu Beobachtungen zweiter Ordnung
> - Von der Widerspiegelung von Welt zur Erzeugung von Wirklichkeiten
> - Von der Standardisierung zur Differenzwahrnehmung und zum Reframing
> - Von der Homogenität zur Pluralität
> - Von der Erziehung und Qualifizierung zur Selbststeuerung und Selbstreferenzialität
> - Von der Belehrungs-Didaktik zur Ermöglichungs-Didaktik
>
> Horst Siebert

Ein konstruktivistisches pädagogisches Verständnis

Ein konstruktivistisches pädagogisches Verständnis kann wie folgt auf einen Punkt gebracht werden:

«Wir alle sind lernfähig, aber unbelehrbar; wir alle lernen nicht, wenn wir lernen sollen, sondern wenn wir lernen wollen; wir ändern unser Verhalten nur dann, wenn wir uns ändern wollen und wenn Veranlassung dazu besteht; ‹nicht die Sozialisationsagenten sozialisieren, sondern Differenzen sozialisieren› ...»[8]

Lernen als Konstruktion von Lebenswelten

Eine auffällig grosse Verbreitung haben die konstruktivistischen Forderungen in der Didaktik gefunden. Die konstruktivistische These, dass die Menschen die Welt nicht abbilden, sondern konstruktiv erzeugen, bedeutet für den Unterricht gemäss Siebert:

«Es wird nicht das gelernt, was gelehrt wird. Curriculare Inhalte sind allenfalls Impulse, die autopoietisch, selbstreferenziell und selektiv wahrgenommen, gedeutet, ergänzt und assimiliert oder abgewehrt werden.»[9]

Es wird nicht gelernt, was gelehrt wird

Lehrinhalte sind nicht mehr als Angebote, die von den Lernenden mit Hilfe ihres persönlichen «Relevanzdetektors» und ihres «Neuigkeitsdetektors» geprüft werden. Die Lehrenden können zwar die Relevanz begründen, aber es sind immer die Lernenden, die ihre Entscheidung treffen. Sie sind verantwortlich für das, was sie lernen – und was nicht. Wenn sie etwas gezwungenermassen lernen, bleibt dieses Wissen rein äusserlich und oberflächlich.

In seinem Buch *Aufbruch zu einer neuen Lernkultur* hat Bruno KRAPF zu einem radikal veränderten konstruktivistischen Lehrverständnis aufgerufen: Lehren heisst schweigen, loslassen, gemeinsam eine Wegstrecke gehen. Das von Wayne DYER in seinem Buch *Der wunde Punkt – Die Kunst nicht unglücklich zu sein* formulierte Liebesverständnis «Liebe ist die Fähigkeit und Bereitschaft, den Menschen, an denen uns gelegen ist, die Freiheit zu lassen, zu sein, was sie sein wollen, gleichgültig, ob wir uns damit identifizieren können oder nicht» dient Krapf als Ausgangspunkt seines neuen Lehrverständnisses: «Lehren ist die Fähigkeit und Bereitschaft, den Menschen, an denen uns gelegen ist, die Freiheit zu lassen, zu sein, was sie sein wollen, gleichgültig, ob wir uns damit identifizieren können oder nicht.»[10]

Lehren heisst loslassen

Ein solches radikal-konstruktivistisches Lehrverständnis garantiert allen Lernenden eine maximale Freiheit in ihrem Lernprozess und allen Lehrenden eine maximale Freiheit in Bezug auf ihre Planung und Durchführung des Unterrichts. Aus einer an einem Bildungsbegriff orientierten didaktischen Sicht birgt diese subjektzentrierte Berufsvorstellung, die vielen als sehr attraktiv erscheinen mag, verschiedene Gefahren.[11]

Einwände gegenüber einer konstruktivistischen Pädagogik

Ganz grundsätzliche Kritikpunkte am Konstruktivismus betreffen einerseits die mangelnde Differenzierung zwischen Alltagserkenntnis und wissenschaftlicher Erkenntnis und andererseits die Vernachlässigung gesellschaftlicher und ökonomischer Strukturen:

- Aus einer radikal-konstruktivistischen Sicht lässt sich wissenschaftliche Erkenntnisbildung nicht grundsätzlich, sondern nur graduell von Alltagserkenntnis unterscheiden. Denn: Wissenschaftliches Wissen ist nichts anderes als konstruiertes Wissen, das sich in den Worten der radikalen Konstruktivisten als «viabel» oder «als operativ tauglich» erweisen muss.

Blind gegenüber gesellschaftlich-politischen Faktoren

- Eine radikal-konstruktivistische Perspektive bleibt gegenüber Faktoren sozialer, gesellschaftlich-politischer (wie Hierarchien oder Ideologien) oder kultureller Art weitgehend blind. Aus einer umfassenden gesellschaftlichen Perspektive verstanden erscheint ein rein subjektivistisches Verständnis von Lehr- und Lernprozessen in einem anderen – höchst problematischen – Licht. Die (Auf-)forderung «Werde, die du bist!» «Werde, der du bist!» kann angesichts der im ersten Kapitel skizzierten riskanten Arbeits- und Lebensbedingungen einen zynischen Unterton annehmen.

Im letzten Jahrzehnt des 20. Jahrhunderts haben die Verweise auf den Konstruktivismus in der pädagogischen Literatur in starkem Masse zugenommen. Diese Tatsache kommentiert Ernst von Glasersfeld mit der Bemerkung: «Mir ist das eher unbehaglich.» Er stellt fest, dass einige der Befürworter den Radikalen Konstruktivismus marktschreierisch als Allheilmittel verkaufen, ihn aber sofort ablehnen würden, wenn ihnen seine wissenstheoretischen Konsequenzen klar würden.[12]

Spezifisch an einen pädagogischen und didaktischen Konstruktivismus gerichtet sind die folgenden Kritikpunkte:

- Auffällig ist die sehr unterschiedliche Verwendung des konstruktivistischen Ansatzes in der Pädagogik. Ewald TERHART kritisiert das Spektrum «von einem radikalisierten Konstruktivismus über einen gemässigten und trivialen Konstruktivismus bis hin zu einem

Pseudo-Konstruktivismus

Pseudo-Konstruktivismus, in dem sich die tradierte instruktivistische Grundhaltung des ‹Abfüllens› von Schülern lediglich mittels konstruktivistischer Semantik tarnt».[13]

- Die Konstruktivistische Didaktik stellt das Axiom «Die Sache der Schule ist die Sache!» in Frage. Wenn dieser Sachanspruch für alle Inhaltsbereiche und Schulstufen radikal-konstruktivistisch aufgelöst bzw. virtualisiert wird, wird schulisches Lernen gleichsam entmaterialisiert. Lehr-Lern-Prozesse werden im schlechten Sinne formal und am Ende beliebig. Wenn Bildungseinrichtungen keinen Beitrag leisten zur Frage, *was* Menschen denken sollen, sondern nur noch *wie* sie denken können, verkommt Substanz zu Prozess.

Beliebigkeit der Lehr-Lern-Prozesse

Ein grundlegendes Verdienst des Radikalen Konstruktivismus für die Pädagogik ist nicht zu unterschätzen. Terhart hat diese Bereicherung prägnant auf den Punkt gebracht:

«Das konstruktivistische Argumentationsreservoir liefert jedoch eine neue Sprache, mit deren Hilfe die altbekannten Probleme der schulischen Organisation von Lehren und Lernen neu gefasst werden können. Das ist nicht nichts. Für Konstruktivisten kann es übrigens auch gar nichts anderes geben.»[14]

«In den besseren Stunden aber wachen wir so weit auf, dass wir erkennen, dass wir träumen.»
Ludwig Wittgenstein

1 vgl. GLASERSFELD: *Einführung in den radikalen Konstruktivismus*, 1984, S. 17–20
2 GLASERSFELD: *Einführung in den radikalen Konstruktivismus*, S. 29
3 vgl. GLASERSFELD: *Radikaler Konstruktivismus*, 1998 (2. Auflage), S. 43
4 vgl. GLASERSFELD: *Radikaler Konstruktivismus*, S. 312
5 vgl. SIEBERT: *Bildungsarbeit – konstruktivistisch betrachtet*, 1996, S. 15
6 GLASERSFELD: *Radikaler Konstruktivismus*, S. 299
7 vgl. SIEBERT: *Ein konstruktivistisches «Reframing» der Pädagogik*, 1998, S. 283, 284
8 SIEBERT: *Ein konstruktivistisches «Reframing» der Pädagogik*, S. 285
9 SIEBERT: *Bildungsarbeit – konstruktivistisch betrachtet*, S. 26
10 KRAPF: *Aufbruch zu einer neuen Lernkultur*, 1992, S. 16
11 vgl. BERNER: *Didaktische Kompetenz*, 1999
12 vgl. GLASERSFELD: *Radikaler Konstruktivismus*, S. 283
13 vgl. TERHART: *Konstruktivismus und Unterricht*, 1999, S. 644, 645
14 TERHART: *Konstruktivismus und Unterricht*, S. 632

Über-Blicke

9 Übergänge und Zusammenhänge

Pädagogische Wenden

Otto Friedrich BOLLNOWs Ansatz der Pädagogischen Anthropologie, der stark von seinen pädagogischen Lehrern der Geisteswissenschaftlichen Pädagogik Hermann NOHL und Edward SPRANGER beeinflusst ist, kreist um die Grundfrage nach dem Wesen des Menschen. Sein Ansatz ist geprägt durch die offene Frage, durch ein vorsichtiges Abwägen, durch Bescheidenheit und Skepsis. Bollnow hütet sich davor, das Wesen des Menschen als etwas Abgeschlossenes zu betrachten. Der Mensch wird in seiner Offenheit für (noch) nicht voraussehbare Entwicklungen verstanden. Es ist diese Offenheit, die neue Dimensionen zu erschliessen vermag. Die neuen Dimensionen ermöglichen ein vertieftes Verständnis des pädagogischen Geschehens. Gemäss Bollnow lebt die Pädagogische Anthropologie «in dieser Hingabe an ihren Gegenstand, in dieser Freude an der Entdeckung neuer wichtiger Phänomene, in der niemals zu einem endgültigen Ergebnis führenden, immer erneut einsetzenden Bemühung um die Erhellung des Menschen».[1]

Otto Friedrich Bollnow: Grundfrage nach dem Wesen des Menschen

Wer aber von einem pädagogischen Ansatz vor allem prägnante Erklärungen und effiziente Lösungsvorschläge erwartet, wird von diesen Erhellungsversuchen enttäuscht werden.

«Wer in diesem Jahr nur ein Buch lesen will, der sollte sich für dieses entscheiden», schrieb die New York Times 1971, als einer der Hauptvertreter des Neobehaviorismus, der «Experimentalpsychologe» der renommierten Harvard-Universität, Burrhus Frederic SKINNER, sein Buch mit dem provokativen Titel *Beyond Freedom and Dignity* veröffentlichte.

«Jenseits von Freiheit und Würde»

Seine Antworten auf die gleiche Frage «Was ist der Mensch?» stehen denen von Bollnow diametral gegenüber; es ist kaum ein grösserer Gegensatz denkbar. Skinner ist der Ansicht, dass die Abschaffung des autonomen Menschen seit langem überfällig ist:

«Der ‹autonome Mensch› ist ein Mittel, dessen wir uns bei der Erklärung jener Dinge bedienen, die wir nicht anders erklären können. Er ist ein Produkt unserer Unwissenheit, und während unser Wissen wächst, löst sich die Substanz, aus der er gemacht ist, immer mehr in Nichts auf.»[2]

Skinner sieht die Überlebenschancen des Menschen darin, dass die unantastbaren Werte der Freiheit und Würde einer radikalen Revision unterzogen werden. Der autonome Mensch wird abgeschafft. Der Mensch wird von seiner Umwelt kontrolliert, die – welch ein Trost – grösstenteils von ihm selbst geschaffen wurde.

Die letzten beiden Sätze des Buches drücken den unerschütterlichen Glauben dieses amerikanischen Psychologen an die wunderbaren Möglichkeiten einer Verhaltenstechnologie in pointierter Form aus:

Verhaltenstechnologische Versprechungen

«Die wissenschaftliche Sicht des Menschen bietet erregende Möglichkeiten. Wir haben noch nicht erkannt, was der Mensch aus dem Menschen machen kann.»[3]

In der pädagogischen Diskussion im deutschsprachigen Gebiet wurde die technologische Wende differenzierter und gemässigter formuliert.

Über die Notwendigkeit einer «realistischen Wendung in der pädagogischen Forschung» – eines Schrittes zu einer empirischen Sicherung der Erfahrungsgrundlagen – bestand weit gehende Übereinstimmung. Auch Bollnow übte starke Kritik an den pädagogischen Ansätzen, in denen sich «unwissenschaftliches Gerede, parteiischer Eifer und dogmatische Beschränktheit» ausgebreitet hatten.[4]

Wolfgang Brezinka: Orientierung am Rationalismus

Empirische Erziehungswissenschaftler wie Wolfgang BREZINKA versprachen Ende der 1960er-Jahre sich (und anderen) von einer Orientierung am wissenschaftlichen Vorgehen der Naturwissenschaften eine Überwindung von Willkür und Beliebigkeit und eine rationale Praxis. Aus Theorien (= logisch und empirisch überprüfte Systeme von Gesetzmässigkeiten) sollten Erklärungen, Prognosen und Technologien gewonnen werden. Die Orientierung am Rationalismus und die Hinwendung zum Quantifizierbaren, Steuerbaren, Prognostizierbaren und Machbaren versprach den gewünschten Fortschritt. Die dadurch bedingte Beschränkung auf die mit empirisch-rationalen Methoden bearbeitbaren Probleme und der Verlust der Einheit des pädagogischen Wissens waren der zu bezahlende Preis.

Die grossen Erwartungen – ein unbezweifelbares, auf sicherem Wissen aufgebautes erziehungswissenschaftliches Fundament und die Vorstellung, dass mit technischem Know-how alle praktischen Probleme effizient lösbar werden – haben sich als Illusionen erwiesen.

In den letzten Jahren ist der Glaube an die technologische Machbarkeit stark erschüttert worden. Die klare Vormachtstellung des Technologischen in den 1960er- und 1970er-Jahren – Adorno sagte 1966: «Eine Welt, in der die Technik eine solche Schlüsselposition hat wie heute, bringt technologische, auf Technik eingestimmte Menschen hervor»[5] – hat (vor allem im pädagogischen Bereich) einem gewissen Technologieüberdruss Platz gemacht.

Die Gemeinsamkeit zwischen dem kritisch-rationalen und dem kritisch-emanzipatorischen Ansatz liegt im hohen Stellenwert der Kritik. Die Fähigkeit zu kritischem Denken spielt für die wissenschaftliche Erkenntnis eine fundamentale Rolle. Die Kritische Theorie aber will mehr, als kühne Hypothesen der schärfsten Kritik auszusetzen. Theodor W. ADORNOS Aussage «Nur wenn, was ist, sich ändern lässt, ist das, was ist, nicht alles»[6] deutet diesen Schritt an. Der Ansatz der Kritischen Theorie will gesellschaftliches Unrecht durch die Emanzipation des Menschen aus «versklavenden Verhältnissen» aufheben. Das anzustrebende Ziel der Erziehung ist nicht eine selbstverständliche Integration in vorgegebene gesellschaftliche Strukturen von Herrschaftsverhältnissen und Ordnungen, sondern die Fähigkeit, gesellschaftliche Gegebenheiten kritisch nach Inhumanem zu analysieren, Traditionen zu hinterfragen und gegebenenfalls zu verändern. Erziehung wird als eine Erziehung zum Widerstand gegenüber Unmündigkeit verursachenden Faktoren verstanden.

Theodor W. Adorno: Widerstand gegenüber Unmündigkeit Verursachendem

Währenddem Adorno die Erziehung zur Mündigkeit ausdrücklich nicht als ein «Aufmucken gegen jede Art von Autorität» verstand, forderten so genannte «Doppelgänger» kritisch-emanzipatorischer Pädagogik dieses Aufmucken gegen jede Art von Autorität – eine Erziehung zum Ungehorsam.

Als Reaktion gegen die kritisch-emanzipatorische und antiautoritäre Strömung – respektive gegen ihre «Doppelgänger» – formierte sich in der zweiten Hälfte der 1970er-Jahre eine breit gefächerte neokonservative Bewegung «Mut zur Erziehung». Der neokonservative Ansatz, der sich als «zwangsläufige Folge dieser dummen Kulturrevolution» versteht, stellt die ultimative Forderung auf: «Schluss mit der ideologischen Verwüstung!»[7]

Bewegung «Mut zur Erziehung»: Schluss mit der ideologischen Verwüstung

*Hermann Lübbe:
Holzwege der Kulturrevolution*

Hermann LÜBBE beschrieb ausführlich die «Holzwege der Kulturrevolution». Es war «die Proklamation der kritischen ideologischen Besserwisserei zum Erziehungsziel», die «den kulturellen Sinn leistungsorientierten Lernens» zerrüttete.[8] Die kulturrevolutionäre Umgestaltung des Bildungssystems in der Bundesrepublik folgte gemäss Lübbe einer einheitlichen Grundfigur: «Stets geht es darum, ‹das scheinbar Selbstverständliche zu problematisieren›, zum Beispiel auch die Schulpflicht, indem man die Frage aufwirft: ‹Wie kommt der Staat dazu, alle Kinder zu zwingen, von einem bestimmten Alter an eine Schule … zu besuchen?›»[9] Diese Verunsicherungskampagne der späten sechziger und frühen 1970er-Jahre zu stoppen und eine Tendenzwende einzuleiten, waren die Hauptzielsetzungen der neokonservativen Bewegung.

Die neue Sicherheit, die die neokonservative Betonung der Wichtigkeit der Tugenden, der Kultur, der Überlieferung und der Lebenspraxis versprach, entsprach ab der zweiten Hälfte der 1970er-Jahre einem Bedürfnis vieler Menschen. In einem Zeitungsartikel schrieb Hartmut von HENTIG 1981 über dieses Sehnen nach Sicherheit: «Wenn ‹konservativ› diese Rückwendung zu den alten Zielen und Verfahren bedeutet und Angst vor den neuen, dann ist offensichtlich ein grosser Teil der Bevölkerung pädagogisch konservativ. Und das nicht nur in Deutschland.»[10]

*Carl Rogers:
Vom Wissensvermittler zum «facilitator»*

Gemäss Carl ROGERS ist das Alarmierendste an der konservativen Bewegung, dass versucht wird, Diskussionen in der Schule abzuschaffen und die Schülerinnen und Schüler das lernen zu lassen, was als das Beste für sie ausgewählt wurde. Dieses Vorgehen ist nach seiner Ansicht dafür verantwortlich, dass junge Menschen den Prozess der durchdachten Wahl nicht erlernen können, was in einer Zeit unzähliger komplexer Entscheidungen fatale Auswirkungen hat.[11]

Der Ansatz von Rogers basiert auf den erzieherischen Fähigkeiten der Echtheit sowie des Sich-Einfühlen- und Akzeptieren-Könnens. Die Lehrperson hat nicht in erster Linie die Aufgabe der Wissensvermittlung, sondern der Begleitung und Beratung. An ihr liegt es, ein Klima zu schaffen, in dem sich die Schülerinnen und Schüler frei fühlen, neugierig sein können, Fehler machen dürfen und Freude am Lernen behalten oder zurückgewinnen können.

Der Übergang von der antiautoritären Erziehungvorstellung zur Antipädagogik lässt sich sehr deutlich an einer charakteristischen Aussage von Alexander S. NEILL aufzeigen. Neills Folgerung «Es ist falsch, irgend etwas durch Autorität zu erzwingen»[12] lautet antipädagogisch: «Es ist falsch (und unnötig), irgend etwas zu erzwingen.» Unnötig deshalb, weil bereits Neugeborene das eigene Beste spüren. Deshalb die Folgerung: «Erziehung? – Nein, danke!» und «Schule? – Nein, danke!».

Erziehung ist aber nicht bloss unnötig, sondern sie ist gemäss Alice MILLER für unsägliches Leid in dieser Welt verantwortlich. Im Namen der Erziehung werden junge Menschen zu Affekt-Containern der unbewältigten, im Namen der Erziehung erlittenen Leiden der Erzieherinnen und Erzieher. Erwachsene misshandeln tragischerweise ihre eigenen Kinder, um nicht spüren zu müssen, was ihnen die eigenen Eltern angetan haben. Deshalb kann Alice Miller dem Wort Erziehung nichts Positives abgewinnen. Nach ihrer Ansicht gibt es keine «Nicht-Schwarze-Pädagogik».

Alice Miller: Im Namen der Erziehung erlittenes Leid

Neben Alice Miller waren es vor allem Ekkehard von BRAUNMÜHL und Hubertus von SCHOENEBECK, die die antipädagogische Welle auslösten. Währenddem von Braunmühl vor allem durch seine polemischen Abrechnungen mit allen pädagogischen Strömungen auffiel – es ist von der «Ziehungsgeilheit» des «Pädagogenpacks» die Rede –, versuchte von Schoenbeck das «Anti» der Antipädagogik zu überwinden, indem er bestimmte Grundpostulate der Psychotherapie von Rogers integrierte. Durch seine selektive Auswahl bekam sein Ansatz eine stark gefühlsmässige Komponente. Um sich als Erwachsene vom Erlernten und Eingeprägten befreien und den Weg zu den wertvollen Kindheitserfahrungen finden zu können, werden in so genannten «Selbst-Verantwortungs-Trainings» unterschiedlichste Hilfsangebote wie Psychodrama, Eutonie, Bioenergetik, Eurhythmie, Encountergruppen, Expression corporelle, Psychotanz und vieles andere mehr kombiniert.

Die konstruktivistische Wende kann es bezüglich ihrer Radikalität durchaus mit der antipädagogischen aufnehmen. Ihre Antwort auf die grundsätzliche Frage «Wie wirklich ist die Wirklichkeit?» lautet: «Nicht sehr!» Diese radikal-konstruktivistische Infragestellung des Wirklichen und die Ablehnung eines ontologischen Wahrheitsbegrif-

Radikal-konstruktivistische Infragestellungen

fes führt in der Pädagogik zu einer Ablehnung jener pädagogischen Ansätze, die Normen des Denkens, Fühlens und Handelns festlegen. Anstelle einer wie auch immer ausgerichteten direktiven oder appellativen Pädagogik tritt eine interpretative und kommunikative Pädagogik, die radikale Selbst-Aufklärung statt Fremd-Aufklärung fordert. Aus radikal-konstruktivistischer Perspektive ist jeglicher pädagogische Überlegenheitsanspruch erstens illegitim und zweitens kontraproduktiv.

«Soziogramm» der pädagogischen Vertreter

In der folgenden Darstellung wird der Versuch unternommen, in einem Soziogramm «Zu- und Abneigungen» der verschiedenen Ansätze – respektive der wichtigsten Vertreter – sichtbar zu machen. Aus Gründen der Darstellbarkeit ist dabei die Konstruktivistische Pädagogik nicht aufgenommen.

Geisteswissenschaftliche Pädagogik

«Grundlage der Erziehung ist also das leidenschaftliche Verhältnis eines reifen Menschen zu einem werdenden Menschen»

Hermann Nohl

Pädagogische Anthropologie

«Der Mensch erscheint hier als ein Wesen, das trotz... immer neuer Rückfälle vorankommt»

Otto Friedrich Bollnow

Kritisch-emanzipatorische Pädagogik

«Das Individuum überlebt heute nur als Kraftzentrum des Widerstandes»

Theodor W. Adorno

Analytisch-empirische Erziehungswissenschaft

«Eine empirisch gehaltvolle Theorie von der Erziehung lässt sich logisch ohne Schwierigkeit in ein technologisches Aussagensystem umformen»

Wolfgang Brezinka

Antiautoritäre Erziehungsbewegung

«Das Kind sollte etwas so lange nicht tun, bis es selbst überzeugt ist, dass es das tun sollte»

Alexander S. Neill

Humanistische Psychologie / Pädagogik

«Junge Menschen sind wirklich sehr stark motiviert»

Carl Rogers

Neokonservative Pädagogik

«Wir wenden uns gegen den Irrtum, die Tugenden des Fleisses, der Disziplin und der Ordnung seien pädagogisch obsolet geworden»

Hermann Lübbe

Antipädagogik

«Auch meine antipädagogische Haltung wendet sich nicht gegen eine bestimmte Art von Erziehung, sondern gegen Erziehung überhaupt»

Alice Miller

Zwei Grundsatzfragen: Homo educandus oder non educandus? Erziehung zur Anpassung oder zum Widerstand?

Mit Hilfe der folgenden zusammenfassenden Darstellung können vier pädagogische Positionen aufgrund ihres Menschenbildes voneinander unterschieden werden:

Mensch als...

erziehungsbedürftiges Wesen	**nichterziehungsbedürftiges Wesen**
homo educandus	homo non educandus
Mängelwesen	Wunderwesen
Mensch als physiologische Frühgeburt, sekundärer Nesthocker (Portmann)	Ontologische Autonomie des Neugeborenen
▶ Pädagogische Anthropologie	▶ Antipädagogik

Erziehung zu...

Anpassung, Ja-Sagen	**Widerstand, Nein-Sagen**
Ziel: anpassungsbereiter Mensch	Ziel: Widerstand leistender Mensch
Mensch als disziplinbedürftiges Wesen	Emanzipation des Menschen aus Unmündigkeit verursachenden Bedingungen
▶ Neokonservative Pädagogik	▶ Kritisch-emanzipatorische Pädagogik

Übergänge und Zusammenhänge 227

Die Auseinandersetzung um die Grundfrage «Erziehung zur Anpassung oder zum Widerstand» zieht sich wie ein roter Faden durch die Jahrzehnte pädagogischer Diskussionen. Wieviele Positionskämpfe zwischen Philosophen, Erziehungswissenschaftlern, Lehrern, Eltern, Politikern drehen sich doch letztlich um diese Frage, die wesentlich auf der anthropologischen Annahme über die Natur des Menschen beruht.

Eine schematische Gegenüberstellung von konservativer und kritischer Position gibt einen guten Einblick in die bildungspolitische Diskussion seit Mitte der 1970er-Jahre.[13]

Kritische Position	Konservative Position
Kritik gesellschaftlicher Verhältnisse und kritisches Hinterfragen von Traditionen	Akzeptieren gesellschaftlicher Verhältnisse und Betonung des Wertes von Traditionen
Erziehung zur Emanzipation von gewissen Normen und Traditionen; Normenakzeptierung nur, wenn deren Vernünftigkeit eingesehen wird	Erziehung zum Akzeptieren der Traditionen und Betonung der Notwendigkeit, Normen zu akzeptieren, um den kulturellen Fortbestand zu sichern
Betonung der Kritikfähigkeit (Durchschauen und kritisches Hinterfragen)	Betonung der Tugenden des Fleisses, der Disziplin und der Ordnung
Kritik an der Unterdrückung der eigentlichen Interessen der Heranwachsenden und Betonung ihrer Rechte auf «Glücksansprüche»	Betonung der zur Zeit grossen Selbstentfaltungsmöglichkeiten der Heranwachsenden und Hinweis auf das sich «im Tun des Rechten» einstellende Glück
Erziehung zum Widerspruch und zum Widerstand sowie eine konfliktfördernde Erziehungspraxis (auch: Erziehung zum Ungehorsam)	Betonung einer Erziehung der «Übereinstimmung mit Vorgegebenheiten» (Erziehung zum Gehorsam) und Betonung von Gemeinschaft und Harmonie
Betonung der Notwendigkeit von Reformen als Weg zur Realisierung «konkreter Utopien»	Scharfe Kritik an den Reformbestrebungen seit Ende der 1960er-Jahre in der BRD
Gesellschaftsveränderung durch Erziehung und Schule	Stabilisierung der Gesellschaft durch Erziehung und Schule

1   BOLLNOW: *Anthropologische Pädagogik*, 1983 (3. Auflage), S. 130
2   SKINNER: *Jenseits von Freiheit und Würde*, 1973, S. 205
3   SKINNER: *Jenseits von Freiheit und Würde*, S. 220
4   BOLLNOW: *Empirische Wissenschaft und Hermeneutische Pädagogik*, in: *Zeitschrift für Pädagogik*, Nr. 5, 1971, S. 708
5   ADORNO: *Erziehung zur Mündigkeit*, 1971, S. 99
6   ADORNO: *Soziologische Schriften I*, 1984 (3. Auflage), S. 391
7   STEINBUCH: *Schluss mit der ideologischen Verwüstung*, 1988, S. 15, 11
8   WISSENSCHAFTSZENTRUM BONN: *Mut zur Erziehung*, 1979, S. 119
9   WISSENSCHAFTSZENTRUM BONN: *Mut zur Erziehung*, S. 115
10   VON HENTIG: *Sehnen nach Sicherheit*, in: *Die Zeit* vom 23. Januar 1981, S. 25
11   ROGERS: *Freiheit und Engagement*, 1989, S. 17, 18
12   NEILL: *Theorie und Praxis der antiautoritären Erziehung*, 1969, S. 123
13   in Anlehnung an FEND: *Die Pädagogik des Neokonservatismus*, 1984, S. 76, 77

10 Verabsolutierende Positionen

Pädagogische Kippfiguren

Durch die Reihenfolge der in den verschiedenen Kapiteln dargestellten Ansätze ist deutlich geworden, dass sich die einzelnen Positionen in unterschiedlich starkem Masse als Reaktionsbildungen auf andere Strömungen konstituierten.

Das in Kapitel 9 auf Seite 175 dargestellte «Soziogramm» zeigt deutlich, dass verschiedene Vertreter ihre eigene Position vor allem auf der Ablehnung einer oder mehrerer anderer Ansätze aufbauten. Durch eine mehr oder weniger differenzierte Ablehnungshaltung sollte das Pendel in die entgegengesetzte Richtung angestossen oder katapultiert werden. Eine Position (die antipädagogische) forderte kurzerhand die Eliminierung des Pendels.

Mit diesen Pendelausschlägen sind nicht zu unterschätzende Gefahren verbunden: Das Kritisierte wird mehr oder weniger stark vereinfacht dargestellt, und oft werden passende extreme Aussagen herauskristallisiert und als repräsentativ vorgegeben. Zum Aufbau eines phantomhaften Feindbildes und zur pauschalen Abrechnung mit gegnerischen Postulaten wird öfters auch auf Unterstellungen und Halbwahrheiten zurückgegriffen und die wissenschaftliche Forderung der Belegspflicht verletzt.

Pädagogische Pendelausschläge

Ein Beispiel einer «pädagogischen Kippfigur» findet sich im 1968 erschienenen Buch *Erziehung und Emanzipation* des Pädagogikprofessors Klaus MOLLENHAUER.

Der Erziehungsvorstellung eines pädagogischen Textes aus dem 15. Jahrhundert «Erziehung beugt den Nacken, verbannt übermässiges Gelächter, beherrscht die Zunge, zügelt den Gaumen, beschwichtigt den Zorn und regelt den Gang» wird eine kritisch-emanzipatorische Umdeutung gegenübergestellt:

«Sie (die Gesellschaft, HB) muss nur eine Jugend wollen, die nicht dem Ordnungsbegriff jenes eingangs zitierten Satzes folgt, sondern – um jenen Satz noch einmal zu variieren – die mit überschäumendem Gelächter geniessen gelernt hat, eine scharfe Zunge zu führen versteht, einen feinschmeckerischen Gaumen hat, einen raschen Gang liebt und in ihrem begründeten Zorn unnachgiebig ist.»[1]

«Die Gesellschaft muss eine Jugend wollen ...»

(Klaus Mollenhauer hat rund zehn Jahre später, im Vorwort zur 6. Auflage dieses Buches, gewisse Distanzierungen angedeutet: «Heute scheint mir – und das ist angesichts der Differenz zwischen 1968 und 1972 in der erziehungswissenschaftlichen Diskussion nicht überraschend – vieles zu kurz gegriffen oder noch zu pauschal angedeutet ...»)

In der Form eines Wertequadrats dargestellt, wird der Charakter der entwertenden Übertreibungen, die das antinomische Spannungsverhältnis zwischen Einordnungsfähigkeit und Kritikfähigkeit ausblenden, deutlich.

Entwertende Übertreibungen

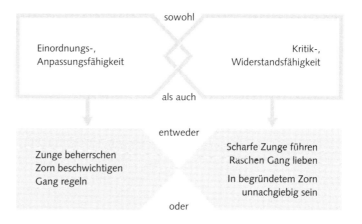

Um einen Ausdruck einer verabsolutierenden Position handelt es sich ebenfalls, wenn in die Richtlinien für den politischen Unterricht in Nordrhein-Westfalen 1973 die Zielsetzung aufgenommen wurde:

Absolute Zielsetzungen und ...

«Emanzipation als Ziel von politischem Lernen heisst, die jungen Menschen in die Lage zu versetzen, die vorgegebenen gesellschaftlichen Normen entweder frei und selbstverantwortlich anzuerkennen oder abzulehnen und sich gegebenenfalls für andere zu entscheiden.»[2]

Aber auch bei der harschen Reaktion auf gewisse kritisch-emanzipatorische Verabsolutierungen durch Theodor WILHELM handelt es sich offensichtlich – das verrät schon die Wortwahl – um eine Überkompensation. In seinem 1975 erschienenen Buch *Jenseits der Emanzipation* schrieb der Professor für Pädagogik an der Universität Kiel:

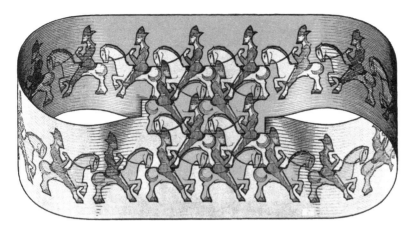

«Die Revolution tritt auf der Stelle. Die Atempause, welche die politischen Extremisten – freiwillig oder unfreiwillig – eingelegt haben, muss genützt werden.... Hier wird nicht für die Ewigkeit geschrieben, sondern zur Stunde gesprochen. Der Angriff auf die Position der emanzipationshungrigen linken Extremisten kann nicht an der Oberfläche geführt werden.»[3]

...reflexartige Reaktionen

Das verabsolutierende Verständnis ist durch Exklusivität, Unendlichkeit und Totalität charakterisiert: Sprachliche Formulierungen dafür sind «nur», «immer», «alle», «alles». In diesem Verständnis haben Relativität, Partikularität und Endlichkeit – ausgedrückt durch Formulierungen wie «auch», «vorläufig», «einige», «einiges» – keinen Platz.

In der folgenden Darstellung sind die beiden gegensätzlichen Verständnisse graphisch umgesetzt:[4]

Fremdverantwortung und Selbstverantwortung

Am Beispiel der Verantwortung sieht ein holzschnittartiges Denken in «pädagogischen Kippfiguren» wie folgt aus:

| Totale Für-dich-Verantwortung | ⟷ | Totale Für-mich-Verantwortung |

Beide verabsolutierenden Haltungen gehen von der Annahme aus, dass es entweder eine vollständige Übernahme der Verantwortung für jemanden oder eine bedingungslose Selbstverantwortung gebe.

Erziehung zum Verantwortungsbewusstsein

In den 1950er-Jahren ging der Vertreter der Geisteswissenschaftlichen Pädagogik, Eduard SPRANGER, in seinem Aufsatz *Erziehung zum Verantwortungsbewusstsein* von der Fragestellung aus, wie man es anzufangen habe, «um aus dem spielenden, träumenden, herumlungernden Kinde einen verantwortungsbewussten Menschen werden zu lassen».[5] Er gibt den Rat, bei den «Versagern» auch auf den militärischen Stil zurückzugreifen:

«Mit den Leichtfertigen müssen Verantwortungen gleichsam exerziert werden. In der geschlossenen Gruppe stärkt sich auch die Kraft der Schwachen, und man wird an Ehrbegriffe gewöhnt, die das Herausspringen aus der Reihe als verächtlich erscheinen lassen. Wem dieser Vergleich mit dem Soldatentum nicht gefällt, den verweise ich auf die Schiffsmoral.»[6]

Von der Auftrags- zur Initiativverantwortung

Sprangers Erziehung zum Verantwortungsbewusstsein will die Heranwachsenden über die «Unterstufe Auftragsverantwortung» zur «Oberstufe Initiativverantwortung» führen. Bei der Initiativverantwortung ist nach Ansicht Sprangers nicht mehr die so genannte «abgeängstigte Pflicht» massgebend, sondern «der freie Wille des Edlen, der die Sorge für Angelegenheiten der Allgemeinheit übernimmt, ohne dass ihn jemand dazu nötigte».[7]

Schematisch kann dieser angestrebte Entwicklungsprozess wie folgt dargestellt werden:

(Anzumerken ist, dass diese Ratschläge vierzehn Jahre nach Ende des schrecklichsten Krieges veröffentlicht wurden; eines Krieges, der wesentlich durch die im ersten Kapitel von Wolfgang BORCHERT beschriebenen Ja-Sager ermöglicht wurde.)

> Beckmann: Wir wollen einen Mann besuchen? Ja, das wollen wir. Und die Verantwortung, die gebe ich ihm zurück. Ja, du, das wollen wir. Ich will eine Nacht pennen ohne Einbeinige. Ich gebe sie ihm zurück. Ja! Ich bringe ihm die Verantwortung zurück. Ich gebe ihm die Toten zurück. ... Wir wollen einen Mann besuchen, wir wollen ihm etwas schenken – einen lieben guten braven Mann, der sein ganzes Leben nur seine Pflicht getan, und immer nur die Pflicht! Aber es war eine grausame Pflicht! Es war eine fürchterliche Pflicht!
> Wolfgang Borchert, 1947

Im gleichen Jahr wie Spranger veröffentlichte Otto Friedrich BOLLNOW seine Versuche über unstetige Formen der Erziehung unter dem Titel *Existenzphilosophie und Pädagogik.*

Im Kapitel über die «Ermahnung» grenzt Bollnow in differenzierter Weise diese unstetige Form der Erziehung vom Befehl und vom Appell ab und stellt die anthropologische Grundfrage:

«Wie muss das Wesen des Menschen im ganzen verstanden werden, damit in ihm die Ermahnung als ein sinnvolles Erziehungsmittel begriffen werden kann? Und wie muss umgekehrt wiederum von hier aus die Ermahnung verstanden werden, damit sie diese Funktion erfüllen kann?»[8]

Befehl

Im Unterschied zur Ermahnung wendet sich der Befehl an ein Wesen, das als gehorchendes nicht über seinen Willen verfügen kann. Wenn der Gehorsam verweigert wird, muss der Gehorsam erzwungen werden. Der Mensch gehorcht ohne eigene Einsicht, gegebenenfalls sogar gegen seine eigene Einsicht. Die eigene Entscheidung ist also ausgeschaltet.

Ermahnung

Bei der Ermahnung hingegen kann die Durchführung nicht erzwungen werden, weil sie sich an ein Wesen wendet, das von sich aus frei über seinen Willen verfügt. Anstelle der äusseren Gewalt steht eine innere Autorität.

Appell

Stärker noch als die Ermahnung wendet sich der Appell an ein tieferes besseres Selbst. Er ist ein Aufruf an das Gewissen. Währenddem bei der Ermahnung das Inhaltliche der Entscheidung durch den Ermahnenden vorweggenommen ist, ist der Appell umso klarer ein Appell, je weniger er die mögliche Entscheidung vorwegnimmt. Im Appell ist jeder Überlegenheitsanspruch aufgegeben.

Befehl

Ermahnung   Freiraum

Appell

Aufmerksam machen
ohne Autorität

Schematisch kann diese Differenzierung von Befehl, Ermahnung, Appell und dem – in Anlehnung an Søren KIERKEGAARD formulierten – noch zurückhaltenderen «Aufmerksam machen ohne Autorität» wie auf Seite 188 dargestellt werden.

Der Befehl ist nach Bollnows Auffassung noch nicht Pädagogik, weil er den Menschen noch nicht als ein sich frei bestimmendes Wesen betrachtet. Der Appell gehört nicht mehr ganz zur Pädagogik, weil er schon die voll entfaltete Freiheit voraussetzt. Die Ermahnung als ein hilfreicher Anruf an die sich entfaltende Freiheit ist für Bollnow die charakteristische erzieherische Einwirkung.

Währenddem bei Spranger ein wichtiger Akzent bei der schwierigen Erziehung zum Verantwortungsbewusstsein auf der «abgeängstigten Pflicht» – der Unterstufe der Auftragsverantwortung – liegt, lehnen antipädagogische Vertreter jede «Für-dich-Verantwortung» – im Sinne von Eltern oder Lehrpersonen tragen die Verantwortung für die Heranwachsenden – ab:

Ablehnung jeglicher «Für-dich-Verantwortung»

«Denn ein Mensch, der selbst Verantwortung für sich tragen kann – und die kann nach antipädagogischem Menschenbild jeder von Geburt an –, erlebt die Für-dich-Verantwortung der anderen als psychische Aggression, als unzulässige Einmischung in seine inneren Angelegenheiten. Aus antipädagogischer Sicht gilt die Forderung des Kindes: Niemand ist für mich verantwortlich. Dies bin ich selbst.»[9]

Aus antipädagogischer Sicht ist der Mensch von Geburt an selbstbestimmungs- und mitteilungskompetent. Aufgrund der mangelnden Ausführungskompetenz braucht er lediglich Hilfe, um das realisieren zu können, was ihm wichtig ist.

Von diesem verabsolutierenden Verantwortungsverständnis des antipädagogischen Förderkreises «Freundschaft mit Kindern» hat sich der Begründer der Antipädagogik im deutschsprachigen Raum, Ekkehard von BRAUNMÜHL, in seinen neuesten Veröffentlichungen immer deutlicher distanziert. Sätze wie «Das Kind kommt als hochwertig ausgebildeter und trainierter Selbstverantworter auf unsere Welt» bezeichnet er heute als «Überdosierung der antipädagogischen Aufklärung».

«Exzess der Psychopädagogik»

In seinem 1990 veröffentlichten Buch mit dem symptomatischen Titel *Zur Vernunft kommen* – eine so genannte «antipsychopädagogische» Aufklärungsschrift – lehnt er Erziehung nicht mehr in Bausch und Bogen ab, sondern nur noch den Anteil, den er als Angriff auf die Seele bezeichnet. Er hat damit vor allem den «Exzess der Psychopädagogik» – die so genannte «Festhaltetherapie» im Auge. (Jirina PREKOP hatte Ende der 1980er-Jahre in kurzer Folge die zwei Bestseller *Der kleine Tyrann* und *Hättest du mich festgehalten* veröffentlicht.)

Braunmühl warnt vor dem von vielen Erziehenden als plausible Lösung erscheinenden Rezept des «Festhaltens», das die Grenzen, die dem elterlichen Erziehungsrecht durch die anerkannten Eigenrechte des Kindes gesetzt sind, missachtet. Gegenüber diesem distanzlosen erzieherischen Übergriff fordert er, dass die Erziehenden bei der Seele quasi anzuklopfen und ein Visum zu erbitten haben.[10]

Diese Warnung ist wohl auch im Hinblick auf eigene Forderungen zu verstehen: 1978 noch hatte Braunmühl in seinem Lernbuch zur Beseitigung der Unsicherheit im Umgang mit Kindern den Erwachsenen geraten, im Falle, dass sich Kinder in die Angelegenheiten der Erwachsenen mischen, auf ihr so genanntes «Notrecht» zurückzugreifen:

«Wenden Sie also im Notfall ruhig (aber ruhig!) nackte körperliche Gewalt an, um Ihren Kram zu schützen. Warten Sie nicht, bis Sie sauer werden. Sie schränken nur die äussere Freiheit des Kindes ein. Dies ist das kleinste Übel, und es wird noch kleiner, wenn Sie sich dabei höflich oder lieb entschuldigen.»[11]

Die unterschiedlichen verabsolutierenden Haltungen zum komplexen Phänomen der Verantwortung ignorieren das «und», das «sowohl-als-auch». Carl ROGERS hat es «die mit Verantwortung gepaarte Freiheit» genannt.

Kein Platz hat in den verabsolutierenden Positionen auch das Prozesshafte, wie das beispielsweise BOLLNOW am Phänomen der Ermahnung herausgearbeitet hat.

Bei der Frage nach der Gewährung von Verantwortung und Freiheit kann es sich nicht um eine Alles-oder-nichts-Frage handeln, sondern um einen sukzessiven Prozess:

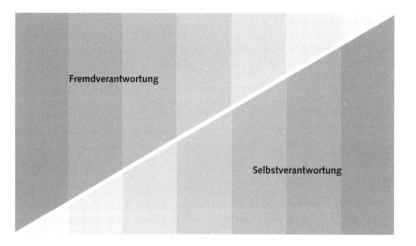

Für die Darstellung der Problematik verabsolutierender Ansätze und die Erkenntnis des antinomischen Verhältnisses von Fremd- und Selbstverantwortung ist einmal mehr eine Darstellung in Form eines Wertequadrates hilfreich:

Antinomisches Verhältnis

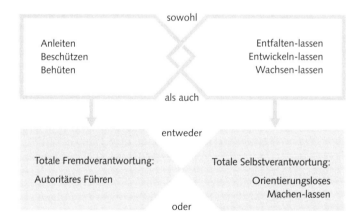

Im Bild *Claude dessinant* von Pablo Picasso kann die mütterliche Haltung den beiden Kindern gegenüber sehr unterschiedlich interpretiert werden. (Wenn Sie möchten, können Sie Ihre Interpretation überprüfen, indem Sie sich beim obigen Bild in die Situation der beiden Kinder versetzen.)

Sensibles Anleiten oder ...   Die Haltung der Mutter kann für den zeichnenden Jungen ein sensibles Anleiten für eine selbstbestimmte und selbstbewusste kreative Entfaltung sein. Sie könnte aber auch ein festhaltendes, disziplinierendes und kreativitätshemmendes fremdbestimmtes Führen sein (oder werden).

Damit sind die graduellen Unterschiede bis hin zu einer entwertenden Übertreibung angesprochen.

Das Problem der empfindlichen, individuums- und situationsangepassten Balance zwischen «zu viel» und «zu wenig» hat Ruth COHN auf die einprägsame Formel «Zuwenig geben ist Diebstahl – zuviel geben ist Mord» gebracht.¹²

In «seiner Pädagogik» hat Hartmut von HENTIG immer wieder mit aller Deutlichkeit auf die Wichtigkeit einer differenzierenden «Sowohl-als-auch-Sicht» aufmerksam gemacht. Es ist Aufgabe von Pädagogik, Erziehung und Unterricht, die Menschen zu stärken und die Sachen zu klären. Die Erfüllung dieser Aufgabe verlangt von den Erziehenden Stärke und Empfindsamkeit.¹³

Individuums- und situationsangepasste Balance

Wieviel Anpassung ist nötig, wieviel Freiraum ist möglich?

Dies ist ein «Flugbild» des Schweizer Fotografen Georg Gerster. Es zeigt einen Bauern in der argentinischen Pampa auf dem Traktor an der Arbeit in einem Kleefeld. Durch die Kunst des Fotografen wird der Bauer zu einem «Agrar-Künstler».

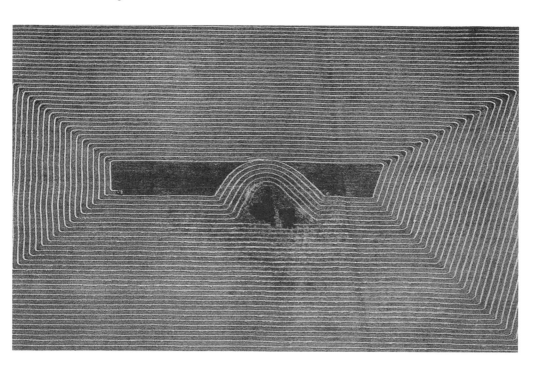

Aus pädagogischer Sicht führt mich diese Fotografie zu einer traditionellen pädagogischen Grundfrage. Es ist eine Frage, mit der sich in der Vergangenheit immer wieder verschiedenste Pädagoginnen und Pädagogen intensiv auseinandergesetzt haben; eine Frage, die von ihrer Aktualität bis heute kaum etwas eingebüsst hat; eine Frage, die auch in Zukunft noch für pädagogischen Gesprächs- und Zündstoff sorgen wird: «Wie viel Anpassung ist notwendig, wie viel Freiraum ist möglich?» Anders formuliert: «Wie viel Struktur, wie viel Ordnung, wie viele und welche Regeln sind notwendig?» Und: «Wie viel an Freiheit, Machen- und Wachsen-lassen ist möglich?» Nochmals anders formuliert: «Welche Anpassungswerte sind – und in welchem Masse – nötig, welche Selbstentfaltungswerte in welchem Masse möglich?»

Eine aktuelle pädagogische Grundfrage

Eine auffällige Gemeinsamkeit bei all diesen Fragen liegt in der Formulierung: Wie viel ist nötig, wie viel ist möglich. Durch die Art der Formulierung habe ich eine klare, mir sehr wichtige Akzentsetzung vorgenommen: Von einem ist so viel wie nötig gefordert, vom anderen soll so viel wie möglich zugelassen werden. Die pädagogische Antwort auf diese grundlegende Frage kann keine simple sein. Und sie darf es auch nicht! Auch kein bequemer billiger Kompromiss – und auch kein teurer. Auch keine Synthese, die den erhofften Ausgleich – und damit die «Lösung» – herzustellen vermag.

Wie viel ist nötig, wie viel ist möglich?

Etwas anderes ist erforderlich: ein abwägendes Verständnis – und zwar ein kritisch abwägendes. Und damit ist eine antinomische Betrachtungsweise in der Pädagogik gefordert. Mit antinomisch meine ich: ein Denken in Widersprüchen, ein Aushalten von Widersprüchlichem, eine ruhelose Bewegung, die ständig das Eine am Anderen prüft – und damit zu relativieren vermag. Ein Sowohl-als-auch-Denken also, das die Vielschichtigkeit und Widersprüchlichkeit des pädagogischen Geschehens und Handelns berücksichtigt und die Komplexität des Pädagogischen nicht mit Kippfiguren zudeckt und nicht mit Entweder-oder-Lösungen erstickt.

Eine antinomische Betrachtungsweise

In Bezug auf die Grundfrage «Wie viel Anpassung ist nötig, wie viel Freiraum ist möglich?» lautet eine stark verdichtete antinomische Antwort: Die Heranwachsenden müssen lernen zu werden wie alle anderen Menschen und sie müssen lernen zu werden wie kein anderer Mensch. Damit ist ein fundamentales erzieherisches Spannungsgefälle

Eine antinomische Antwort

angesprochen. (Gewisse Pädagogen nennen es ein Dilemma, eine Paradoxie.) In soziologischen Begriffen ausgedrückt handelt es sich um das Spannungsverhältnis zwischen Sozialisation und Personalisation. Sozialisation – im Sinne von sozial, also gesellschaftlich, gemeinnützig und wohltätig werden auf der einen Seite – und Personalisation – im Sinne von autonom, also selbständig, unabhängig, eigengesetzlich werden und bleiben – auf der anderen Seite.

Das Bild von Georg Gerster vermag aber auch noch etwas Weiteres, pädagogisch höchst Bedeutsames auszudrücken: den Stellenwert des situativen Handelns. Noch deutlicher kommt dieses Situative in einem weiteren Bild dieses Fotografen zum Ausdruck.

Stellenwert des situativen Handelns

Das folgende Flugbild zeigt einen Mähdrescherfahrer im Palouse-Gebiet in Washington an seiner Arbeit. Für uns wird nicht klar, weshalb der Fahrer dieses Mähdreschers – ganz im Gegensatz zum Fahrer im Kleefeld – seiner Arbeit so unkonzentriert nachgeht und weshalb er so ungenau – oder gar unordentlich – fährt. Die Erklärung des Fotografen ist notwendig: Der Fahrer kurvt mit seiner Maschine präzis den Höhenlinien entlang. Er verhält sich situativ absolut richtig.

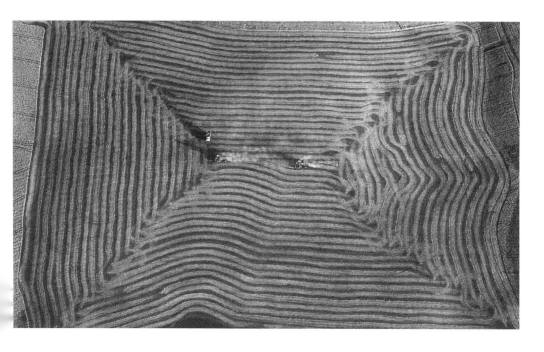

Ein situatives Verständnis

Im pädagogischen Kontext ist etwas Ähnliches gefordert: ein situatives Abschätzen und Handeln. Ein Abwägen zwischen der Betonung von Ordnung und Freiraum beispielsweise. Ein Abschätzen von Anpassung einerseits und Widerstand andererseits. Dies erlaubt ein situativ-differenziertes – das heisst begründetes – Ja-Sagen-Können und ein ebenso reflektiertes Nein-Sagen-Können. Aus diesem Grund ist das pädagogische Tun oft durch eine eigenartige Ambivalenz geprägt.

Es ist kein Zufall, dass mich die Flugbilder von Georg Gerster so faszinieren. Zwischen seiner fotografischen und meiner pädagogischen Absicht bestehen offensichtlich interessante Parallelen: In seinem Fotoband, in dem er 133 «Fundsachen aus der Luft gegriffen hat», hat er die meisten Bilder als Bildpaare «komponiert». Im Vorwort schreibt er dazu:

«Das Sinistre neben dem Heiteren. Heisses neben Kaltem. Zerstörerisches neben Aufbauendem. Beruhigendes neben Empörendem. Verspieltes neben Strengem. Problematisches neben Unproblematischem. Die Erwartung ist, dass aus beziehungslosem Nebeneinander gespanntes Gegenüber wird – dass die Bildpaare in der Konfrontation ihr jeweiliges Thema selber finden. Die Bilder erhellen sich gegenseitig, sie schmeicheln sich formal, sie antworten dem Gegenüber, manchmal polemisch, hie und da auch ironisch.» [14]

Eine ambivalente Sichtweise

Diese durch die paarweise Anordnung der Bilder erreichten polemischen oder ironischen gegenseitigen Antworten führen ins Gebiet des Ambivalenten. Weil die Ambivalenz nach meiner Ansicht etwas pädagogisch sehr Relevantes ist, werde ich darauf in einem persönlichen Rückblick am Schluss dieses Buches – herausgefordert durch mein Lieblingsbild – speziell eingehen.

1. MOLLENHAUER: *Erziehung und Emanzipation*, 1977 (7. Auflage), S. 117, 118
2. KÖHLER (Hrsg.): *Wem soll die Schule nützen? – Rahmenrichtlinien und neue Lehrpläne*, 1974, S. 209
3. WILHELM: *Jenseits der Emanzipation*, 1975, Vorwort
4. In Anlehnung an KOBI: *Grundfragen der Heilpädagogik*, 1993 (5. Auflage), S. 327
5. SPRANGER: *Erziehung zum Verantwortungsbewusstsein*, in: *Probleme einer Schulreform*, 1959, S. 183
6. SPRANGER: *Erziehung zum Verantwortungsbewusstsein*, S. 190
7. SPRANGER: *Erziehung zum Verantwortungsbewusstsein*, S. 192
8. BOLLNOW: *Existenzphilosophie und Pädagogik*, 1968, S. 62
9. VON SCHOENEBECK: *Antipädagogik im Dialog*, 1985, S. 65
10. VON BRAUNMÜHL: *Zur Vernunft kommen – eine Anti-Psychopädagogik*, 1990
11. VON BRAUNMÜHL: *Zeit für Kinder*, 1978, S. 147
12. COHN: *Es geht ums Anteilnehmen*, 1989.
13. VON HENTIG: *Die Menschen stärken, die Sachen klären*, 1985
14. GERSTER: *Flugbilder*, 1985, Vorwort

11 Eine zentrale pädagogische Frage

Was ist Erziehung?

In einem 1993 durchgeführten Interview wurde ein sechsjähriges Mädchen über ihr Erziehungsverständnis befragt:

«Jetzt haben wir noch etwas: Jetzt gibt es Erwachsene, die sagen, Erwachsene, die die Kinder erziehen, das sind nicht so gute Leute wie die, die die Kinder nicht erziehen. Es ist eine etwas schwierige Frage: Hast du sie verstanden?»
«Ja, die haben nicht recht. Die, die Kinder erziehen, die sind nicht gut.»
«Warum nicht?»
«Weil sie so Kinder quälen, und so.»
«Was meinst du, was heisst das eigentlich: erziehen?»
«Erziehen? Die Kinder plagen und so, an den Haaren ziehen. Und immer sagen, was sie machen müssen und so.»
«Ist dann Erziehen immer etwas Schlechtes?»
«Ja!»
«Und warum?»
«Wenn sie immer machen müssen, immer machen müssen, und wenn sie nicht spielen können. ... Aber helfen ist gut, beim Basteln, wenn ich etwas nicht kann.»
«Ist das für dich auch erziehen?»
«Nein, das tut ja nicht weh. Da lern ich etwas.»[1]

«Erziehung heisst, die Kinder plagen ...»

Ähnliche Aussagen in Bezug auf das Erziehungsverständnis finden sich bei den Vertretern der Antipädagogik:

- Alice MILLER kann dem Wort Erziehung keine positive Bedeutung abgewinnen. Sie sieht darin die Notwehr der Erwachsenen, die Manipulation aus der eigenen Unfreiheit und Unsicherheit. Anstelle der schädlichen Erziehung fordert sie eine Begleitung, die durch die Achtung vor dem Kind, den Respekt für die Rechte des Kindes, die Toleranz für die Gefühle des Kindes sowie die Bereitschaft, aus dem kindlichen Verhalten zu lernen, geprägt ist.
- Nach Ansicht von Ekkehard von BRAUNMÜHL ist Erziehung «Gehirnwäsche, zunehmend trickreich veranstaltete, gewiss, um keinen Widerstand aufkommen zu lassen, kein Bewusstsein, aber eben Gehirn- und (Seelen-)wäsche».[2] Deshalb schlägt er in seinen

«Erziehung ist Gehirnwäsche»

Studien zur Abschaffung der Erziehung vor, jeden erzieherischen Akt als «kleinen Mord», mindestens aber als «Amputation» zu qualifizieren.³ Das auf der Erziehungsbedürftigkeit der Erziehenden beruhende «Erziehungsgeschäft» – die Pädagogik – wird als «ein gigantisches, mit wissenschaftlicher Akribie aufgebautes und organisiertes Bordell, in dem man Kinder prostituiert und sich (und ihnen) einredet, es geschähe um ihrer selbst willen», bezeichnet.⁴

- Hubertus von SCHOENEBECK fordert Unterstützung statt Erziehung. Aus der Annahme der kindlichen Nicht-Erziehungsbedürftigkeit wird die angeborene Selbstbestimmungsfähigkeit der Kinder abgeleitet:

«Die Kinder sagen uns, in welche Richtung ihr Weg gehen soll – und wir bieten ihnen dafür unsere Erfahrung, unser Wissen, uns selbst als Unterstützung an.»⁵

Das im Namen der Erziehung vorgenommene «Kinder plagen», wie es die Sechsjährige formulierte, hat Katharina RUTSCHKY in ihrer Zusammenstellung der Quellentexte zur *Schwarzen Pädagogik* ausführlich beschrieben. In diesem rund 600-seitigen Buch hat die Autorin mit «pädagogischen» Zitaten, die sie unter Kapiteltiteln wie «Erziehung als totale Institution», «Katastrophentraining» oder «Erziehung als Rationalisierung des Sadismus» gliederte, ein widerliches Bild der Erziehung entworfen und mit aller Nachdrücklichkeit auf die demütigenden «erzieherischen» Akte aufmerksam gemacht.

«Erziehung als Rationalisierung des Sadismus»

Diese Art von Erziehung hat beispielsweise auch Heinrich MANN in seinem Buch *Der Untertan* so erschreckend anschaulich beschrieben. In diesem 1918 erschienenen Roman schildert der Bruder von Thomas Mann die Sozialisationsprozesse von Diederich Hessling in der Familie, der Schule, der Studentenverbindung und dem Militär.

«Fürchterlicher als Gnom und Kröte war der Vater, und obendrein sollte man ihn lieben. Diederich liebte ihn. Wenn er genascht oder gelogen hatte, drückte er sich so lange schmatzend und scheu wedelnd am Schreibpult umher, bis Herr Hessling etwas merkte und den Stock von der Wand nahm.... Kam er nach einer Abstrafung mit gedunsenem Gesicht und unter Geheul an der Werkstätte vorbei, dann lachten die

Arbeiter. Sofort aber streckte Diederich nach ihnen die Zunge aus und stampfte. Er war sich bewusst: ‹Ich habe Prügel bekommen, aber von meinem Papa. Ihr wäret froh, wenn ihr auch Prügel von ihm bekommen könntet. Aber dafür seid ihr viel zu wenig.›»[6]

Der folgenden Konsequenz dürften wohl die meisten Menschen zustimmen: Diese Art von Erziehung gehört abgeschafft! Eine Mehrheit ist wohl auch für die Abschaffung der subtileren Unterdrückungsformen einer «Schwarzen Pädagogik».

Erziehung ist aber nicht nur auf autoritäre Interventionen reduzierbar! Erziehung hat auch eine andere Tradition. Es lassen sich Quellentexte einer «Weissen Pädagogik» zusammenstellen, in denen Begleitung und Unterstützung einen zentralen Platz einnehmen. In seinen Vorlesungen aus dem Jahre 1826 hat beispielsweise Friedrich SCHLEIERMACHER drei unterschiedliche pädagogische Tätigkeiten in differenzierter Art und Weise unterschieden: die verhütende, die gegenwirkende und die unterstützende.

Quellentexte einer «Weissen Pädagogik»

«Um die allgemeinen Maximen, welche wir der Erziehung zum Grunde legen, aufzufinden und darzulegen, haben wir auf die bisher entwickelten Hauptpunkte zu sehen, nämlich auf die Differenz der pädagogischen Tätigkeit, Unterstützung dessen, was abgesehen von der Erziehung von selbst geschieht, Gegenwirkung gegen das, was auch von selbst geschieht, mag es nun von aussen kommen oder aus dem Inneren der Jugend selbst sich entwickeln; auf den Zweck der Erziehung, das Verhältnis des Universellen in der Erziehung zu dem Individuellen, nämlich das Tüchtigmachen für die Gemeinschaft und die Entwicklung der persönlichen Eigentümlichkeit.»[7]

In enger Anlehnung an Schleiermacher hat Andreas FLITNER[8] ein zeitgemässes Erziehungsverständnis formuliert, das mehr ist als ein antipädagogisch verstandenes Unterstützen.

Ein zeitgemässes Erziehungsverständnis

Erziehung als ein

- Behüten und Auswählen der Lebenswelt
- Gegenwirken und Mitwirken
- Unterstützen, Verstehen und Ermutigen

Erziehung als ein Behüten und Auswählen der Lebenswelt

Erziehung als Auslese der wirkenden Welt durch den Menschen

Es war Martin BUBER, der in seinem 1956 veröffentlichten Buch *Reden über Erziehung* Erziehung prägnant als «Auslese der wirkenden Welt durch den Menschen» definiert hat und damit die behütende und auswählende Funktion der Erziehung hervorgehoben hat.⁹

Auch heute hat eine richtig verstandene «pädagogische Provinz» ihre Berechtigung (nicht aber eine idyllisch verklärte). Hartmut von HENTIG schrieb dazu Mitte der 1980er-Jahre:

«Je weniger die städtische Gehäuseumwelt – mit Fernsehen und ohne Nahblick, durch Automatik und Vorschrift aller Anstrengungen, Entscheidungen und Risiken beraubt – ein ‹good place for kids to grow up in› sein kann, um so stolzer wäre ich auf meine ‹pädagogische Provinz›, die die wichtigsten Erlebnismöglichkeiten kunstvoll schafft.»¹⁰

Mit einer zeitgemässen «pädagogischen Provinz» ist keine sich von der gesellschaftlichen Realität abschliessende «heile» pädagogische Welt gemeint. Das wäre eine überkompensatorische Reaktion gegenüber einem verabsolutierenden Verständnis einer Zulieferinstanz für bestimmte gesellschaftliche Interessen.

Erziehung muss in die Gesellschaft einüben und gegen sie immunisieren

Erziehung muss zweierlei: Sie muss in die Gesellschaft einüben und gegen sie immunisieren, wo diese zwingen will, Stereotypen des Denkens und Handelns zu folgen statt kritischer Einsicht, wie das Alexander MITSCHERLICH in seinem Buch *Auf dem Weg zur vaterlosen Gesellschaft* formulierte.¹¹

Zum Behüten gehört ein Schützen und Abschirmen gegenüber Tendenzen einer «geistigen Umweltverschmutzung», der die Heranwachsenden immer pausenloser (und auch schutzloser) ausgeliefert sind.

Eine Untersuchung zur Sehbeteiligung und zum Konsumanreiz durch Werbespots in der Schweiz ergab, dass bei den vier- bis siebenjährigen Kindern ein Werbespot im Vorabendprogramm mit 27,4 Prozent die höchste Sehbeteiligung aufwies (vor Kindersendungen wie «Spielhaus» oder «Lassies Abenteuer»). Etwa ein Drittel der Kinder wurde durch Werbespots angeregt, selbst bestimmte Produkte zu kaufen. Rund die Hälfte hatte ihre Mutter schon aufgefordert, das in den Werbespots Angepriesene zu kaufen.¹²

In Anbetracht subtiler und zum Teil auch perfider Manipulationstechniken einer professionell arbeitenden Werbeindustrie ist die antipädagogische Annahme, dass Kinder die Fähigkeit haben, das «eigene Beste zu spüren», eine reichlich naive Haltung. Aus antipädagogischer Sicht ergeben sich gemäss Hubertus von SCHOENEBECK angeblich keinerlei Probleme. Nach seiner Überzeugung kann das Kind das «eigene Beste» immer spüren – «unabhängig davon, wie katastrophal es in der Erwachsenenwelt zugeht». Deshalb gilt für ihn: «Was sich beim Kind durchsetzen will, möge sich an das Kind wenden und dort sein Glück versuchen. Das gilt für ‹wesentliche Schulpensen› ebenso wie für ‹unterlassenes Zähneputzen›.»[13]

Antipädagogische Naivität

Erziehung als ein Gegenwirken und Mitwirken

Einen besonders schwierigen Teil der Erziehung bilden die gegenwirkenden pädagogischen Handlungen.

Unter pädagogisch eingestellten Menschen besteht die weit gehende Übereinstimmung, dass es notwendig ist, Grenzen zu setzen, wenn eindeutige Gefahren drohen, wenn Schwächere geplagt oder verletzt werden sowie zur Gewährleistung des gemeinschaftlichen Lebens. In seinem Buch *Kinder brauchen Grenzen* schreibt Jan-Uwe ROGGE:

«Kinder brauchen Grenzen – dies um so eher, je mehr Kinder zu Eigenständigkeit und Autonomie erzogen werden. Ohne Eigenständigkeit und Autonomie sind Selbstwertgefühl, Ich-Identität, Vertrauen in die eigenen Möglichkeiten und Kräfte, ist der Mut, Herausforderungen anzunehmen und zu bestehen, nicht möglich. Aber Eigenständigkeit und Autonomie bedeuten nicht blinde Freiheit. … Freiheit bedeutet nicht die Abwesenheit von Regeln und Routinen. Sonst werden aus Freiheit und Autonomie Orientierungslosigkeit und Chaos. Deshalb brauchen Kinder – und eben nicht nur sie – Grenzen.»[14]

«Kinder brauchen Grenzen»

Der oft missverstandene Alexander S. NEILL forderte «freedom, not licence» – Freiheit, aber nicht Zügellosigkeit. Diese wäre die entwertende Übertreibung von Freiheit. Freiheit hiess für Neill, tun und lassen zu können, was man mag, solange die Freiheit der anderen dadurch nicht beeinträchtigt wird.

«Freedom – not licence»

> «In einem Heim, in dem Disziplin herrscht, haben die Kinder keine Rechte. In einem Heim, in dem sie verwöhnt werden, haben sie alle Rechte.»[15]

Antipädagogische Versprechungen

Die antipädagogische «Lösung», die neben dem behütenden auch den gegenwirkenden Aspekt vollständig ausklammert, erscheint bequem und einfach. Ekkehard von BRAUNMÜHL verspricht in seinem Buch *Antipädagogik*, das mit seiner – gemäss eigenen Worten – «vernünftigen, lässigen, coolen Betrachtungsweise, der es nicht um Perfektionismus geht»[16], die erzieherischen Probleme von selbst verschwinden: «Nette Eltern haben keine Erziehungsschwierigkeiten, sondern nette Kinder, mit denen alle – etwa von aussen hereingetragenen – Probleme im freundschaftlichen Dialog gelöst werden.»[17]

Erziehung als ein Unterstützen, Verstehen und Ermutigen

Erziehung als Unterstützung in einem antinomischen Sinne bedeutet, dass junge Menschen so viele positive Erfahrungen wie möglich machen können und dass ihnen bei negativen oder widerständigen Erfahrungen geholfen wird, wenn sie Hilfe brauchen.[18] In einem Wertequadrat lässt sich dieses unterstützende Erziehungsverständnis wie folgt darstellen:

Antinomisches Erziehungsverständnis

Erziehung spielt sich im positiven Spannungsverhältnis von Autonomie und Interdependenz, Führen und Wachsenlassen, Anpassung und Widerstand ab. Dieses Erziehungsverständnis beruht auf einem antinomischen Verständnis des Menschen.

Friedrich SCHLEIERMACHER formulierte in seinen pädagogischen Vorlesungen in den zwanziger Jahren des 19. Jahrhunderts:

«Die Erziehung soll so eingerichtet werden, dass beides in möglichster Zusammenstimmung sei, dass die Jugend tüchtig werde einzutreten in das, was sie vorfindet, aber auch tüchtig in die sich darbietenden Verbesserungen mit Kraft einzugehen.»[19]

Friedrich Schleiermachers antinomisches Verständnis

«... wenn ich hier noch einmal die Frage stelle ‹wie wurden wir erzogen›, so muss ich darauf antworten: ‹gar nicht und – ausgezeichnet›. Legt man den Accent auf die Menge, versteht man unter Erziehung ein fortgesetztes Aufpassen, Ermahnen und Verbessern, ein mit der Gerechtigkeitswaage beständig abgewogenes Lohnen und Strafen, so wurden wir gar nicht erzogen; versteht man aber unter Erziehung nichts weiter, als ‹in guter Sitte ein gutes Beispiel geben› und im Übrigen das Bestreben, einen jungen Baum, bei kaum fühlbarer Anfestigung an einen Stab, in reiner Luft frisch, fröhlich und frei aufwachsen zu lassen, so wurden wir ganz wundervoll erzogen.»

Theodor Fontane

Theodor Fontanes Kinderjahre

Der Dichter Theodor FONTANE hat also gemäss seiner im hohen Alter verfassten autobiographischen Schrift *Meine Kinderjahre* in der ersten Hälfte des 19. Jahrhunderts das Glück gehabt, genügend Freiheit und eine unterstützende Erziehung zu geniessen.

«Mein Vater war ein grosser stattlicher Gascogner voll Bonhommie, dabei Phantast und Humorist, Plauderer und Geschichtenerzähler, und als solcher, wenn ihm am wohlsten war, kleinen Gasconnaden nicht abhold;

meine Mutter andererseits war ein Kind der südlichen Cevennen, eine schlanke zierliche Frau von schwarzem Haar, mit Augen wie Kohlen, energisch, selbstsuchtlos und ganz Charakter ...»[20]

Wenn die Erinnerungen von Theodor Fontane zutreffen, hat er wohl in seinen Kinderjahren von Vater- und Mutterseite her Annahme, Offenheit, Respekt, Klarheit und Festigkeit erfahren dürfen. Seine Eltern liessen sich bei der Erziehung ihres Sohnes nicht durch die Lehren der «Schwarzen Pädagogik» leiten, sondern waren durch pädagogische Forderungen im Sinne von Schleiermacher geprägt.

Der Mensch ist ... und bedarf ...

Ein antinomisches Erziehungsverständnis in der Tradition von Friedrich Schleiermacher basiert auf dem Spannungsverhältnis von Anpassung und Widerstand, Autonomie und Interdependenz, Führen und Wachsenlassen. Dieses Verständnis beruht auf einem bestimmten Menschenbild.

Der Mensch ist ...

Der Mensch ist – in den Worten von Jean Paul SARTRE – für sich selbst verantwortlich und er «bindet durch seine Wahl die ganze Menschheit»; der Mensch ist – in den Worten von Ruth COHN – psychobiologische Insel und sozialkosmischer Anteil.

Der Mensch bedarf ...

Der Mensch bedarf – wie das Emil E. KOBI prägnant zusammengefasst hat –, um als Subjekt existieren zu können,

- der Möglichkeit zur Entfaltung und Expansion,
- des Schutzes und der Sicherung seiner Existenz,
- der Achtung und Anerkennung,
- der Bindung und des Kontakts,
- der Förderung und Anregung,
- der Ordnung und der Strukturen,
- des Geleits und der Führung,
- des Vertrauens und der Verlässlichkeit,
- der Ziele und Perspektiven,
- der Mündigkeit und Selbständigkeit.[21]

Erziehung hat einen Beitrag zu leisten zum Mündigwerden der Menschen. Dieser traditionellen Forderung der Aufklärung stimmen die meisten Pädagoginnen und Pädagogen zu – mit mehr oder weniger Überzeugung und mit mehr oder weniger «Aber...». Mündigkeit umfasst zwei Bedeutungskomponenten: Unabhängigkeit (vom vergangenen Zustand) und Selbständigkeit (gegenwärtiger Zustand). Der mündige Mensch verfügt über verschiedene Kompetenzen (im Sinne von Sachverstand und Fähigkeit in Bezug auf...), die ihrerseits durch eine antinomische Grundstruktur geprägt sind.

Der mündige Mensch verfügt über...

- Selbstkompetenz als Fähigkeit zu selbständigem Denken, Urteilen und Handeln; Sozialkompetenz als Fähigkeit, Rechte und Pflichten der Gemeinschaft wahrzunehmen und mitzugestalten.

Selbst- und Sozialkompetenz

- Wertkompetenz als Bewusstsein für eigene und fremde Werthaltungen auf dem Hintergrund ihres Entstehungszusammenhangs; Verantwortungskompetenz als Fähigkeit, das eigene Verhalten vor sich und in Gemeinschaften verantworten zu können.

Wert- und Verantwortungskompetenz

- Erhaltungskompetenz als Fähigkeit der Pflege einer dynamischen Ordnung zwischen inneren Kräften und äusseren Möglichkeiten; Innovationskompetenz als Fähigkeit, alternative Entscheidungen und neue Wege überlegen, verwirklichen und Folgen antizipieren zu können.

Erhaltungs- und Innovationskompetenz

- Kulturkompetenz und Naturkompetenz als Fähigkeit zum Verständnis des Verwobenseins von Natur und Kultur im eigenen Leben und in der Umgebung.[22]

Kultur- und Naturkompetenz

1 BUCHER: *Was halten Kinder von Antipädagogik?* 1993, S. 12
2 VON BRAUNMÜHL: *Antipädagogik*, 1988 (5. Auflage), S. 84
3 VON BRAUNMÜHL: *Antipädagogik*, S. 80
4 VON BRAUNMÜHL: *Antipädagogik*, S. 123
5 *Freundschaft mit Kindern,* Heft 3, Oktober 1980, S. 7
6 MANN: *Der Untertan*, 1964, S. 5
7 SCHLEIERMACHER: *Pädagogische Schriften I*, 1983, S. 66
8 FLITNER: *Konrad, sprach die Frau Mama...*, 1985
9 BUBER: *Reden über Erziehung*, 1956, S. 23
10 VON HENTIG: *Ende, Wandel oder Wiederherstellung der Erziehung*, in: *Neue Sammlung* Nr. 4, 1985, S. 491
11 MITSCHERLICH: *Auf dem Weg zur vaterlosen Gesellschaft*, 1963
12 HÜTTENMOSER: *Hits für Kinder*, in: *Und Kinder*, April 1990, S. 59–71
13 VON SCHOENEBECK: *Antipädagogik im Dialog*, 1985, S. 72, 74
14 ROGGE: *Kinder brauchen Grenzen*, 1993, S. 185
15 NEILL: *Theorie und Praxis der antiautoritären Erziehung*, 1969, S. 116, 117
16 VON BRAUNMÜHL: *Zeit für Kinder*, 1978, S. 143
17 VON BRAUNMÜHL: *Antipädagogik*, S. 31
18 FLITNER: *Konrad, sprach die Frau Mama...*, S. 122
19 SCHLEIERMACHER: *Pädagogische Schriften I*, S. 31
20 FONTANE: *Werke, Schriften, Briefe*, 1962ff., Band 4, S. 18
21 KOBI: *Grundfragen der Heilpädagogik*, 1993, S. 319, 320
22 AREGGER: *Ganzheitliche Förderung in Erziehung und Unterricht*, 1991

Eine zentrale pädagogische Frage 261

12 Zentrale erwachsenenbildnerische Forderungen

In diesem Schlusskapitel werde ich zuerst die im ersten Kapitel angesprochenen gesellschaftlichen Entwicklungen weiterführen und versuchen, einige grundlegende gesellschaftliche Diagnosen an der Jahrtausendschwelle zu skizzieren. Aufgrund dieser Arbeits- und Lebensweltveränderungen werde ich zuerst eine allgemeine Forderung aufstellen und anschliessend bestimmte erwachsenenbildnerische Forderungen ableiten. Konkretisiert werden diese Forderungen anhand eines Beispiels eines Lehrers im Zeitpunkt seines Berufseinstieges. Zum Abschluss werde ich einer gesinnungs- und erfolgsethischen erwachsenenbildnerischen Position die Forderung einer verantwortungsethischen Haltung gegenüberstellen.

Gesellschaftliche Diagnosen an der Jahrtausendschwelle

In seinem Roman *A home at the end of the world* beschreibt Michael CUNNIGHAM die Lebensgefühle von vier Personen. Bei aller Verschiedenheit der vier Lebenswege, eine Gemeinsamkeit fällt auf: ein durch grenzenlose Freiheiten und Möglichkeiten bedingtes Gefühl der Ungewissheit und Unsicherheit, das von einer Hauptperson so formuliert wird: «Ich wandere hier herum und hab' das Gefühl, als würde ich auf der Tragfläche eines Flugzeugs stehen. In einer Höhe von neuntausend Metern.»[1]

<small>Gefühl der Ungewissheit und Unsicherheit</small>

Soziologen aus verschiedenen Ländern charakterisieren die Veränderungen der Lebenswelt seit der zweiten Hälfte der 1990er-Jahre mit ähnlichen Formulierungen: *Riskante Freiheiten* (BECK 1994), *Life in Fragments* (BAUMANN 1997), *The Corrosion of Character* (SENNET 1998).

Gemäss dem deutschen Soziologen Ulrich BECK verwandelt die Moderne Verschiedenstes wie Gott, Natur, Wahrheit, Wissenschaft, Technologie, Moral, Liebe oder Ehe in so genannte riskante Freiheiten: «Alle Metaphysik, alle Transzendenz, alle Notwendigkeit und Sicherheit wird durch Artistik ersetzt. Wir werden – im Allgemeinen und Privatesten – zu Artisten in der Zirkuskuppel: ratlos. Und viele stürzen ab. ... Die Normalbiographie wird damit zur ‹Wahlbiographie›, zur ‹reflexiven Biographie›, zur ‹Bastelbiographie›. Das muss nicht gewollt sein, und es muss nicht gelingen. Bastelbiographie ist immer

<small>Riskante Freiheiten</small>

Drahtseilbiographie

Risikobiographie

«Driften» als Panzer

zugleich ‹Risikobiographie›, ja ‹Drahtseilbiographie›, ein Zustand der (teils offenen, teils verdeckten) Dauergefährdung.»[2]

Nach Richard SENNET wird durch die «Kultur eines neuen Kapitalismus» die Arbeit zum flexiblen Job. Das Wort Job erfährt dabei seine ursprüngliche Bedeutung: Im Englischen des 14. Jahrhunderts war damit ein Klumpen, den man beliebig herumschieben konnte, gemeint. Am Ende des Jahrtausends wird der flexible Mensch zum «Klumpen», der seine Arbeit mal hier, mal dort verrichtet. Stellen werden durch Projekte und Arbeitsfelder ersetzt; das «Driften» – im Sinne von «Bleib in Bewegung, geh keine Bindungen ein und bring keine Opfer» – wird zum Panzer im Kampf mit den gegenwärtig vorherrschenden Arbeits- und Lebensbedingungen. Das Bild der Arbeit entspricht dem ständigen Umtopfen einer wachsenden Pflanze; wobei der Arbeitnehmer selber durch die Instabilität flexibler Organisationen zum Umtopfen seiner Arbeit gezwungen ist.[3]

«Die Arbeitnehmer heissen Arbeitnehmer,
weil sie die Arbeit geben.
Die Arbeitgeber sind Arbeitgeber,
weil sie die Arbeit nehmen.»
Volker Braun

Gemäss dem englischen Soziologen Zygmunt BAUMANN lassen sich die schlimmsten und schmerzlichsten Probleme unserer Zeit am treffendsten unter der Rubrik «Unsicherheit» zusammenfassen. Im Deutschen verschmelzen in diesem Ausdruck Erfahrungen, zu deren Bezeichnung im Englischen drei Begriffe nötig sind: uncertainty – das Gefühl der Ungewissheit; insecurity – das Gefühl der Unsicherheit; unsafety – das Gefühl der Schutzlosigkeit. Bemerkenswert ist, dass die Natur ebendieser Probleme selbst ein grosses Hindernis für kollektive Heilmittel darstellt: Menschen, die sich unsicher fühlen (insecurity), die sich vor dem fürchten, was die Zukunft für sie bereithalten könnte (uncertainty) und die um ihren Schutz besorgt sind (safety), sind nicht wirklich frei, die Risiken einzugehen, die kollektives Handeln erfordert. Ihnen fehlten Mut und Zeit, sich alternative Formen des Zusammenlebens vorzustellen. Sie sind zu sehr von Aufgaben in Anspruch genommen, die ihnen keiner abnehmen kann, um noch über Anforderungen nachzudenken, die sich nur gemeinsam bewältigen lassen – geschweige denn dafür die Energie aufzubringen.[4]

Nach Jürgen HABERMAS werden moderne Gesellschaften durch die drei Gewalten Geld, Macht und Solidarität zusammengehalten. Geld steht für die Regelungskraft anonymer Märkte, Macht für die Organisationsfähigkeit zwingender Bürokratien und Solidarität für die Bindungskraft von geteilten Werten, anerkannten Normen oder öffentlichen Kommunikationskreisläufen. Die zentrifugalen Kräfte von Geld und administrativer Macht scheinen die sozial integrierten Lebenswelten zunehmend aufzusprengen. Nach Habermas gibt es aber auch Tendenzen, die dafür sprechen, dass abstraktere Formen der Solidarität entstehen:

Insecurity, uncertainty, unsafety

Geld, Macht, Solidarität

Nicht nur Entsolidarisierung

«Das sind ambivalente und schmerzliche, stets von der Gefahr der Regression bedrohte Prozesse. Aber wenn der Albtraum einer Zerstreuung aller sozialen Beziehungen im Weltraum globalisierter Märkte nicht Wirklichkeit werden soll, muss sich in der neuen, postnationalen Konstellation zwischen ‹Geld›, ‹Macht› und ‹Solidarität› ein neues Verhältnis einpendeln.»[5]

Ganz offensichtlich ist die aktuelle gesellschaftliche Situation durch viele Schattenseiten geprägt. Aber nicht nur. In der modernen Gesellschaft dominieren nicht nur Entsolidarisierung, Wertezerfall, Kultur des Narzissmus, Egoismus-Falle, Anspruchsdenken und Hedonismus. Die Menschen sind als «Kinder der Freiheit» (BECK 1997) nicht nur «Ichlinge» und «Narzissten». Unter den Menschen gibt es nach wie vor Selbstverantwortung, Selbstorganisation, Selbstpolitik. Hinter der verbreiteten bewusst missmutigen – und zudem falschen – Rede vom Wertever- und -zerfall, versteckt sich eine Angst vor den Kindern der Freiheit, die mit neuartigen, andersartigen Problemen kämpfen, die die verinnerlichte Freiheit aufwirft.

Nicht nur «Ichlinge»

Eine allgemeine Forderung:
Die Fähigkeit mit Ambivalenz und in Kontingenz zu leben!

In einer durch tief greifende Individualisierungsprozesse geprägten Situation kann eine undifferenzierte Berufung auf Freiheit und ein grenzenloses Propagieren von Lernen in Freiheit keinesfalls genügen. Schon eher die von Zygmunt BAUMANN geforderte Fähigkeit, mit Ambivalenz und in Kontingenz zu leben. In Kontingenz zu leben heisst für ihn, ohne Eindeutigkeit und Garantie zu leben – «mit einer provisorischen, pragmatischen pyrrhonischen Gewissheit bis auf weiteres». Weil kontingente Existenz schwer zu ertragen ist, wächst das Bedürfnis nach Gemeinschaft in starkem Masse. Baumann charakterisiert unsere Welt durch den Begriff des «Neotribalismus» – und versteht darunter eine obsessive Suche nach Gemeinschaft. Zudem ist nach seiner Einschätzung die alte moderne Werte-Dreierallianz Freiheit– Gleichheit–Brüderlichkeit durch eine neue postmoderne Dreierallianz von Freiheit–Verschiedenheit–Toleranz abgelöst worden. Dabei sind in der vorherrschenden postmodernen Mentalität diese neuen Werte auf eine spezifische Art und Weise entwertet worden: Freiheit zur Entscheidungsfreiheit der Konsumenten; Verschiedenheit zur marktgerechten und marktnützlichen Verschiedenheit; Toleranz zur Entfremdung. Der im gesellschaftlichen und pädagogischen Kontext immer wieder als kleinster ungefährlicher Nenner verwendete Toleranzbegriff lässt sich gemäss Baumann gleich leicht respektive gleich schwer loben oder verurteilen. Weil der Zustand der Toleranz wesentlich und unheilbar ambivalent ist, kann der Weg von der Toleranz zur Gleichgültigkeit und Entfremdung führen – oder zur Solidarität. Währenddem die Solidarität sozial und militant ist, ist die Toleranz bloss ich-zentriert und kontemplativ. Und weil Toleranz ein erhabenes Desinteresse nährt, lassen sich viele Grausamkeiten leichter begehen.[6]

Provisorische Gewissheit

Ich-zentrierte Toleranz

Eine erste erwachsenenbildnerische Forderung:
Kein pädagogischer Neotribalismus!

Die von Baumann kritisierte neotribalistische «Lösung» ist weder im gesellschaftlichen noch im pädagogischen Bereich haltbar: Der im gesellschaftlichen Bereich feststellbare Trend zu einem emotional geprägten Nationalismus und zu Fundamentalismen jeglicher Art sowie andere Formen mit «Antwort-Fabrik-Charakter» ist ebenso verständlich wie problematisch – und gefährlich.

Antwort-Fabriken

Auch im pädagogischen Gebiet machen sich zeitgemässe neotribalistische Strömungen breit. Dass im pädagogischen Bereich verschiedene Strömungen versuchen, ihre Sicht der Dinge als allein massgebliche und massgebende darzustellen, ist im Verlauf dieses Buches deutlich geworden. Auch heute gibt es innerhalb der verschiedenen pädagogischen Strömungen Anhängerinnen und Anhänger, die sich als «Jünger» möglichst stark auf die Interpretation ihrer «Meister» abstützen, argwöhnisch die sich auf Ab- und Irrwegen befindenden fremden Vorstellungen aus ihrer Sicht «wahr-»nehmen und eventuell nach Kräften mit ihrer «Lösung» missionieren.

Eine zweite erwachsenenbildnerische Forderung: Kein pädagogisches Flanieren!

Flaneure, Vagabunden, Touristen und Spieler

Das dem neotribalistischen Weg entgegengesetzte «Lösungsmuster» im gesellschaftlichen Bereich hat Baumann als postmoderne Lebensformen des Flaneurs, Vagabunden, Touristen oder Spielers beschrieben. Der Flaneur praktiziert sein Leben im Stile von «als ob» und sein Engagement in der Form von «wie wenn»; seine episodischen Begegnungen, die ohne Auswirkungen bleiben, sind eher Vergegnungen. Der frei schwärmende und herrenlose Vagabund «riecht» immer nach anderen Orten; er ist nirgends Einheimischer, Ansässiger, Verwurzelter. Der Tourist ist ein systematischer Sammler von fremden bizarren Erfahrungen, der das kitzelnde Gefühl einer unbestimmten Gefahr mit der Sicherheit von Rettung zu kombinieren sucht. Für den Spieler gibt es weder Unvermeidlichkeit noch Zufall, weder Vorhersage noch Kontrolle, weder Ordnung noch Chaos, weder Gesetz noch Gesetzlosigkeit, sondern nur mehr oder weniger kluge, scharfsinnige, trickreiche Spielzüge im Kontext der Sinnprovinz des Spiels.[7]

Labyrinth der Selbstvergewisserung

Eine wesentliche Gemeinsamkeit dieser Lebensformen hat Ulrich BECK in seinem Buch *Risikogesellschaft* als Labyrinth der Selbstverunsicherung, Selbstbefragung und Selbstvergewisserung der Individuen beschrieben.[8]

«Der (unendliche) Regress der Fragen ‹Bin ich wirklich glücklich?›, ‹Bin ich wirklich selbsterfüllt?›, ‹Wer ist das eigentlich, der hier ‹ich› sagt und fragt?› führt in immer neue Antwort-Moden, die in vielfältiger Weise in Märkte für Experten, Industrien und Religionsbewegungen umgemünzt werden. In der Suche nach Selbsterfüllung reisen die Menschen nach Tourismuskatalog in alle Winkel der Erde. Sie zerbrechen die besten Ehen und gehen in rascher Folge immer neue Bindungen ein. Sie lassen sich umschulen. Sie fasten. Sie joggen. Sie wechseln von einer Therapiegruppe zur anderen und schwören auf jeweils ganz unterschiedliche Therapien und Therapeuten. Besessen von dem Ziel der Selbsterfüllung, reissen sie sich selbst aus der Erde heraus, um nachzusehen, ob ihre eigenen Wurzeln auch wirklich gesund sind.»
Ulrich Beck

Die Parallelen zwischen den postmodernen Lebensformen und problematischen pädagogischen Haltungen liegen auf der Hand:

- Das pädagogische Flanieren zeigt sich als episodisches Erfahren und Erproben der neusten Moden. Das paradiesischste Tummelfeld bieten pädagogische Shopping-Centers: An einer Pädagogica oder Didacta lassen sich die neusten pädagogisch-didaktisch-methodischen «Erkenntnisse» flanierend aufspüren – und eventuell erspüren. *(Pädagogisches Flanieren)*
- Das pädagogische Tourismus-Verhalten ist von der Sehnsucht nach neuen Erfahrungen gesteuert. Diese Sehnsucht nutzen die aktuell beliebten pädagogischen Touristenorte mit ihrer oft betont himmelschreienden Ausgefallenheit. In der Sicherheit eines Pauschalarrangements lassen sich die kleinen erschaudernden Schocks in domestizierter Form angenehmer konsumieren. Das Kribbeln des Neuen weicht kurze Zeit später der beruhigenden «Einsicht»: Für Zuhause wäre das aber nichts! *(Tourismus-Verhalten)*
- Das pädagogische Vagabundieren oder Nomadisieren entspricht einem Tun ohne Plan: Man entscheidet intuitiv an der nächsten *(Vagabundieren)*

Kreuzung, in welche Richtung man gehen könnte. Die Bewegungen sind nicht voraussehbar. Alle theoretischen Koordinaten entfallen, Zeit und Raum lösen sich auf. Alles wird möglich, alles kriegt seinen gerade passenden Platz.

Spielen
- Das pädagogische Spielen kann mit Hinweis auf die Spielregeln «guten Gewissens» jegliche Verantwortung zurückweisen: Jedes Tun kann ganz locker mit dem immer (zu-)treffenden Hinweis «It's part of the game» den gestellten Anforderungen von Sinn und Struktur entzogen werden.

Angesichts dieser bewusst karikierend gezeichneten pädagogischen Haltungen ist die Forderung klar und deutlich: So nicht! Die Frage «Wie sonst?» betrifft die folgende Forderung.

Eine dritte erwachsenenbildnerische Forderung: Die Aufgabe einer persönlichen pädagogischen Konstruktionsleistung

Kein pädagogisches Glaubensbekenntnis

Pädagoginnen und Pädagogen dürfen weder in der Aus- noch in der Weiterbildung auf eine ganz bestimmte pädagogische Strömung verpflichtet werden – im Sinne eines pädagogischen Glaubensbekenntnisses. Es soll aber auch nicht dem Zufall überlassen werden, welchen Vertretern pädagogischer Strömungen Pädagoginnen und Pädagogen auf ihren Aus- und Weiterbildungswegen «begegnen» – im Sinne einer flanierenden, touristischen, vagabundierenden, spielerischen «Vergegnung».

Gefordert ist eine individuelle Konstruktions-Leistung: Diese Leistung basiert auf einem Aushalten der widersprüchlichen Bedürfnisse nach Verwurzelung (im Sinne von heimisch und ansässig werden) und Vielfalt (im Sinne von offen für neue Impulse sein – und bleiben). Das Erkennen und Aushalten des positiven Spannungsverhältnisses verhindert verabsolutierte Verständnisse: Die aus Furcht vor der Formlosigkeit entstandene neotribalistische Fixierung und die aus der Furcht vor Fixierung entstandene vagabundierende Formlosigkeit.

Fixierung versus Formlosigkeit

In einem Wertequadrat kann die Aufgabe einer persönlichen pädagogischen Konstruktionsleistung wie folgt dargestellt werden:

Zentrale erwachsenenbildnerische Forderungen   273

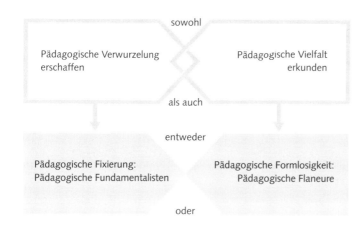

Im Unterschied zu den einfachen Lösungsmustern der verabsolutierten flanierenden Freiheit und der fundamentalistischen Sicherheit ist die anspruchsvolle Bereitschaft und Fähigkeit gefordert, mit Ambivalenz und in Kontingenz zu leben. Eine solche pädagogische Ambivalenz- und Kontingenzfähigkeit verlangt Verschiedenes: reflexiven Umgang mit Wissen und Nichtwissen; Aufgeschlossenheit für Differenzen, Fremdes, Pluralität; Ambiguitätstoleranz angesichts von Dilemmata, Paradoxien und Unsicherheiten; Kontextsensibilität für Denk- und Lösungsstrategien; Fähigkeit und Bereitschaft, die Perspektiven anderer wahrzunehmen und zu akzeptieren; Bereitschaft zur Viabilitätskontrolle der eigenen Konstrukte.

Ambivalenz- und Kontingenzfähigkeit statt…

… ganz einfache Lösungsmuster

Radikal-konstruktivistische Kritiken und Forderungen

Mit diesen Forderungen ist der Bogen zu konstruktivistischen Anliegen hergestellt. Bisher ist einer der wichtigsten Begründer des Radikalen Konstruktivismus lediglich kurz erwähnt worden: der Physiker Heinz von FOERSTER. Als Protagonist der empirisch-experimentellen Kognitionsforschung und der Kybernetik ist er einer der Väter des Radikalen Konstruktivismus. Besonders ist, dass er sich immer wieder sehr pointiert zu bildungspolitischen und pädagogischen Fragen geäussert hat.

Auf einem Flugblatt aus dem 16. Jahrhundert, das den berühmten «Nürnberger Trichter» zeigt, beruht gemäss von Foerster eine bis heute bestehende Konfusion: Wissen wird als Substanz aufgefasst. Das hat nach Foersters Überzeugung für das ganze Bildungssystem besonders gravierende Konsequenzen:

«Was die Erfindung des Rades für die ganze Menschheit gebracht hat, brachte der Nürnberger Trichter für die Bildung: es kann nun noch schneller abwärts gehen.» [9]

Alte und neue Nürnberger Trichter

Entscheidende Gründe für den Niedergang der Bildung sieht von Foerster in den beiden Problembereichen «triviale» und «nicht-triviale» Maschinen sowie «legitime» und «illegitime» Fragen.

Alle Maschinen, die wir konstruieren oder kaufen, sind hoffentlich triviale Maschinen: Ein Toaster sollte toasten, eine Waschmaschine waschen. Menschliche Bemühungen zielen folgerichtig darauf ab, triviale Maschinen zu erzeugen oder nicht-triviale Maschinen in triviale zu verwandeln. Der entscheidende Unterschied der nicht-trivialen Maschinen zu den trivialen ist ihre Unbestimmbarkeit, Vergangenheitsabhängigkeit und Unvorhersagbarkeit.

Triviale und nicht-triviale Maschinen

Der verbreitete Allmachtsanspruch der Trivialisierung aber führt zu entscheidenden Problemen:

«Trivialisierung ist ein höchst gefährliches Allheilmittel, wenn der Mensch es auf sich selbst anwendet. Betrachten Sie etwa den Aufbau unseres Schulsystems. Der Schüler kommt zur Schule als eine unvorhersagbare ‹nicht-triviale Maschine›. Wir wissen nicht, welche Antwort er auf eine Frage geben wird. Will er jedoch in diesem System Erfolg haben, dann müssen die Antworten, die er auf unsere Fragen gibt, bekannt sein. Diese Antworten sind die ‹richtigen› Antworten.»[10]

Festgelegt wird der Grad der Trivialisierung durch Tests:

«Ein hervorragendes Testergebnis verweist auf vollkommene Trivialisierung: der Schüler ist völlig vorhersehbar und darf daher in die Gesellschaft entlassen werden. Er wird weder irgendwelche Überraschungen noch auch irgendwelche Schwierigkeiten bereiten.»[11]

Legitime und illegitime Fragen

Mit dem Trivialisierungs-Allheilmittel verbunden ist die Legitimität der Fragen. Eine Frage, deren Antwort bekannt ist, ist für von Foerster eine «illegitime» Frage. Faszinierend wäre es, ein Bildungssystem aufzubauen, das von seinen Schülern erwartet, Antworten auf «legitime» Fragen zu geben, das heisst auf Fragen, deren Antworten unbekannt sind. Noch faszinierender wäre es, sich eine Gesellschaft auszumalen, die ein solches Bildungssystem einrichten würde. Die notwendige Voraussetzung für diese Utopie wäre, dass ihre Mitglieder einander als autonome und nicht-triviale Wesen auffassen würden. Eine derartige Gesellschaft könnte gemäss von Foerster einige ganz verblüffende Entdeckungen machen:

«1. Bildung ist weder ein Recht noch ein Privileg; sie ist eine Notwendigkeit.
2. Bildung besteht darin, legitime Fragen stellen zu lernen.
Eine Gesellschaft, die diese beiden Entdeckungen gemacht hat, wird schliesslich in der Lage sein, auch die dritte und utopischste zu machen:
3. A geht es besser, wenn es B besser geht.»[12]

Für von Foerster gibt es ein Mittel gegen die Kastrationsmethode des Nürnberg-Trichter-Ansatzes:

Ein neues Problem

«Wir müssen Vorträge, das Schreiben von Büchern, Diapositive, Filme usw. nicht als Information, sondern als Träger potentieller Information ansehen. Dann wird uns nämlich klar, dass das Halten von Vorträgen, das Schreiben von Büchern, die Vorführung von Diapositiven und Filmen usw. kein Problem löst, sondern ein Problem erzeugt: nämlich zu ermitteln, in welchen Zusammenhängen diese Dinge so wirken, dass sie in den Menschen, die sie wahrnehmen, neue Einsichten, Gedanken und Handlungen erzeugen.»[13]

Heinz von Foerster, dieser faszinierende Grenzgänger zwischen Naturwissenschaft, philosophischer Erkenntnistheorie und Poesie, der heute lieber von KybernEthik als von Kybernetik spricht, hat sich den Imperativen «Du sollst nicht reduzieren!» und «Handle stets so, dass die Anzahl der Möglichkeiten wächst!» verschrieben. Er kritisiert vehement die Schule als «grosse staatliche Trivialisierungsmaschine» und die Lehrer als unsittliche «Trivialisateure», die die Kinder und Jugendlichen nachhaltig betrügen und die Klügsten, deren geistiges Immunsystem fertige Wissenskörper abwehrt, opfern.[14]

Lehrer als unsittliche Trivialisateure

> «Ein Lehrer, der Fragen nur zum Schein stellt, Fragen, die er selbst beantworten kann, handelt unsittlich. Er ist ein Betrüger, was noch zu ertragen wäre, wenn es nicht die Kinder wären, die er tatsächlich und nachhaltig betrügt und die Klügsten, deren geistiges Immunsystem fertige Wissenskörper abwehrt, opfert. Mein Vorschlag ist, den Lehrer zum Forscher zu machen. Der Lehrer weiss nichts. Er tritt in die Klasse und sagt, heute wollen wir Elektrizität lernen, wie können wir vorgehen? Plötzlich sind die Kinder mitten im Erfinden von Mathematik und Physik.»
>
> Heinz von Foerster

Grenzen des Radikalen Konstruktivismus in der Pädagogik...

In Bezug auf meine erwachsenenbildnerischen Ziele kann ich bestimmte massgebliche Forderungen einer konstruktivistischen Pädagogik unterschreiben: «Von der festgeschriebenen Wahrheit zur Relativität der Wahrheiten als Konstruktion», «Vom Besserwisser zum Mehrwisser», «Vom sicheren Weg in das didaktische Wagnis», «Von der sammelnden Wiedergabe zur Erfindung», «Von den theoretischen Schlachten zur praktischen Relevanz».[15]

Radikale Postulate

Vorbehalte habe ich hingegen gegenüber verschiedenen verabsolutierenden Postulaten: Die Forderung «Von den Inhalten zum Kontext der Beziehungen» mündet in ein nach meiner Ansicht problematisches Primat der Beziehungen vor den Inhalten; der ultimative Ruf «Von der kognitiven Übernahme zur Expression» scheint mir so wenig zur Lösung einer so genannten «Informationsüberflutung» zu genügen wie der Hinweis auf ein so genanntes «modernes Notenmanagement» beim Postulat «Von den Noten zu Kriterien». Diese Forderungen schütten nach meiner Ansicht durch ihren Kippfiguren-Charakter das Kind mit dem Bade aus.

Ein grundsätzliches Problem der radikal-konstruktivistischen Ansätze stellt sich, wenn die erwachsenenbildnerische Ebene verlassen wird und die konstruktivistischen Forderungen für alle Lehr-/Lernprozesse Geltung beanspruchen wollen. Wenn sich sämtliche Lehrpersonen nur noch als Coaches (Lernberater) verstehen, die die Lernenden mit Scaffolding (engl. Bau-Gerüst) unterstützen, fallen grundsätzliche pädagogisch-didaktische Aufgaben ausser Betracht. Auch ein so genannter dialektischer Konstruktivismus, der neben das Scaffolding zusätzliche Formen der Lenkung der Lehrerinnen und Lehrer wie Artikulation (Methoden zur Anleitung der Artikulation der Denk- und Problemlösungsprozesse), Reflexion (Vergleiche von Lernprozessen) oder Fading (Zurücknahme der Lehrermassnahmen mit zunehmenden Kenntnissen und Lernerfahrungen der Schüler) stellt, vermag die grundsätzlichen pädagogischen und didaktischen Probleme nicht zu lösen.[16]

Scaffolding and fading

Eine offensichtliche Grenze des Pädagogischen Konstruktivismus betrifft die im 8. Kapitel genannte Kritik, dass der Sachanspruch für alle Inhaltsbereiche und Schulstufen radikal-konstruktivistisch aufgelöst bzw. virtualisiert wird und dass damit die Lehr-Lern-Prozesse im schlechten Sinne formal und am Ende beliebig werden. Wenn kein Beitrag zur Frage, was Menschen denken sollen geleistet wird, sondern nur noch von Interesse ist, wie sie denken können, wird ein wesentlicher Teil des Bildungsauftrags aufgegeben. Eine ebenso offensichtliche, nicht weniger problematische Grenze des Pädagogischen Konstruktivismus liegt in seiner bereits kritisierten Blindheit gegenüber den zu Beginn dieses Kapitels diskutierten Fragen der gesellschaftspolitischen Veränderungen. Wenn pädagogisches und didaktisches Denken losgelöst von gesellschaftlichen Veränderungsprozessen stattfindet, entspricht das einem Rückfall in überwunden geglaubte geisteswissenschaftliche Vorstellungen eines pädagogischen Insel-Daseins.

Beliebige Lehr-Lern-Prozesse

Rückfall ins Insel-Dasein

…und seine Chancen

Die konstruktivistische Pädagogik und Didaktik stellt dem so genannten Objektivismus und seiner Grundannahme «Es gibt ein allgemein gültiges, systematisiertes objektives Wissen, das gut strukturiert an Lernende weitergegeben und von diesen übernommen und im gleichen Sinne verstanden werden kann», eine diametral entgegengesetzte Denkfigur gegenüber:

Eine diametral entgegengesetzte Denkfigur

- Unterricht muss sich an komplexen, lebens- und berufsnahen, ganzheitlich zu betrachtenden Problembereichen orientieren.
- Lernen ist als aktiver Prozess zu verstehen, währenddem das individuell vorhandene Wissen und Können aus neuen, eigenen Erfahrungen verändert und personalisiert wird.
- Kollektives, selbstregulatives Lernen in Form von Diskussion der individuellen Interpretationen von komplexen Lernsituationen hat grosse Bedeutung.
- Fehler sind bedeutsam: Auseinandersetzungen mit Fehlüberlegungen sind verständnisfördernd und tragen zur besseren Konstruktion von verstandenem Wissen bei.

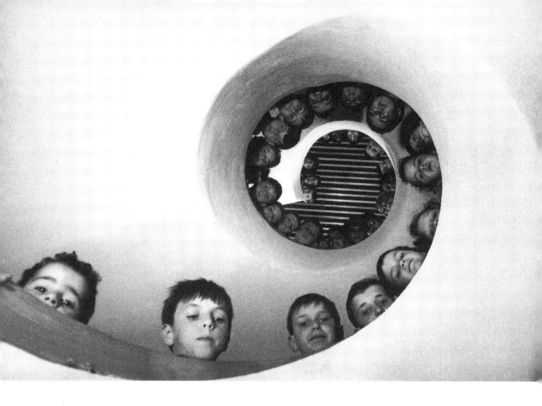

- Lerninhalte sind auf die Vorerfahrungen und Interessen der Lernenden auszurichten.
- Gefühle und persönliche Identifikation mit den Lerninhalten sind bedeutsam.
- Lernprozessfortschritte sind bei der Evaluation des Lernerfolges wesentlich: Formen der Selbstevaluation, mit denen die individuellen Lernfortschritte und die Verbesserung der eigenen Lernstrategien beurteilt werden, sind sinnvoller.[17]

All diese Merkmale erachte ich für meine erwachsenenbildnerische Tätigkeit im Rahmen der Möglichkeiten als verpflichtend. Auch ich plädiere dezidiert für eine Überwindung des «Oberkellner-Syndroms».[18] Es genügt wirklich nicht, von anderen Angerichtetes den Gästen vorzusetzen – ohne sich im Geringsten um die Interessen und das Potenzial dieser «Bedienten» zu kümmern. Klar ist auch, dass dieses erwachsenenbildnerische Modell-Verhalten in hohem Masse prägend und für die zukünftige pädagogische Tätigkeit verhaltenssteuernd wird.

Ein wichtiges Ziel eines konstruktivistischen Ansatzes ist es, mit Hilfe der drei erkenntnistheoretischen Zugänge Konstruktion, Rekonstruktion und Dekonstruktion ein neues Muster pädagogischen und didaktischen Denkens zu schaffen.

Überwindung des Oberkellner-Syndroms

- Die Perspektive der Konstruktion und ihr Grundmotto «Wir sind die Erfinder unserer Wirklichkeit!» betont den Stellenwert des Selbst-Erfahrens, Ausprobierens, Experimentierens, des Überführens in eigene Konstruktionen ideeller und materialer Art. Ein leitender Grundsatz lautet: «So viel Konstruktion wie möglich!» *Konstruktion …*
- Die Perspektive der Rekonstruktion und ihr Grundmotto «Wir sind die Entdecker unserer Wirklichkeit!» hat bereits Martin WAGENSCHEIN in einer seiner prägnanten Formulierungen auf den Punkt gebracht: «Wir müssen verstehen lehren, das heisst nicht, es den Kindern nachweisen, so dass sie es zugeben müssen, ob sie es nun glauben oder nicht; es heisst, sie einsehen lassen, wie die Menschheit auf den Gedanken kommen konnte, so etwas nachzuweisen, weil die Natur es ihr anbot». Es geht um das Nachentdecken der Erfindungen anderer. Ein leitender Grundsatz lautet: «Keine Rekonstruktion um ihrer selbst willen!» *… Rekonstruktion …*
- Die Perspektive der Dekonstruktion und ihr Grundmotto «Es könnte auch noch anders sein! Wir sind die Enttarner unserer Wirklichkeit!» legen Wert auf die Fähigkeiten des In-Frage-Stellens, des In-Zweifel-Ziehens, des Verschiebens des Blickwinkels, des Wechselns des Standpunkts, des kritischen Durchschauens und Hinterfragens. Ein leitender Grundsatz lautet: «Keine Konstruktionen ohne Ver-Störungen!»[19] *… Dekonstruktion*

Dieser «konstruktivistische Dreiklang» von Erfinden, Entdecken und Enttarnen vermag bedeutsame Erkenntnis- und Beobachtungsperspektiven zu eröffnen und Möglichkeiten für neue Sicht-, Denk- und Handlungsweisen zu schaffen.

Ein Beispiel einer pädagogischen Konstruktionsleistung

Für die pädagogische Prüfung am Ende der Lehrerausbildung hat Matthias HASLER aufgrund seiner Auseinandersetzung mit zwei pädagogischen Strömungen Grundzüge seines persönlichen Erziehungsbildes konstruiert. Die grafischen Darstellungen auf den folgenden Seiten geben einen Einblick in seine Rekonstruktions-, Dekonstruktions- und Konstruktionsleistung.

Erziehungsbilder der Humanistischen Psychologie/Pädagogik

Der Mensch als erlebende und freie Person

Erziehung soll
- Werte und Würde eines jeden Einzelnen aufrechterhalten
- den Akzent auf spezifisch menschliche Eigenschaften legen, menschlich sein
- Mut zum Vertrauen und zur Liebe haben

Erziehung soll nicht
- dem Heranwachsenden die Freiheit, selber zu entscheiden, rauben

Erziehung ist wichtig, weil … (actio)
- … in der Gesellschaft Gefühle der Unsicherheit, Furcht, Einsamkeit und des Zweifels herrschen

Erziehung braucht … (reactio)
- Echtheit, authentische Begegnungen, Ausdruck von Gefühlen, Empathie (einfühlendes Verständnis/Anteilnahme)
- Sinn, Sinne und Sinnlichkeit
- Vertrauen, Geborgenheit

Erziehung fördert folgende Fähigkeiten
- Fähigkeit zu wählen
- Kreativität
- Wertschätzung
- Selbstverwirklichung
- Selbstvertrauen
- Selbstbeurteilung
- Selbstbestimmung/Mitbestimmung
- Selbstdisziplin
- Selbstbewusstsein
- Selbstständigkeit
- Vertrauen in Menschen

Beziehungsverhältnis Eltern–Kind
- Erwachsener und Kind/Jugendlicher sind gleichwertige Personen, die die Macht teilen
- Klima des Vertrauens

Verhältnis Lehrer–Schüler
- Lehrer als Lernförderer, der selber am Lernprozess teilnimmt
- Gegenseitiges Eingehen auf Gefühle

Erziehungsbilder der Antipädagogik

Zentrum: Der Mensch als… …nicht erziehungsbedürftiges Wesen …Wunderwesen

Negatives der Erziehung:
- führt zu Abspaltung der aufgestauten/unterdrückten Gefühle und führt zur Projektion auf Schwächere (ermöglicht die Aufrechterhaltung der Idealisierung der Eltern)
- lässt Erwachsene zu Herrschern über Kinder werden
- ermöglicht erlittene Demütigungen weiterzugeben
- ist Machtausübung an Schwächeren
- ist Rache an erlittenen Schmerz
- führt zur Zunahme von Psychosen, Neurosen, Drogensucht, Gewalttätigkeit,…
- führt zur Selbstverleugnung, zerstört das Selbstbewusstsein

Diese Art von «Begleitung» braucht… (reactio)

Erziehung als solche schädlich ist und zum Wiederholungszwang führt, das heisst in der Kindheit Erlittenes wird an eigene Kinder weitergegeben

- Achtung, Respekt, Toleranz für Gefühle und Bereitschaft, aus dem Verhalten der Kinder zu lernen

Erziehung soll:
- Der Heranwachsende soll seelisch und körperlich von den Erwachsenen begleitet werden.

Diese Art von «Begleitung» ist wichtig, weil… (actio)

Beziehungsverhältnis Eltern–Kind:
Zwischen Erwachsenen und Kindern/Jugendlichen besteht totale Gleichberechtigung, das heisst gleiche Rechte, Pflichten, Privilegien und Verantwortlichkeiten

Verhältnis Lehrer–Schüler:
Schüler bestimmen selber, ob sie etwas machen möchten und was sie machen möchten.

Angeborene Fähigkeiten:
- Selbstbestimmung
- Wahrnehmungs- und Kommunikationskompetenz

Zentrale erwachsenenbildnerische Forderungen 283

Mein eigenes Erziehungsbild

Der Mensch als aufnehmende, verarbeitende und handelnde Person

Erziehung soll

- den Heranwachsenden auf die Gesellschaft vorbereiten
- teilweise Selbsterfahrung sein
- Lernen aus Fehlern ↔ Rad neu erfinden
- Gefühle und Versagen zulassen
- Grenzen setzen, Recht und Unrecht bewusst machen, Halt geben
- den Heranwachsenden Konsequenzen des eigenen Handelns bewusst machen
- Sinn machen, transparent sein

Erziehung soll nicht

- dem Kind/Jugendlichen schaden
- gewalttätig und/oder angstbeladen sein
- ein Monolog sein

Beziehungsverhältnis Eltern–Kind

Erwachsener als Begleiter, Ratgeber und Vorbild, dessen Rat aufgrund gegenseitigen Vertrauens gern gehört wird, gegen den aber auch Kritik geäussert werden darf.

Verhältnis Lehrer–Schüler

Lehrer als Lernförderer, Lernorganisator und Motivator

Erziehung ist wichtig, weil… (actio)

…sie der Orientierungslosigkeit entgegenwirkt
…sie das Leben zu ordnen vermag
…dadurch Einsamkeit aufgehoben wird
…nur durch Erziehung Freiheit erlebt werden kann
…meist nach bestem «Wissen und Vermögen» erzogen wird

Erziehung fördert folgende Fähigkeiten

- Kritikfähigkeit
- Selbstbewusstsein
- Vertrauen in eigene Person und Mitmenschen
- Selbständigkeit/Autonomie

Erziehung braucht… (reactio)

…Akzeptanz, Offenheit, Respekt, Vertrauen, Abmachungen/Regeln, Freiheit/Freiräume

Im Unterschied zu einem radikal konstruktivistischen Verständnis ist diese selbstverantwortliche Konstruktionsleistung nicht losgelöst von klaren überindividuellen Sachansprüchen möglich.

In seiner Skizze eines modernitätstheoretischen Begriffs von Lehrerbildung fordert Hermann FORNECK, dass die Studierenden in der Ausbildung zum Lehrerberuf immer wieder auf den Aufbau ihrer beruflichen Identität und die Auseinandersetzung mit dieser verwiesen werden müssen. Die Qualifikation von Lehrkräften umfasst einen zweifachen Bildungsprozess: Einerseits ist das Studium ein Bildungsprozess, andererseits ist das Ziel des Studiums die Fähigkeit, Bildungsprozesse zu initiieren. Abgeleitet aus der Bildungstheorie als einer Theorie der Selbstwerdung des Subjekts wird Lehrerbildung verstanden als planmässig unterstützte Entwicklung der beruflichen Identität.[20]

Planmässig unterstützte Entwicklung der beruflichen Identität

In seinem Beitrag zu Untersuchungen zur pädagogischen Professionalität zeigt Werner HELSPER, dass ein grundlegender Teil einer pädagogischen Professionalität darin besteht, sich mit den konstitutiven professionellen Antinomien des Lehrerhandelns (wie Nähe versus Distanz oder Autonomie versus Heteronomie) auseinanderzusetzen. Diese antinomischen Spannungen des Lehrerhandelns sind zusätzlich in den Horizont von Paradoxien der reflexiven Modernisierungsprozesse zu stellen (Rationalisierungsparadoxon, Pluralisierungsparadoxon, Zivilisationsparadoxon, Individualisierungsparadoxon). Pädagogische Professionalität (im Sinne von Erkenntnissen reflexiver Selbstbegrenzungen und Beiträgen zu einer reflexiven Selbstvergewisserung) lässt sich aufgrund von persönlichen Auseinandersetzungen mit den professionellen Antinomien des Lehrerhandelns gewinnen.[21]

Beitrag zu einer reflexiven Selbstvergewisserung

Die in diesem Buch angestrebte theoretische und persönliche Auseinandersetzung mit pädagogischen Strömungen auf dem Hintergrund gesellschaftlicher Veränderungsprozesse setzt sich zum Ziel, die Zonen reflexiver Selbstbegrenzungen zu erkennen und reflexive Selbstvergewisserungen zu bewirken.

Eine erwachsenenbildnerische Schlüsselkompetenz: Reflexions-Kompetenz

> Wir sehen nicht, was wir nicht sehen,
> und was wir nicht sehen, existiert nicht.
> Humberto Maturana / Francisco Varela

Diese Erkenntnis, die MATURANA und VARELA gegen Ende ihres Buches *Der Baum der Erkenntnis* formuliert haben, gilt meines Erachtens in hohem Masse für pädagogische Überblicke und Einblicke, speziell für Durchblicke. Auch die weiterführende Erkenntnis von Maturana und Varela, «Tradition ist nicht nur eine Weise zu sehen und zu handeln, sondern auch eine Weise zu verbergen», ist für eine Auseinandersetzung mit pädagogischen Strömungen als Teil der beruflichen Identitätsbildung höchst bedeutsam: Tradition steht für die gewohnten subjektiven Alltagstheorien, die einerseits pädagogisches Sehen ermöglichen und andererseits verunmöglichen.

Tradition als eine Weise des Verbergens

«Eine Tradition basiert auf all jenen Verhaltensweisen, die in der Geschichte eines sozialen Systems selbstverständlich, regelmässig und annehmbar geworden sind. Und da die Erzeugung dieser Verhaltensweisen keiner Reflexion bedarf, fallen sie uns erst auf, wenn sie versagen. An diesem Punkt setzt dann die Reflexion ein.»[22]

Damit ist eine zentrale erwachsenen- und lehrerbildnerische Kompetenz genannt: Reflexions-Kompetenz. Sie bildet einen Grundpfeiler der Entwicklung der beruflichen Identität. Was Walter HERZOG in Bezug auf Praktika in der Lehrerbildung formuliert, gilt ebenso für eine Auseinandersetzung mit pädagogischen Strömungen: «Die Professionalität der pädagogischen Berufe zeigt sich nicht an der Form ihres Wissens, sondern im Umgang mit ihrem Wissen. Dieser Umgang ist reflexiv.»[23]

Aufgaben einer posttechnokratischen Erwachsenenbildung

Analog zu Herzog sehe ich die Aufgabe einer posttechnokratischen Erwachsenen- und Lehrerbildung nicht im Einschleifen von Fertigkeiten und Gewohnheiten oder in der Indoktrination stereotyper Ver-

haltensweisen, sondern in der Hilfe, über pädagogisches Handeln klug nachzudenken und klug handeln zu können.

Für die Erwachsenen- und Lehrerbildung bedeutet dies einen Schritt von einem Ausbildungs- zu einem Reflexionswissen.[24]

Auf der Basis einer dezidierten Kritik der Erfahrung als Erkenntnisgrundlage haben Walter Herzog und Regula von Felten die Forderung aufgestellt, den vorherrschenden impliziten pädagogischen Aristotelismus angehender Lehrkräfte zugunsten einer «Galileischen Betrachtungsweise» von Erziehung und Unterricht zu relativieren. Gemeint ist ein theorieorientierter Zugang zur Wirklichkeit anstelle eines phänomenorientierten; es geht dabei um die Stärkung der Bereitschaft, sich auf Neues einzulassen, experimentell zu denken und situativ zu lernen: «Nicht der erfahrene Lehrer ist das Ideal, sondern der reflexive, der sein Wissen flexibel zu nutzen weiss. Dabei ist die Offenheit für das Neue keine natürliche Gabe, sondern eine mühsam zu erwerbende Tugend.»[25]

Eine «Galileische Betrachtungsweise»

Reflexive – und nicht erfahrene – Lehrer sind in der Lage, die Forderungen, die der Schriftsteller Günter GRASS in seiner 1999 gehaltenen Rede «Der lernende Lehrer» gestellt hat, zu erfüllen: Lernende Lehrer haben das Wissen und Unwissen auf den pädagogischen Weg zu bringen und die lautstark geforderten Werte zu prüfen, indem sie sie dem vorzüglichsten Instrument der Aufklärung, dem Zweifel, aussetzen.[26]

Lernende Lehrer

Weder eine gesinnungsethische noch eine erfolgsethische, sondern eine verantwortungsethische Haltung!

Dass unter Pädagogik sehr Verschiedenes verstanden werden kann, ist im Verlaufe dieses Buches deutlich geworden. Offensichtlich wurde auch, dass sich die verschiedenen pädagogischen Strömungen in einer auf den ersten und auch auf den zweiten Blick verwirrenden Vielfalt präsentieren. Diese Vielfalt zu erkennen und produktiv und kreativ für eine eigene theoriegestützte pädagogische Position zu nutzen, ist ein entscheidender Aspekt einer pädagogischen Professionalität. Zu dieser Aufgabe gehört eine kritische Auseinandersetzung mit verschiedenen Formen einer pädagogischen Komplexitätsreduktion. In Anlehnung an eine von Max Weber vorgenommene Unterscheidung plädiere ich für die Überwindung einer rein gesinnungs- und erfolgsethischen pädagogischen Position durch eine verantwortungsethische.[27]

Gesinnungsethische …

Eine gesinnungsethische Begründung orientiert sich an einem pädagogischen Korsett und einem sicheren, verlässlichen, prinzipientreuen und eventuell moralgepanzerten Vorgehen. Man hat sich pädagogisch nichts vorzuwerfen. Denn: Das pädagogische Handeln erfolgt gemäss fundamentalen Sicherheiten.

… erfolgsethische …

Eine erfolgsethische Begründung orientiert sich am pädagogischen Erfolg in Form von als attraktiv empfundenen Erziehungsprozessen und einem angeblich optimalen Kosten-Nutzen-Verhältnis. Auch dabei hat man sich nichts vorzuwerfen: Der pädagogische Erfolg ist durch die erreichten Ziele und die notwendigen Mittel «geheiligt».

Nach meiner Auffassung ist eine gesinnungs- und eine erfolgsethisch orientierte Pädagogik höchst problematisch. Die in einer so genannten wertunsicheren Zeit für viele nahe liegende gesinnungsethische Haltung ist ebenso problematisch wie die in einer so genannten Zeit finanzieller Verknappung sich aufdrängende erfolgsorientierte Haltung.

… verantwortungs-ethische Haltung

Eine verantwortungsethische Begründung der Pädagogik hat eine gesinnungs- und eine erfolgsethische zu überwinden. Verantwortungsethisches Handeln verlangt zwingend ein pluralistisches Verständnis, eine persönlich verantwortete individuelle Leistung, eine dialogische Struktur. Klar ist: Eine verantwortungsethisch orientierte Pädagogik ist eine reflexive Pädagogik.[28]

1 CUNNIGHAM: *Fünf Meilen von Woodstock*, 1992, S. 313
2 BECK/BECK-GERNSHEIM (Hrsg.): *Riskante Freiheiten*, 1994, S. 11
3 vgl. SENNET: *Der flexible Mensch*, 1998
4 vgl. BAUMANN: *Die Krise der Politik*, 2000, S. 12, 13
5 HABERMAS: *Wider den Fundamentalismus der Endlichkeit*, 1999, S. 78
6 vgl. BAUMANN: *Moderne und Ambivalenz*, 1995, S. 312, 320
7 vgl. BAUMANN: *Flaneure, Spieler und Touristen*, 1997
8 vgl. BECK: *Risikogesellschaft*, 1986
9 von FOERSTER: *Wissen und Gewissen. Versuch einer Brücke*, 1997 (4. Auflage), S. 196
10 von FOERSTER: *Wissen und Gewissen*, S. 208
11 von FOERSTER: *Wissen und Gewissen*, S. 208
12 von FOERSTER: *Wissen und Gewissen*, S. 208, 209
13 von FOERSTER: *Wissen und Gewissen*, S. 197
14 vgl. KAHL: *Triff eine Unterscheidung. Begegnungen mit Heinz von Foerster*, 1998
15 vgl. REICH: *Thesen zur konstruktivistischen Didaktik*, 1998
16 vgl. BERNER: *Didaktische Kompetenz*, 1999
17 vgl. DUBS: *Der Konstruktivismus im Unterricht*, 1997
18 MEUELER: *Die Türen des Käfigs*, 1993
19 vgl. REICH: *Systemisch-konstruktivistische Pädagogik*, 1997
20 vgl. FORNECK: *Lehrerbildung und Berufsidentität*, 1993
21 vgl. HELSPER: *Antinomien des Lehrerhandelns in modernisierten pädagogischen Kulturen*, 1996
22 MATURANA/VARELA: *Der Baum der Erkenntnis*, 1987, S. 260, 261
23 HERZOG: *Reflexive Praktika in der Lehrerinnen- und Lehrerbildung*, 1995, S. 264
24 vgl. DICK: *Vom Ausbildungs- zum Reflexionswissen in der LehrerInnenbildung*, 1999
25 HERZOG/VON FELTEN: *Erfahrung und Reflexion*, 2001, S. 24
26 vgl. GRASS: *Für- und Widerworte*, 1999
27 vgl. WEBER: *Politik als Beruf*, 1971
28 vgl. BERNER: *Didaktische Kompetenz*, 1999

Persönliche Rückblicke

Die Ambivalenz pädagogischen Tuns

Bilder spielen in diesem Buch eine sehr wichtige Rolle. Sie sollen den Text unterstützen, verdeutlichen, ergänzen, relativieren.

Das zweitletzte Bild dieses Buches ist ein Ausschnitt aus Tausenden von Bildern. Es ist ein «Schnitt» aus der letzten Einstellung des Films *E la nave va* von Federico FELLINI. In diesem Film, der auf dem Ereignis des Ausbruchs des Ersten Weltkrieges beruht, geht es um eine Seereise. Von dieser Reise versprechen sich die etwa hundert Personen, die sich alle auf der Suche nach einer Lösung ihrer persönlichen und kollektiven Probleme befinden, eine Begegnung, die ihnen «ihre Lösung» bringen soll.

In einem Interview antwortete Fellini auf die Frage nach der Bedeutung des Filmtitels *E la nave va*:

«E la nave va...»

«Vielleicht Resignation und Hoffnung, Unabwendbarkeit, Fatalität und die vage Verheissung, irgendeinen Hafen zu erreichen...»[1]

Was mich am «Schlussbild» dieses Filmes fasziniert, ist die eigentümlich ambivalente Haltung, die bei mir beim Betrachten entsteht. Dieses Bild, genauer gesagt, das «Unternehmen» des Ruderers Orlando drückt in meinen Augen gleichzeitig etwas Heiteres und etwas Trauriges aus. Etwas Mutiges und etwas Groteskes. Etwas Grossartiges und etwas Absurdes. Etwas Visionäres und etwas Lächerliches.

Noah und Sisyphus

Als zu dieser Tat passende Figuren erscheinen mir Noah und Sisyphus: Noah (hebräisch «Mann der Ruhe»), die Gestalt aus der biblischen Urgeschichte, die mit ihrer Arche das Leben errettete; Sisyphus, der Sohn des Aiolos, des Königs von Korinth, der zur Strafe für seine Verschlagenheit immer wieder ein Felsstück auf einen Berg wälzen musste.

Auch das pädagogische Tun ist häufig durch eine ähnliche Ambivalenz geprägt. Diese Ambivalenz kann zu einem antinomischen Verständnis führen, aber auch zu einem verabsolutierenden verleiten.

Angesichts der eminenten Bedeutung des pädagogischen Handelns – wir alle wissen, dass, «wer die Jugend gewinnt, die Zukunft hat» – manifestiert sich immer wieder eine grenzenlose Über- oder Unterschätzung des Pädagogischen. Allmachtsphantasien oder Resignation eben.

- Siegfried BERNFELD nahm vor rund achtzig Jahren die Grundfigur des Sisyphus zum Anlass, die Erfolgs- und Nutzlosigkeit des pädagogischen Tuns zu beklagen. Nach seiner verabsolutierenden Ansicht versuchen die mit einer Verkleinerungsform bezeichneten «Pädagogiker» unentwegt, ihr pädagogisches Felsstück auf ihren Idealberg zu rollen – mit niederschmetterndem Erfolg.
- Die verabsolutierende Grundfigur des Noah wirkte in allen Epochen als Leitfigur für verschiedenste unermüdliche pädagogische Eiferer, die ihre pädagogischen Heilsbotschaften mit missionarischem Elan oder Penetranz an die Uneinsichtigen oder Verblendeten vermitteln wollten.

Pädagoginnen und Pädagogen brauchen …

In einem antinomischen Sinne verstanden, vermag Fellinis Symbolbild Vieles von dem auszudrücken, was für die pädagogische Aufgabe von Bedeutung ist: Standfestigkeit, Sicherheit und Realitätssinn; Mut, Risiko und Wagnis; Hoffnung, Zuversicht, Visionen und Ideale; Fremd- und Selbstverantwortung; Liebe zum Leben.

Hervorheben möchte ich als Ergänzung zum Realitätssinn die am Schluss des ersten Kapitels angesprochene Bedeutung der Ideale für das pädagogische Tun («Idealitätssinn»). Ich teile die Ansicht von Hartmut von Hentig, dass die Pädagogik auf Idealismus angewiesen ist – mehr noch, zu Idealismus verpflichtet ist. Ein Idealismus im Sinne einer Erwartung, dass die Erwachsenen den Heranwachsenden «den besseren Teil vermachen und den schlechteren einzudämmen sich bemühen».[2] Ergänzen möchte ich die Notwendigkeit einer Fähigkeit einer reflektierten Haltung gegenüber Idealen.

Pädagogischer Idealitätssinn

Mein Anliegen

In diesem Buch wollte ich die zentralen pädagogischen Vorstellungen der Vertreter der aktuellen pädagogischen Strömungen herauskristallisieren. Ein zusätzliches Ziel war es, diese unterschiedlichen Erziehungs- und Unterrichtsbilder in ein fruchtbares Spannungsverhältnis zu Ihren persönlichen pädagogischen Vorstellungen zu bringen. Es ging mir darum, Ihnen, liebe Leserin, lieber Leser, Anregungen für eine «pädagogische Identitätsarbeit» zu vermitteln.

Pädagogische Identitätsarbeit

Ich hoffe, dass dieses Spannungsverhältnis zwischen «Theoretischem» und «Subjektivem» bei Ihnen lebendig geworden ist und Spuren hinterlassen hat.

Mit der Wiederholung der folgenden Zitate schliesst sich ein Kreis: Am Anfang dieser Reise durch die pädagogische Landschaft der letzten fünf Jahrzehnte haben Sie sich mit diesen Zitaten auseinandergesetzt, ohne die Namen der Autoren zu kennen.

Wenn Sie nun diese Zitate wieder durchlesen, wird Ihnen wahrscheinlich Verschiedenes in einem anderen Licht erscheinen.

Vermutlich deshalb, weil diese Aussagen nach dem Lesen des Buches durch andere Gedanken Ihrerseits «beleuchtet» werden.

---

1   Fellini: *E la nave va*, 1984, S. 181
2   von Hentig: *Die Schule neu denken*, 1993. S. 24

Geisteswissenschaftliche Pädagogik

«Die Grundlage der Erziehung ist also das leidenschaftliche Verhältnis eines reifen Menschen zu einem werdenden Menschen, und zwar um seiner selbst willen, dass er zu seinem Leben und zu seiner Form komme.»

Hermann NOHL: *Die pädagogische Bewegung in Deutschland und ihre Theorie*, 1970 (7. Auflage)

Pädagogische Anthropologie

«Denn der Mensch erscheint hier als ein Wesen, das weder stetig voranschreitet noch unverbesserlich immer wieder in die Ausgangslage zurückfällt, sondern trotz immer neuer Rückfälle dennoch vorankommt.»

Otto Friedrich BOLLNOW: *Existenzphilosophie und Pädagogik*, 1968 (4. Auflage)

Kritische Erziehungswissenschaft

«Die Erziehung findet den Menschen vor im Zustand der Unmündigkeit. Sie muss diesen Zustand verändern, aber nicht beliebig, sondern orientiert an einer unbedingten Zwecksetzung, an der Mündigkeit des Menschen.»
«Das Individuum, würde ich sagen, überlebt heute nur als Kraftzentrum des Widerstandes.»

Theodor W. ADORNO: *Erziehung zur Mündigkeit*, 1984 (4. Auflage)

Antiautoritäre Erziehungsbewegung

«Es ist falsch, irgend etwas durch Autorität zu erzwingen. Das Kind sollte etwas so lange nicht tun, bis es selbst überzeugt ist, dass es das tun sollte. Das Unglück der Menschheit liegt im Zwang von aussen, mag er nun vom Papst kommen, vom Staat, vom Lehrer oder von den Eltern. In seiner Ganzheit ist er Faschismus.»

«Wie kann man Kinder glücklich werden lassen? Meine Antwort heisst: Schaffen Sie allen Zwang ab! Geben Sie dem Kind die Möglichkeit, es selbst zu sein! Schubsen Sie es nicht herum! Belehren Sie es nicht! Halten Sie ihm keine Predigten! Erheben Sie es nicht zu etwas Höherem! Zwingen Sie das Kind zu nichts! Vielleicht stimmen Sie nicht mit mir überein. Aber wenn Sie meine Antwort ablehnen, ist es an Ihnen, eine bessere zu finden.»

Alexander S. NEILL: *Theorie und Praxis der antiautoritären Erziehung*, 1969

Humanistische Psychologie / Pädagogik

«Junge Menschen sind wirklich sehr stark motiviert. Sie sind neugierig, begierig, etwas zu entdecken, zu erfahren, Probleme zu lösen. Leider sind diese Eigenschaften nach einigen Schuljahren in den meisten Fällen verschüttet. Aber die Motivation ist da, und es ist unsere Aufgabe, sie wieder freizulegen.»

«Bessere Lehrgänge, bessere Curricula, besseres Stoffangebot und bessere Lernmaschinen werden unsere Problematik niemals grundlegend lösen. Einzig Persönlichkeiten, die sich wirklich als solche in ihren Beziehungen zu Lernenden verhalten, sind in der Lage, überhaupt erst einmal eine Bresche in dieses drängendste Problem der gegenwärtigen Erziehung zu schlagen.»

Carl ROGERS: *Freiheit und Engagement*, 1984; *Lernen in Freiheit*, 1974

Neokonservative Pädagogik

«Wir wenden uns gegen den Irrtum, die Tugenden des Fleisses, der Disziplin und der Ordnung seien pädagogisch obsolet geworden, weil sie sich als politisch missbrauchbar erwiesen haben. In Wahrheit sind diese Tugenden unter allen politischen Umständen nötig. Denn ihre Nötigkeit ist nicht systemspezifisch, sondern human begründet.»

These 3 Forum «Mut zur Erziehung», 1979

Analytisch-empirische Erziehungswissenschaft

«Als ‹Erziehung› werden Handlungen bezeichnet, durch die versucht wird, das Dispositionsgefüge menschlicher Persönlichkeiten mit psychischen (Verhaltenssysteme) und/oder sozial-kulturellen Mitteln (Soziale Systeme) in Richtung auf grösstmögliche Annäherung an gesteckte Lernziele zu verändern.»

«Wirkungsstudien setzen eine Klassifikation der beabsichtigten Ergebnisse der Erziehung voraus. Eine solche Klassifikation ist dann brauchbar, wenn ihre Elemente so eindeutig beschrieben worden sind, dass intersubjektiv nachprüfbar ist, ob sie in einem konkreten Fall vorhanden sind oder nicht, sowie in welcher Grösse und Stärke sie vorhanden sind.»

Wolfgang BREZINKA: *Von der Pädagogik zur Erziehungswissenschaft*, 1971; *Erziehungsziele – Erziehungsmittel – Erziehungserfolg*, 1981 (2. Auflage)

Antipädagogik

«Das Kind kann ein sicheres Selbstgefühl und Selbstbewusstsein nur entwickeln, wenn es von seinen wichtigen Beziehungspartnern in der jeweiligen Gegenwart bedingungsloses Angenommensein erfährt und erfühlt. Diese Tatsache lässt sich mit Erziehungsakten nicht vereinbaren.»

«Sämtliche Ratschläge zur Erziehung der Kinder verraten mehr oder weniger deutlich zahlreiche, sehr verschieden geartete Bedürfnisse des Erwachsenen, deren Befriedigung dem lebendigen Wachstum des Kindes nicht nur nicht förderlich ist, sondern es geradezu verhindert. Das gilt auch für die Fälle, in denen der Erwachsene ehrlich davon überzeugt ist, im Interesse des Kindes zu handeln.»

Ekkehard von BRAUNMÜHL: *Zeit für Kinder*, 1978
Alice MILLER: *Am Anfang war Erziehung*, 1980

Konstruktivistische Pädagogik

«Ich leite die meisten meiner Vorschläge für den praktischen Unterricht von dem fundamentalen Prinzip ab, dass Begriffe und begriffliche Beziehungen mentale Strukturen sind, die nicht von einem Kopf zum anderen übertragen werden können. Begriffe müssen von jedem Lerner für sich aufgebaut werden, doch ist es Aufgabe des Lehrers, die Konstruktionsprozesse ihrer Schüler zu orientieren.»

«Wir alle sind lernfähig, aber unbelehrbar; wir alle lernen nicht, wenn wir lernen sollen, sondern wenn wir lernen wollen; wir ändern unser Verhalten nur dann, wenn wir uns ändern wollen und wenn Veranlassung dazu besteht; ‹nicht die Sozialisationsagenten sozialisieren, sondern Differenzen sozialisieren›…»

Ernst von GLASERSFELD: *Radikaler Konstruktivismus*, 1997
Horst SIEBERT: *Ein konstruktivistisches «Reframing» der Pädagogik?*

Zum Abschluss:
Ein faszinierendes und irritierendes Bild

Sie sehen ein Werk der britischen Malerin Bridget Riley. Sie hat diesem 1964 gemalten Bild den Titel *Current* gegeben. Leider vermag diese Verkleinerung dieses Op-art-Werkes (optical art) nur einen Bruchteil des unvergesslichen Original-Seherlebnisses zu vermitteln. (Das rund 150 auf 150 cm grosse Bild hängt im Museum of Modern Art in New York.)

Current

Bei mir löst dieses Bild Gegensätzliches aus: Faszination und Irritation. Es kommt mir immer dann in den Sinn, wenn ich mich mit aktuellen pädagogischen Strömungen und aktuellen gesellschaftlichen Veränderungen beschäftige.

Faszination und Irritation gesellschaftlicher Veränderungen ...

Nach meiner Einschätzung ist die aktuelle gesellschaftliche Situation durch Faszinierendes, aber auch durch Irritierendes geprägt. Soziologen aus verschiedenen Ländern sprechen von «Bastelbiographien», «Risikobiographien», «Drahtseilbiographien», «riskanten Freiheiten», «Life in Fragments», «Corrosion of Character», von der Risiko-, Multioptions-, Freizeitgesellschaft. Der von den Erfolgreichen gepriesenen Sonnenseite der individuellen Freiheiten mit ihren gesteigerten Wahl- und Entscheidungsmöglichkeiten steht die Schattenseite der gesellschaftlichen Vereisungsprozesse mit ihren individuellen Erfrierungsopfern gegenüber.

... und pädagogischer Strömungen

Das Bild *Current* taucht bei mir aber auch immer wieder auf, wenn ich an die aktuelle Situation in der Pädagogik denke. Die Darstellung und Gegenüberstellung der verschiedenen pädagogischen Strömungen mit ihren unterschiedlichsten Forderungen lösen eine irritierende Faszination und eine faszinierende Irritation aus.

In seinem Buch *Le postmoderne expliqué aux enfants* hat der französische Philosoph Jean-François LYOTARD auf dem Hintergrund einer verbreiteten Irritation über einen so genannten «Niedergang des Projekts der Moderne» und der ebenso verbreiteten Faszination für ein Projekt der Postmoderne den Versuch einer Skzizzierung eines so genannten «nouveau décor» – eines neuen Bühnenbildes – unternom-

«Un nouveau décor»

> «Ultime atteinte au narcissisme de l'humanité:
> elle est au service de la complexification.
> Ce décor est dressé
> dans l'inconscient des jeunes,
> dès maintenant.
> Dans le tien.»
> Jean-François Lyotard

men. Angesichts des Anwachsens der Komplexität auf den meisten Gebieten stellt sich eine entscheidende Aufgabe: Kritische und selbstkritische Auseinandersetzungen haben bei allen Beteiligten einen Beitrag zur Fähigkeit und Bereitschaft zu leisten, «sich sehr komplexen Mitteln des Fühlens, Verstehens und Tuns anzupassen».[1]

Zu den komplexen Mitteln des Fühlens, Verstehens und Tuns im Dienste des Anwachsens der Komplexifizierung gehört zwingend ein Widerstand gegen Simplifizierungen, gegen vereinfachende Slogans und Rezepte, gegen das Verlangen nach Klarheit und Leichtigkeit, gegen den Wunsch nach Wiederherstellung der «sicheren» Werte, gegen den reaktionären sich barbarisch gebärdenden «Simplismus» unterschiedlichster Provenienz.

Widerstand gegen Simplismus

Dazu gehört zwingend die faszinierende und irritierende Aufgabe ein ausgeprägtes Komplexitätsbewusstsein und Komplexitätsbedürfnis zu bilden und zu erhalten. Dass es sich bei dieser Aufgabe um eine ausserordentlich schwierige handelt, bestreiten nur diejenigen, die nicht über den Tag hinaus denken und die Sicherheit ihrer alten und neuen Sinndächer nicht verlassen wollen oder können. In einer Zeit offensichtlich steigender Komplexität und Turbulenz drängt sich die Frage auf, ob man in dieser Situation mit oder gegen den Fluss schwimmen soll. Hans Magnus ENZENSBERGER weist auf die Vereinfachung dieser Illusion der Alternativen hin und fordert stattdessen die Fähigkeit von Seglern, die sowohl am Wind als auch vor ihm kreuzen können. Dieses Vorgehen auf die Gesellschaft bezogen erfordert extreme Aufmerksamkeit, Geistesgegenwart und stoischen Unglauben. Wer das nächste Ziel erreichen will, muss mit vielen unvorhersehbaren Grössen rechnen – und darf sich keiner von ihnen anvertrauen. Von Vorteil ist dabei ein gewisser Eigensinn, der auf letzte Begründungen verzichten kann.[2]

Aufmerksamkeit, Geistesgegenwart, Unglauben, Eigensinn

---

1   LYOTARD: *Postmoderne für Kinder*, 1987, S. 110
2   vgl. ENZENSBERGER: *Die Elixiere der Wissenschaft*, 2004, S. 134